V&R

Rainer Fliedl/Carola Cropp/Karin Zajec (Hg.)

Die Beziehungsachse der OPD-KJ-2

Klinische Anwendung und konzeptuelle Erweiterungen

Mit 90 Abbildungen und 5 Tabellen

Vandenhoeck & Ruprecht

Bibliografische Information der Deutschen Nationalbibliothek:
Die Deutsche Nationalbibliothek verzeichnet diese Publikation in der
Deutschen Nationalbibliografie; detaillierte bibliografische Daten sind
im Internet über https://dnb.de abrufbar.

Umschlagabbildung: GooseFrol: people man woman pattern/Shutterstock.com

Satz: SchwabScantechnik, Göttingen
Druck und Bindung: ✠ Hubert & Co. BuchPartner, Göttingen
Printed in the EU

Vandenhoeck & Ruprecht Verlage | www.vandenhoeck-ruprecht-verlage.com

ISBN 978-3-525-45918-8

Inhalt

1 Einführung

Rainer Fliedl, Carola Cropp, Karin Zajec

Die Beziehungsachse wurde bereits im ersten Handbuch der OPD-KJ (Arbeitskreis OPD-KJ, 2003, 2007) psychodynamisch ausführlich beschrieben und in der OPD-KJ-2 (Arbeitskreis OPD-KJ-2, 2013, 2016) differenziert weiterentwickelt. Trotzdem gab es immer wieder kritische Rückmeldungen von Nutzern und Nutzerinnen oder von Teilnehmenden der OPD-KJ-Schulungen, die gerade die Anwendung der Beziehungsachse als schwierig beschrieben. Sie erlebten die Achse als theoretisch sehr komplex und das Rating als kompliziert. Zudem war vielen unklar, welchen klinischen Nutzen sie nach dem Ausfüllen der Kreise aus den Ergebnissen ziehen sollten. Aus unseren eigenen Erfahrungen konnten wir dieses Überforderungserleben im ersten Umgang mit der Beziehungsachse gut nachvollziehen. Wir hatten aber gleichzeitig in der weiteren klinischen Anwendung gesehen, dass die Beziehungsachse – sobald man ihre Grundstruktur einmal erfasst hatte – eigentlich relativ leicht anzuwenden ist und sehr viele Anwendungsmöglichkeiten für die therapeutische Praxis bietet. Als besonders hilfreich erweist sich dabei auch ein inzwischen entwickeltes Computerprogramm, dessen grafische Darstellungsoptionen gerade unerfahrenen Ratern das Verstehen der Beziehungskreise und der daraus resultierenden Anwendungsmöglichkeiten erleichtern können.[1]

Das vorliegende Buch entstand aus dem Wunsch, die geäußerte Kritik an der Beziehungsachse aufzugreifen und den Lesenden – in Ergänzung zum Gesamtmanual der OPD-KJ-2 – eine noch ausführlichere theoretische und praktische Einführung in das Rating der Achse zu geben sowie verschiedene klinische Anwendungsmöglichkeiten aufzuzeigen. Hierzu bildete sich eine feste Arbeitsgruppe (Bastian Claaßen, Carola Cropp, Rainer Fliedl, Florian Juen, Jenny Kaiser, Judith Noske, Birgit Riediger, Verena Singer, Karin Zajec),

---

[1] Das Computerprogramm basiert auf MS-Excel und kann kostenfrei auf der Homepage der OPD-KJ (https://www.opdkj.eu) heruntergeladen werden.

die über einen Zeitraum von etwa vier Jahren in regelmäßigen Treffen die Theorie und bisherige Konzeption der Beziehungsachse sowie verschiedene Möglichkeiten ihrer klinischen Anwendung diskutiert hat. Dabei zeigte sich recht schnell, wie viele Fallstricke lauern können, wenn man versucht, die zugrunde liegenden theoretischen Konstrukte und die Beschreibungen der Items noch klarer und eindeutiger zu definieren. Dies hängt nicht zuletzt auch mit den sehr vielfältigen Konzepten von Beziehung in der psychoanalytischen Literatur zusammen. An vielen Stellen resultierten bei unseren Arbeitstreffen daher intensive Diskussionen über vordergründig recht unkomplizierte Aspekte, die letztlich aber zu einer deutlichen Präzisierung der Beschreibungen geführt haben. An einigen Stellen haben wir auch weiterhin bestehende Unschärfen benannt und darauf hingewiesen, dass es beim Verwenden der Achse wichtig ist zu definieren, auf welches Konzept man sich beim Interpretieren der Befunde bezieht.

In diesem Zusammenhang wurde deutlich, dass die Herleitung des Instruments bisher wenig beschrieben worden ist und dass vermutlich auch dadurch der konzeptionelle Hintergrund für viele Leserinnen und Leser schwer nachvollziehbar blieb. Somit setzten wir uns im ersten Schritt zunächst noch einmal historisch mit der Entwicklung der Beziehungsachse und den ihr zugrunde liegenden Konzepten auseinander. Das Ergebnis dieses Prozesses beschreibt Kapitel 2. Darin wird – über die Beschreibung im Hauptmanual hinaus – eine praxisnahe Einführung in die theoretischen Hintergründe des Instruments und die Grundkonzeption der Achse gegeben. In Kapitel 3 folgt dann eine ausführliche und anschauliche Anleitung zum Rating der Beziehungsachse (mit zusätzlichen Schlagworten, der Definition einer Botschaft an das Gegenüber und Ankerbeispielen für alle Altersstufen). Im Anschluss daran werden in Kapitel 4 einige konzeptuelle Erweiterungen der Beziehungsachse beschrieben. Hierzu zählen insbesondere der Situationskreis und der selbstbezügliche Kreis des Untersuchers (Kapitel 4.1) sowie die Anwendung der Beziehungsachse zur Beschreibung von Interaktionen mit Säuglingen und Kleinkindern (Kapitel 4.2), aber auch Möglichkeiten der Erfassung von berichteten Beziehungsepisoden (Kapitel 4.3). In Kapitel 5 werden dann einige Überlegungen und Auswertungen zu den Zusammenhängen zwischen der Beziehungsachse und den anderen Achsen der OPD-KJ-2 sowie zu den sich daraus ergebenden Implikationen für die Interpretation der diagnostischen Befunde dargestellt.

In den Diskussionen unserer Arbeitsgruppe zur klinischen Verwendung der Beziehungsachsenbefunde wurde schnell deutlich, dass unterschiedliche interpretative Zugänge für unterschiedliche Fragestellungen nützlich und sinnvoll sind. Daher werden in diesem Buch in den Kapiteln 6 und 7 verschiedene Anwendungsfelder beschrieben und die mit der Beziehungsachse erhoben Befunde vor dem Hintergrund verschiedener theoretischer Konzepte interpretiert. Anhand klinischen Fallmaterials werden somit die Möglichkeiten des Einsatzes der Achse für verschiedenste Fragestellungen in unterschiedlichen klinischen Kontexten aufgezeigt. Vielfältige Fallbeispiele aus der Praxis machen dabei deutlich, welche Bereicherung die Verwendung der OPD-KJ-2-Achse Beziehung sowohl für die psychotherapeutische Arbeit als auch für angrenzende Tätigkeitsfelder (Pädagogik, Pflege, Sozialarbeit) bieten kann. Kapitel 8 gibt schließlich einen Überblick über die Funktionen des von Rainer Fliedl entwickelten Computerprogramms und beschreibt, für welche Fragestellungen beziehungsweise Kontexte diese bei der Anwendung der Beziehungsachse nützlich sein können.

Abschließend sei darauf hingewiesen, dass dieses Buch sich ausschließlich auf das Rating von Beziehungsdyaden bezieht. Im Manual der OPD-KJ-2 wird zusätzlich ein Rating von Beziehungstriaden beschrieben, welches aus unserer Sicht allerdings noch deutlich komplexer konzipiert ist. Wir haben uns daher dagegen entschieden, dieses Konzept mit in dieses Buch aufzunehmen, auch weil wir selbst bisher wenig Erfahrung in der klinischen Anwendung der Triadenratings haben. Ziel könnte sein, dies in einem Folgeprojekt genauer zu betrachten.

Zunächst sind wir aber stolz und froh, das vorliegende Buch zu den Beziehungsdyaden nach einem intensiven, aber auch sehr konstruktiven Diskussionsprozess fertiggestellt zu haben. Unser Dank gilt dabei allen, die sich uns mit ihrer langjährigen Erfahrung in der Anwendung der Beziehungsachse als Diskussionspartner zur Verfügung gestellt haben. Dieser Dank richtet sich insbesondere an die Mitarbeiterinnen und Mitarbeiter der Abteilung für Kinder- und Jugendpsychiatrie und Psychotherapie des Landesklinikums Baden-Mödling, Standort Hinterbrühl (KJPP Hinterbrühl), die die Beziehungsachse seit Jahren intensiv in der Teamarbeit nutzen und daher auch auf einen reichen Erfahrungsschatz zurückgreifen können, der uns vor allem in der Auseinandersetzung mit den Anwendungsmöglichkeiten der Achse sehr genutzt hat.

2 Allgemeine Beschreibung der Beziehungsachse

Rainer Fliedl

Interaktion, Beziehungsgestaltung und Beziehung

Die psychodynamische Entwicklungsvorstellung der OPD-KJ-2 (Arbeitskreis OPD-KJ-2, 2016) basiert auf einem interaktionistischen Entwicklungsmodell (Oerter, 1995; Stern, 2016). Dieses Modell verbindet ein aktives, selbstmotiviertes Subjekt (Dornes, 1993), welches die eigene Entwicklung und auch sich selbst vorantreibt, mit einer ebenso aktiven, fordernden und einflussnehmenden Objektwelt. Diese interaktionistische Sichtweise nimmt das Kind von Anfang an in zweierlei Aspekten wahr: So ist das Kind einerseits aktiv, indem es die Umwelt selbst gestaltet, andererseits nimmt es die Umwelt wahr und reagiert auf sie. Dadurch entsteht von Anfang an eine Beziehung zwischen dem aktiven Kind und seinem Gegenüber, die von beiden Seiten mitgestaltet wird. Durch Wünsche, Angebote und Reaktionen des Kindes auf sein Gegenüber und anhand der Angebote, Anforderungen und Reaktionen des Beziehungspartners entsteht zwischen beiden ein Raum, der Entwicklung ermöglicht oder verhindert. Dieser Raum wird als Entwicklungsraum verstanden, in dem die altersspezifischen Entwicklungsaufgaben bewältigt werden können. Entsprechend kann auch die therapeutische Situation als ein Prozess gesehen werden, in dem Veränderung nicht nur durch intellektuelles Verständnis, sondern auch über die therapeutische Beziehung als eine korrigierende emotionale Erfahrung im Rahmen krisenhafter Phasen (Bion, 1992) und besonderer Beziehungssituationen (Stern, 2005) ermöglicht wird. Infolgedessen ist es möglich, dass etwas individuell Neues entsteht.

Der OPD-KJ-2-Beziehungsachse liegt ein psychodynamisches Konzept zugrunde mit der Annahme, dass sich in der psychotherapeutischen Behandlung die innerpsychische Gegebenheit und damit auch die zur Störung gehörige Beziehungsgestaltung des Patienten herstellt.[1] Auf dieses

---

1   Andere, dieser Beschreibung aus anderen Theorien nahekommende Schlagwörter sind zum Beispiel die Übertragungsneurose sowie die parataktische Verzerrung.

Beziehungsangebot des Patienten reagiert der Therapeut innerpsychisch in seiner persönlichen Eigenart, und es stellt sich in ihm eine spezifische innere Resonanz her.[2] Die aus den zuvor beschriebenen Einflussfaktoren entstehenden typischen Beziehungskonstellationen im dyadischen Geschehen (z. B. im Sinne einer sich selbst erfüllenden Prophezeiung) sind die Grundlage einer psychodynamischen Diagnostik. Besonders im Kindesalter können Beziehungsprobleme weniger verbal angesprochen werden, sondern finden ihre Darstellung eher im Handeln und im Spiel oder eben im dyadischen Geschehen mit der Untersucherin oder dem Untersucher. Infolgedessen können sowohl die direkte Beziehungsgestaltung als auch das Spiel als Ausdrucksrahmen genutzt werden. Diese interaktionellen und innerpsychischen Prozesse einer Beziehung sind zudem in reale Situationen des Alltags eingebettet, in denen bestimmte Beziehungsmöglichkeiten gefördert und andere erschwert werden.

Anhand dieser Annahmen ergeben sich die folgenden Hypothesen:

- Das Kind ist von Anfang an – sowohl als die Beziehungen aktiv gestaltend als auch auf sie reagierend – an der Interaktion mit Anderen beteiligt (aktiver und reaktiver Kreis der Beziehungsachse).
- Abhängig von der äußeren Realität werden in der Beziehungsgestaltung zwischen zwei Personen innere Wünsche und Konflikte auf der Basis ihrer strukturellen Verarbeitung sichtbar (Verbindungen zur Konflikt- und Strukturachse der OPD-KJ-2).
- In aktuellen Beziehungen spiegelt sich die Beziehungserfahrung der Kinder und Jugendlichen wider. Dadurch entsteht eine Szene, die über den Mechanismus der sich selbst erfüllenden Prophezeiung den Beteiligten Rollen zuweist, die diese übernehmen.
- In einer Psychotherapie wird über eine korrigierende emotionale Beziehungserfahrung Veränderung möglich.

Um brauchbare und relevante Schlussfolgerungen aus den Beobachtungen auf der Beziehungsachse ziehen zu können, ist es wichtig, zwischen Interaktion, Beziehungsgestaltung und Beziehungsraum zu unterscheiden und die Beobachtung jeweils im Zusammenhang mit der Konflikt- und Strukturachse zu interpretieren.

---

2 Ein anderes, dieser Beschreibung aus anderen Theorien nahekommendes Schlagwort ist zum Beispiel die Gegenübertragung.

Die Beziehungsachse der OPD-KJ-2

Innerhalb der OPD-KJ-2 ist die Beziehungsachse über die Verhaltensbeobachtung am besten zugänglich. Im Gegensatz dazu bedarf es sowohl
für das Rating der Konflikte als auch der psychischen Struktur des Patienten mehrerer Bewertungs- und Interpretationsschritte (vgl. Abbildung 1).

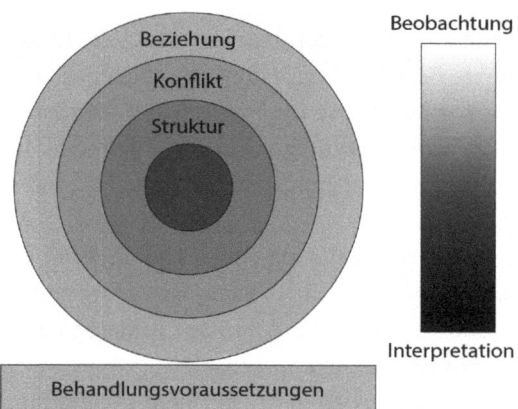

Abbildung 1

Diese relativ klare Beobachtungsmöglichkeit stellt uns aber bei der Interpretation der Achse, bezogen auf unterschiedliche diagnostische und therapeutische Fragestellungen, vor eine Vielzahl von Möglichkeiten. Welche
Kreise man verwendet, in welcher Zusammenschau man sie betrachtet und
im Zusammenhang mit welchen anderen OPD-KJ-2-Achsen man sie interpretiert, hängt von der jeweiligen Fragestellung ab.

Die Beziehungsgestaltung ist von Affekten und Aktivität geprägt, welche
einerseits in ihrer Differenziertheit und Intensität vom jeweiligen Strukturniveau abhängen und andererseits von den realen und phantasierten Konflikten, die in aktiver oder passiver Form ausgedrückt werden können. Somit
erfordert die Interpretation der Beobachtungen auf der Beziehungsachse
unter anderem auch ein Verständnis der intrapsychischen Konflikte und
des Strukturniveaus des Kindes/Jugendlichen. Gleichzeitig ist zu bedenken,
dass Beziehung nichts rein Innerpsychisches ist, sondern zwischen Personen
geschieht – in einem historischen Verlauf in einer momentanen Stimmung
und Situation. Natürlich trifft das für die anderen Achsen in gewisser Weise
ebenfalls zu. Das Strukturniveau eines Kindes wird, wenn es in einer Lebensphase sehr belastet ist, niedriger eingeschätzt werden als in Lebensphasen,

in denen es weniger belastet ist. Auch intrapsychische Konflikte können in bestimmten Lebenssituationen stärker mobilisiert werden und in anderen Lebenssituationen mehr in den Hintergrund treten. Es zeigt sich jedoch vor allem bei Kindern und Jugendlichen, wie sensibel und unterschiedlich sie Beziehungen zu verschiedenen Personen gestalten. So sind in der Beziehungsgestaltung des Kindes zum Beispiel der Beziehungshunger (Freud, 1987) und die Bindungsnotwendigkeit (Bowlby, 1975) relevant sowie im Jugendalter die Autonomiebewegung und das Experimentieren mit Beziehungen. Dadurch ergibt sich eine große, zum Teil situativ bedingte und altersbezogene Bandbreite an funktionaler Beziehungsgestaltung. Infolgedessen scheint die Benennung ausschließlich dysfunktionalen Beziehungsgeschehens beim Kind und Jugendlichen im Rahmen der OPD-KJ-2 nicht passend.

Durch diese Besonderheiten des situativen Kontextes und der altersspezifischen Bandbreite an funktionaler Beziehungsgestaltung rückt die Frage »Was will ich mit der Beurteilung dieses spezifischen Ratings auf der Beziehungsachse verstehen?« in den Vordergrund. Im Vorfeld entwickelte Fragestellungen und die damit verbundenen Theorien sind notwendig, um im Anschluss an die Beobachtungssequenz eine brauchbare Antwort darauf zu erhalten. Grundsätzlich lassen sich mit der Beziehungsachse sehr unterschiedliche Situationen betrachten: Wir können sie bei der Beobachtung einer Interaktion zwischen einem Kind oder Jugendlichen und der Mutter oder dem Vater einsetzen, um zu verstehen, welcher Beziehungsraum zwischen den beiden gestaltet wird. Nach einer Therapiestunde kann die Therapeutin das Beziehungsverhalten eines Kindes raten, um genauer zu analysieren, wie das Kind auf ihre Interventionen reagiert und was es selbst in die Therapiestunde aktiv eingebracht hat. Über die Resonanzachse kann die Therapeutin diese Beziehungsbeobachtung auch mit ihrer eigenen Resonanz ergänzen und ihre eigenen Reaktionen auf das Kind betrachten und bewerten. Anhand dessen lässt sich zum Beispiel präzisieren, welche Angebote in der Stunde gemacht wurden und wie das Kind oder der Jugendliche darauf reagiert hat.

Herleitung des Instruments

Die Beziehungskreise der OPD-KJ-2 stehen historisch in der Tradition der strukturellen Analyse sozialen Verhaltens (engl.: Structural Analysis of Social Behavior, SASB) von Lorna Smith Benjamin (1974). Bei der SASB handelt es sich um ein sehr differenziertes textanalytisches Verfahren, aus dem heraus Benjamin die interpersonale rekonstruktive Therapie entwickelte. Aus der

Leitfrage »Wer kommuniziert quantitativ auf welche Art und Weise mit wem und wie reagiert die jeweilige Person darauf?« leitete sie *drei Fokusebenen* des zwischenmenschlichen Verhaltens ab (1974):

- transitiv: bezogene Aktion → in der OPD-KJ-2-Beziehungsachse der objektgerichtete/aktive Kreis;
- intransitiv: Mitteilung über sich selbst → in der OPD-KJ-2-Beziehungsachse der subjektgerichtete/reaktive Kreis;
- Introjekt: selbstbezüglich → in der OPD-KJ-2-Beziehungsachse der selbstbezügliche Kreis.

In Benjamins Modell werden beziehungsgerichtete Verhaltensweisen in drei Kreisen abgebildet, die in Abhängigkeit zueinander zu interpretieren sind. Die Kreise sind Fremdbeurteilungen einer beobachteten Beziehungssequenz (z. B. Mutter–Kind, Vater–Kind) durch die untersuchende Person und können durch ein Selbsturteil mittels der sogenannten INTREX-Fragebögen (Benjamin, 1983; Tress, 1993; vgl. auch Anhang A in diesem Buch) ergänzt werden. Mit den INTREX-Fragebögen wird die Selbstbeurteilung des Beziehungsverhaltens vom Patienten abgefragt, wodurch die subjektiv wahrgenommenen Perspektiven in der Eigenbeurteilung mit berücksichtigt werden können.

Von Wolfgang Tress (1993) wurde der SASB-Kreis vereinfacht und in eine berechenbare Systematik gebracht. Bei seinem Vorgehen wird das Typoskript eines Gespräches Satz für Satz durchgearbeitet, und die einzelnen Formulierungen werden in die drei Raster eingeteilt (transitiv, intransitiv, Introjekt). Ziel ist dabei, die dominanten Schwerpunkte der interpersonalen Situation zu erfassen und daraus eine psychodynamische Hypothese zur innerpsychischen Problematik des Patienten oder der Patientin zu formulieren.

Kritisch anzumerken ist, dass die Ansätze von Benjamin und Tress für den klinischen Alltag relativ aufwendig sind und dass die Mitberücksichtigung einer Struktur- und Konfliktdiagnose fehlt.

Andere Interaktionsmodelle

Die der OPD-KJ-2-Beziehungsachse zugrunde liegende Idee der mehrfachen Dimensionalität von Kommunikation findet sich auch in anderen interaktionstheoretischen Modellen, beispielsweise im *Modell der Vier Ohren* von Schulz von Thun (1981). Trotz gewisser Unterschiede liegt beiden Modellen die Annahme zugrunde, dass Interaktionspartner in Dyaden sowohl aktive Beziehungsangebote aussenden als auch – aufgrund eigener bisher gemachter Erfahrungen – auf die Beziehungsangebote ihres Gegenübers individuell reagieren.

Wie in Abbildung 2 dargestellt, finden sich Übereinstimmungen dreier Ohren des Modells mit den drei Rastern beziehungsweise Fokusebenen der SASB-Kreise. So wäre der Fokus »Der Sprecher (reaktiv)« vergleichbar mit dem Beziehungsohr und den diesem zugrunde liegenden Fragen »Wie redet der von mir? Wen glaubt er, vor sich zu haben?«. Der Fokus »Der Andere (aktiv)« würde wiederum dem Selbstoffenbarungsohr mit den Überlegungen »Was ist das für einer? Was ist mit ihm?« ähneln. Zuletzt zeigt sich auch ein Zusammenhang des Fokus »selbstbezüglich« mit dem Appellohr. Das Sachohr entspricht dem Thema, das in der Interaktion besprochen wird.

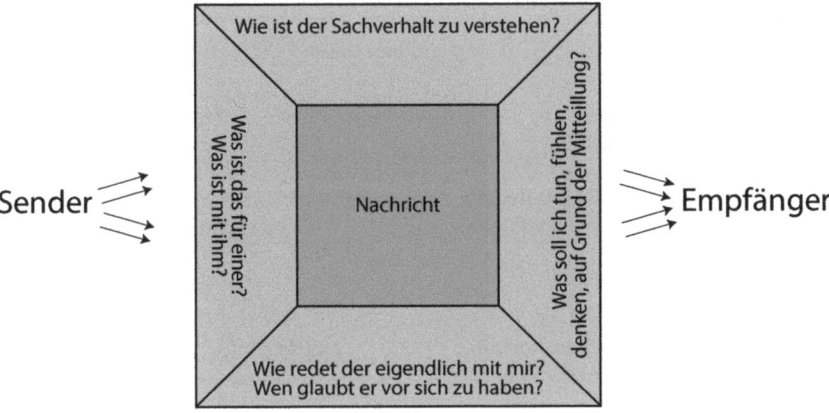

Abbildung 2

Die Beziehungskreise der OPD-KJ-2

Logik der einzelnen Kreise

Die Konzeption der Beziehungskreise der OPD-KJ-2 folgt, wie oben beschrieben, in wesentlichen Teilen der SASB. Die Beziehungsachse vereinfacht dieses Konzept aber zugleich, um eine Anwendbarkeit im klinischen Alltag zu ermöglichen. Das Grundkonzept der Beziehungskreise bezieht sich auf zwei Ebenen:
1. eine kategoriale Ebene, in der die Beziehung über die acht Dimensionen der Verhaltensqualitäten erfasst wird.
   a) ein Wechsel oder eine Starrheit von Führen und Folgen (vertikale Komponente),

b) unterschiedliche affektive Qualitäten (horizontale Komponente);
2. eine dimensionale Ebene, in der die Intensität der Verhaltensqualitäten (von »gar nicht« = 0 bis »sehr stark« = 4) erfasst wird.

In die Sprache der Geometrie übersetzt heißt dies, dass jedes Item aus einem Wert für die Intensität des Affekts auf der x-Achse und einem Wert für die Intensität der Steuerung (bzw. Kontrolle) auf der y-Achse zusammengesetzt ist (vgl. Abbildung 3). Damit werden die Qualität und der Ausprägungsgrad des Beziehungsverhaltens (oder der Resonanz) beschrieben.

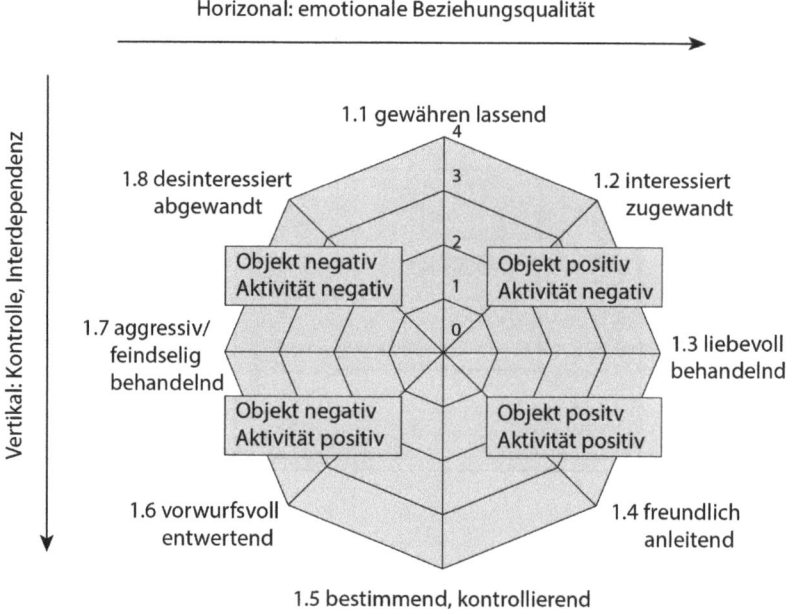

Abbildung 3

Zusammenhänge zwischen den Kreisen

Ein einzelner Kreis – wie in Abbildung 3 – ergibt lediglich ein statisches Bild, das uns nur auf wenige Fragen Antwort gibt. Es bedarf daher der zusammenhängenden Betrachtungsweise verschiedener Kreise, um die Beziehungsgestaltung in ihren anspruchsvollen und mehrdimensionalen Facetten abzubilden. Welche Zusammenhänge zwischen den verschiedenen Kreisen bestehen und für die Interpretation des Beziehungsverhaltens genutzt werden können, soll in den folgenden Unterkapiteln beschrieben werden.

Jede Kommunikation enthält drei Modi

In jeder Interaktion richtet ein Sender beziehungsgestaltende Elemente auf einen Empfänger. In den beziehungsgestaltenden Elementen sind das Selbstbild, ein Wunsch sowie das Fremdbild und die Beziehungserwartung an das Gegenüber enthalten. Dies geschieht in drei Modi: (1) dem aktiv gestaltenden, (2) dem reagierenden und (3) dem selbstbezüglichen Modus. Was können wir unter diesen Modi verstehen?

- Aktiv gestaltend: Was will der Sprecher beim Anderen bewirken? Welche Wünsche richtet er an ihn?
- Reagierender Modus: Wie betrifft den Sprecher das, was gesagt wurde, was löst es bei ihm aus? Was sagt der Sprecher über den Anderen aus?
- Selbstbezüglicher Modus: Wie bewertet sich der Sprecher selbst, wie bezieht er sich auf sich selbst, was sagt die »exzentrische« Position zum eigenen und zum fremden Verhalten? Dies ist jener Modus, in dem der Sprecher kontrollierend, selbstkritisch, lobend, fürsorglich gegenüber sich selbst ist.

In diesen drei Modi begegnen sich zwei Personen im Wechselspiel zueinander und in Bezug auf sich selbst, wie nachfolgend dargestellt. Entsprechend werden der objektgerichtete (aktive) Kreis, der subjektgerichtete (reaktive) Kreis und der selbstbezügliche Kreis unterschieden:

Der *objektgerichtete (oder aktive) Kreis* umfasst das Kommunikationsverhalten, mit dem die untersuchte Person aktiv die Beziehung zum Gegenüber gestaltet: was sie tut, um bestimmte Dinge vom Anderen zu erreichen, was sie selbst in die Beziehung einbringt beziehungsweise was ihr Anliegen ist.

Der *subjektgerichtete (oder reaktive) Kreis* beschreibt, wie die Person mit den Kommunikationsangeboten des Anderen umgeht beziehungsweise wie sie darauf reagiert.

Ein Beispiel zur Veranschaulichung dieses Unterschieds wäre das Verhalten einer Mutter, die ihr Kind weiter freundlich bei den Hausaufgaben anleitet, ohne darauf zu reagieren, dass das Kind sagt, dass es jetzt genug hat und etwas anderes tun will. Hier wäre das Verhalten der Mutter im objektgerichteten (oder aktiven) Kreis als freundlich anleitend zu klassifizieren, im subjektgerichteten (oder reaktiven) Kreis hingegen eigenen Handlungsimpulsen folgend, unter Umständen etwas missmutig sich verschließend.

Der Umgang mit der anderen Person, sowohl auf objektgerichteter Ebene als auch auf subjektgerichteter Ebene, hat einen Umgang mit sich selbst zur Folge, der im *selbstbezüglichen Kreis* abgebildet wird. Der selbstbezügliche Kreis stellt eine wichtige Ergänzung zu den beiden anderen Kreisen dar, da in dem, wie wir mit anderen Personen umgehen (aktiver Kreis – objektgerichtet) und wie wir auf andere Personen reagieren (reaktiver Kreis – subjektgerichtet) auch mitbestimmt wird, wie wir mit uns selbst umgehen. Der selbstbezügliche Fokus der Beobachtung zielt also darauf ab, wie die Person mit sich selbst umgeht. Gleichsam aus der Position einer außenstehenden Person soll beurteilt werden, wie beispielsweise lobend oder strafend der Umgang mit sich selbst ist.

Die drei Einschätzungsebenen der OPD-KJ-2-Beziehungsachse

Beim Rating der OPD-KJ-2-Beziehungsachse werden folgende drei Einschätzungsebenen unterschieden:
- Einschätzungsebene A: Beziehungsbeobachtung (aktiv/objektgerichtet und reaktiv/subjektgerichtet);
- Einschätzungsebene B: Resonanz des Untersuchers (aktiv/objektgerichtet und reaktiv/subjektgerichtet);
- Einschätzungsebene C: selbstbezüglicher Kreis.

Einschätzungsebene A: Beziehungsbeobachtung einer Dyade

Zentral für die Einschätzung sind hier die beobachtbaren Beziehungssequenzen in der Untersuchungssituation. Bei der Beziehungsbeobachtung einer Dyade geht es um die unmittelbare wechselseitige aktuelle Beziehungsgestaltung des Kindes oder Jugendlichen und seines Gegenübers (untersuchende Person, Mutter, Vater etc.). Die Beziehungsachse beschreibt also verhaltens- und beobachtungsnah das Gefüge und das wechselseitige Miteinander oder Gegeneinander von zwei Personen.

Um die Interaktion einer Dyade abzubilden, werden insgesamt vier Kreise in folgender Reihenfolge eingeschätzt, die in der Zusammenschau ein Bild der Beziehungsgestaltung darstellen:

Kind/Jugendlicher aktiv/objektgerichtet → Gegenüber reaktiv/subjektgerichtet → Gegenüber aktiv/objektgerichtet → Kind/Jugendlicher reaktiv/subjektgerichtet (siehe Abbildung 4).

Zusätzlich kann in den beobachteten Sequenzen auch der Umgang der Interaktionspartner mit sich selbst (selbstbezügliche Kreise) eingeschätzt werden.

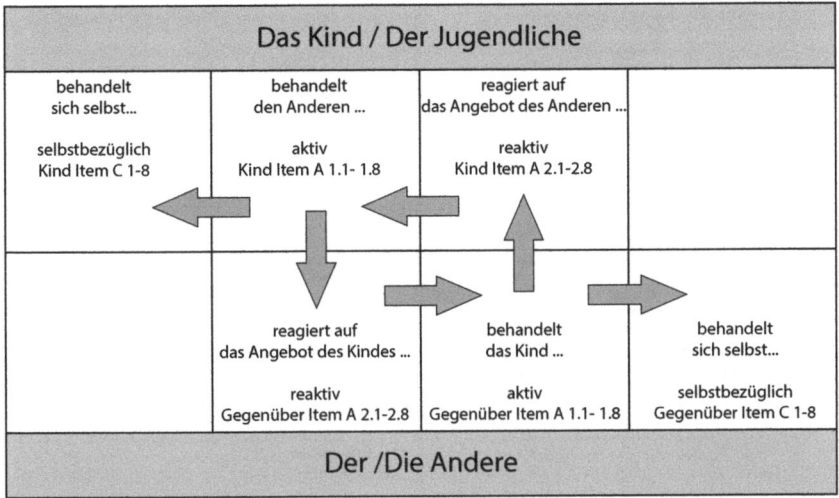

Das Kind / Der Jugendliche			
behandelt sich selbst...	behandelt den Anderen ...	reagiert auf das Angebot des Anderen ...	
selbstbezüglich Kind Item C 1-8	aktiv Kind Item A 1.1- 1.8	reaktiv Kind Item A 2.1-2.8	
	reagiert auf das Angebot des Kindes ...	behandelt das Kind ...	behandelt sich selbst...
	reaktiv Gegenüber Item A 2.1-2.8	aktiv Gegenüber Item A 1.1- 1.8	selbstbezüglich Gegenüber Item C 1-8
Der /Die Andere			

Abbildung 4

Die vier Kreise (Kind/Jugendlicher aktiv, Gegenüber reaktiv, Gegenüber aktiv, Kind/Jugendlicher reaktiv) stellen das dyadische Zusammenspiel in einer Beziehungssequenz dar. Eine Segmentierung in die vier genannten Kreise ist natürlich ein Stück weit artifiziell, dient aber einer differenziellen Betrachtung und Darstellung. Allerdings ist es manchmal nicht leicht zu unterscheiden, was aktives und was reaktives Beziehungsverhalten ist. Es bedarf daher einer exakten Unterscheidung, welche Interaktionsangebote des Gegenübers angenommen werden und welche Beiträge eigenständig in die Interaktion eingebracht werden. Zum Beispiel wäre eine Spielsituation zwischen Vater und Kind, in der das Kind lustvoll mit zwei Playmobilfiguren spielt und der Vater begeistert ein Haus aus Legosteinen baut, wie in Abbildung 5 dargestellt zu raten.

Die Situation stellt sich als friedliches Nebeneinander dar, in dem jeder der beiden den Anderen machen lässt. Es wird kaum Bezug zueinander hergestellt, sodass auch wenig Gemeinsames entsteht (vgl. Überschneidungsflächen in Abbildung 6).

Aus dieser Beziehungssequenz lässt sich allerdings noch nicht grundsätzlich ableiten, ob die Beziehungsgestaltung zwischen Vater und Kind entwicklungsförderlich ist oder nicht. Wir könnten die Beziehungsgestaltung einerseits als haltend verstehen (»Ich bin da und störe dich nicht«), andererseits aber auch im Sinne von »Wir können nicht miteinander, deswegen machen wir etwas nebeneinander«. Welche Variante zutreffend ist, wäre nur im Gesamtkontext der Beziehung beurteilbar.

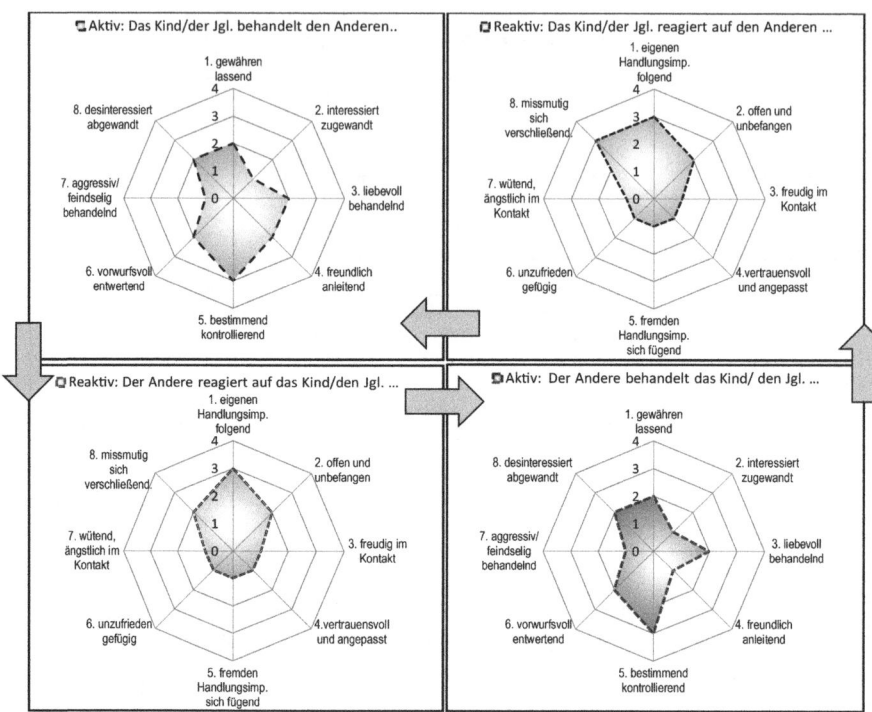

Abbildung 5

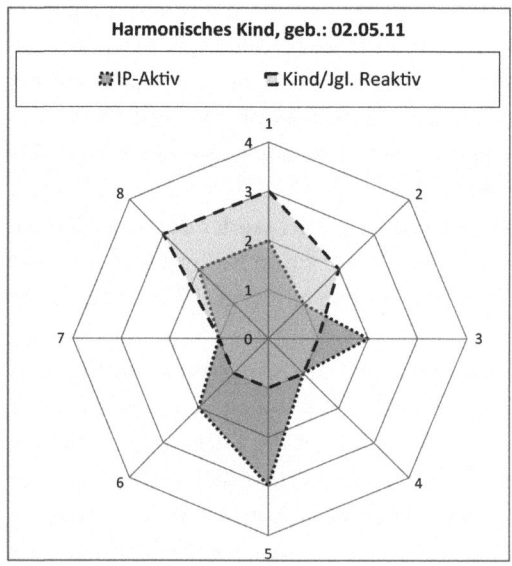

Abbildung 6

Einschätzungsebene B: Die Resonanz des Untersuchers

Während für die beobachteten Beziehungssequenzen (z. B. eine Interaktion zwischen Mutter und Kind) jeweils vier Kreise der Einschätzungsebene A herangezogen werden, kann bei der Einschätzung therapeutischer Beziehungssequenzen für den Therapeuten oder Betreuer alternativ auch der Resonanzkreis (Einschätzungsebene B) herangezogen werden, der dann als »Gegenstück« zur Beziehungsbeobachtung des Patienten verwendet werden kann und Auskunft darüber gibt, welche Art von Beziehungen vom Patienten inszeniert werden (vgl. Abbildung 7). Der Resonanzkreis beschreibt dabei nicht das manifeste professionelle Beziehungsverhalten, sondern die vom Therapeuten, von der Therapeutin erlebte und phantasierte emotionale Haltung (also gerade nicht die gelebte Reaktion). Hier ist es wichtig, dass die ratende Person möglichst unzensiert auch aggressive, destruktive oder überfürsorgliche Beziehungselemente angibt, welche für den diagnostischen und therapeutischen Kontext und darauf basierende Überlegungen sehr bedeutsam sein können.

Der Resonanzkreis ist somit keine objektive Beobachtung, sondern eine Abbildung des subjektiven Erlebens der Therapeutin oder des Therapeuten und damit eine Möglichkeit, Gegenübertragungsgefühle zu präzisieren. Anhand dieser Einschätzung kann das Verhalten des Patienten in einen greifbareren Zusammenhang gebracht werden. In Teams kann es durchaus sehr nützlich sein, wahrzunehmen, wie unterschiedlich die verschiedenen Personen auf das Verhalten eines Patienten oder einer Patientin reagieren.

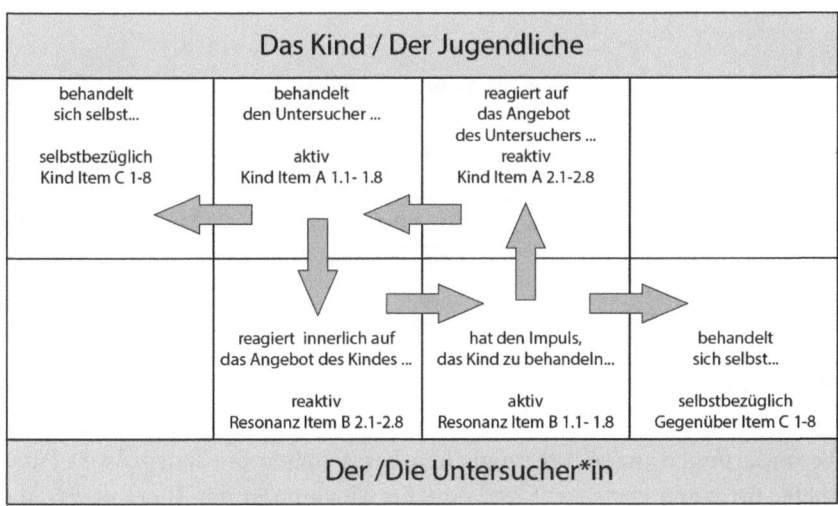

Abbildung 7

Darüber hinaus kann es hilfreich sein, anhand dessen auch den Zusammenhang zwischen den Ergebnissen der Beziehungsbeobachtung und den vom Patienten ausgelösten Spaltungsphänomenen im Team zu analysieren (vgl. auch Kapitel 7.2: Anwendung und Nutzen der Beziehungsachse im multiprofessionellen Team). Im therapeutischen Prozess ist dies insofern von Bedeutung, als es die Behandlerin oder den Behandler darin unterstützt, sehr früh Gegenübertragungsaffekte wahrzunehmen und anzusprechen.

Einschätzungsebene C: Selbstbezüglicher Kreis

Jedes aktive Umgehen mit einer anderen Person und jedes Reagieren auf die Angebote der anderen Person schließt auch einen Umgang mit sich selbst ein (vgl. Abbildung 8). Kümmere ich mich aktiv mehr um den Anderen als um mich? Folge ich mehr dem, was der Andere will, oder mehr dem, was ich will? Oder bringe ich den Anderen durch mein Beziehungsangebot vielleicht dazu, dass er mich so behandelt, wie ich mich selbst behandele? Das Rating des selbstbezüglichen Kreises beinhaltet deutlich stärker als das Rating der Beobachtungskreise eine subjektive Interpretation vonseiten des Raters oder der Raterin, da es ein Sicheinfühlen in die Position des Kindes oder Jugendlichen erfordert. Dies ist allerdings immanenter Teil jeder psychotherapeutischen Behandlung. Bei der Anwendung eines Beziehungsinterviews können zusätzlich die Aussagen des Kindes oder Jugendlichen zur Frage »Wie gehe ich mit mir selbst um?« verwendet werden, um den selbstbezüglichen Kreis zu raten.

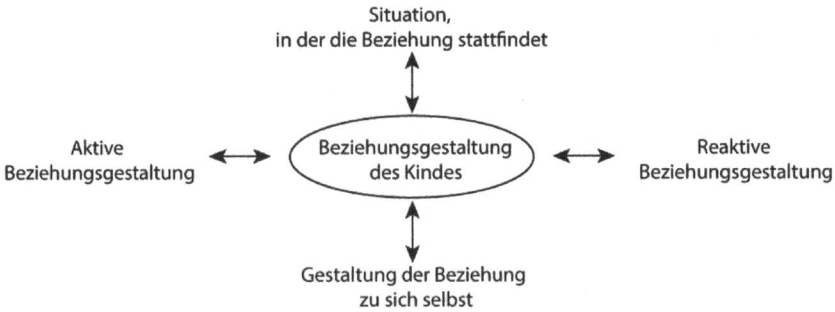

Abbildung 8

Veränderungen im selbstbezüglichen Kreis stellen die sensibelsten Parameter für einen Fortschritt und eine Entwicklung in der Therapie dar, da psychische Störungen in der Regel auch einen schädigenden Umgang mit der eigenen Person beinhalten. Eine Veränderung im Umgang mit sich selbst ist auch für den Patienten in der Regel am deutlichsten als Therapiefortschritt erlebbar. Zudem ist anzunehmen, dass nachhaltige Therapieeffekte immer mit einer Veränderung des Selbstbezugs in Verbindung stehen. Gleichzeitig ist der Umgang mit sich selbst in einer psychotherapeutischen Behandlung oft am schwersten zu verändern (vgl. Fallbeispiel in Kapitel 6.2: Modell des zyklisch-maladaptiven Beziehungsmusters).

In diesem Buch wird zusätzlich zum selbstbezüglichen Kreis der Patientin oder des Patienten auch der selbstbezügliche Kreis des Untersuchers/ Therapeuten als ergänzendes Modul beschrieben. Dieser Kreis kann wichtige Zusatzinformationen zur Interpretation einer therapeutischen Szene liefern, indem er zum Beispiel abbildet, wie sehr die Therapeutin mit sich selbst beschäftigt ist oder wie sehr sie sich für die Regulation des Patienten zur Verfügung stellt (vgl. Kapitel 4.1: Zwei Erweiterungsmodule der OPD-KJ-2-Achse Beziehung).

Exkurs: Wo bilden sich Gegenübertragungsgefühle in der OPD-KJ-2-Beziehungsachse ab?

Der Begriff der Gegenübertragung wird in der Literatur unterschiedlich und zum Teil auch widersprüchlich beschrieben. Es fehlt eine einheitliche Definition, was im Zusammenhang damit stehen dürfte, dass das Phänomen der Gegenübertragung in der Vergangenheit höchst heterogen konzeptualisiert wurde. Historisch gewachsen gibt es unterschiedliche Beschreibungen des Konzepts. König (2004) und Mertens (1991) plädieren für eine ganzheitliche Sicht, in der unter Gegenübertragung alle bewussten und unbewussten Gefühls- und Verhaltensreaktionen des Analytikers auf seinen Analysanden verstanden werden.

Ein wichtiger Teil der Gegenübertragung wird in der OPD-KJ-2-Achse Beziehung in der *Resonanz* des Untersuchers sichtbar, und zwar in Form von erlebten Affekten und Impulsen, die jedoch nicht direkt in die Beziehung gebracht, also nicht in Handlung umgesetzt werden. Weitere bewusstseinsfähige Anteile der Gegenübertragung bilden sich im *selbstbezüglichen Kreis des Untersuchers* ab. Dieser Kreis gibt uns Hinweise darauf, wie die untersuchende Person in der Situation mit sich selbst umgeht, was es sie kostet, bestimmte Impulse abzuwehren, und wie ihr das Containment der Übertragungssituation gelingt. In diesem Kreis liegt eine hohe Subjektivität, da der Umgang der untersuchenden Person mit sich selbst einerseits von Situationsfaktoren abhängig ist, andererseits aber auch aus ihren lebensgeschichtlich bedingten Möglichkeiten, ein bestimmtes Übertragungsangebot zu containen, resultiert. Unbewusste beziehungsweise schwer benennbare Anteile der Gegenübertragung finden darüber hinaus im *Situationskreis* ihren Niederschlag (siehe dazu Kapitel 4.1: Zwei Erweiterungsmodule der OPD-KJ-2-Achse Beziehung).

Möglichkeiten des Einsatzes der OPD-KJ-2-Beziehungsachse

Grundsätzlich kann unterschiedliches Material für das Rating verwendet werden:
- Beziehungsbeobachtung,
- Resonanz des Untersuchers, der Untersucherin,
- anamnestische Daten/berichtete Beziehungsepisoden,
- symbolisierte Beziehungserfahrungen (z. B. im Spiel).

Welche Daten mit der Beziehungsachse erhoben werden sollten, ist davon abhängig, was anhand der Daten verstanden oder geklärt werden soll. Für die Verlaufsbeobachtung einer Therapie wird eine Abfolge von Beziehungssituationen mit der behandelnden Person genügen. Um die chronisch bestehende Beziehungsproblematik in mehreren sozialen Feldern zu verstehen, werden anamnestische Daten und Beziehungssequenzen aus mehreren sozialen Kontexten sinnvoll sein. Will ich bei einer stagnierenden Therapie ein besseres Verständnis für den Prozess erreichen, stellen die Resonanz und der selbstbezügliche Kreis des Untersuchers oder der Untersucherin eine Möglichkeit dar, sich dieser Fragestellung anzunähern. Für uns wurde in den letzten Jahren der selbstbezügliche Kreis immer wichtiger, da darin der Umgang mit Konflikten und die daraus entstehende Problematik des Patienten oft sehr deutlich werden.

Die Visualisierung über Grafiken erleichtert das Verständnis der dynamischen Zusammenhänge zwischen den einzelnen Kreisen erheblich (siehe auch Kapitel 8: Visualisierung der OPD-KJ-2-Beziehungsachsenbefunde mittels Excel). Da die Skalierung der einzelnen Items keine hohe qualitative Differenzierung ermöglicht, ist es durchaus sinnvoll, zusätzlich auch narrativ (in den Textfeldern) eine Beschreibung des Beobachteten einzufügen.

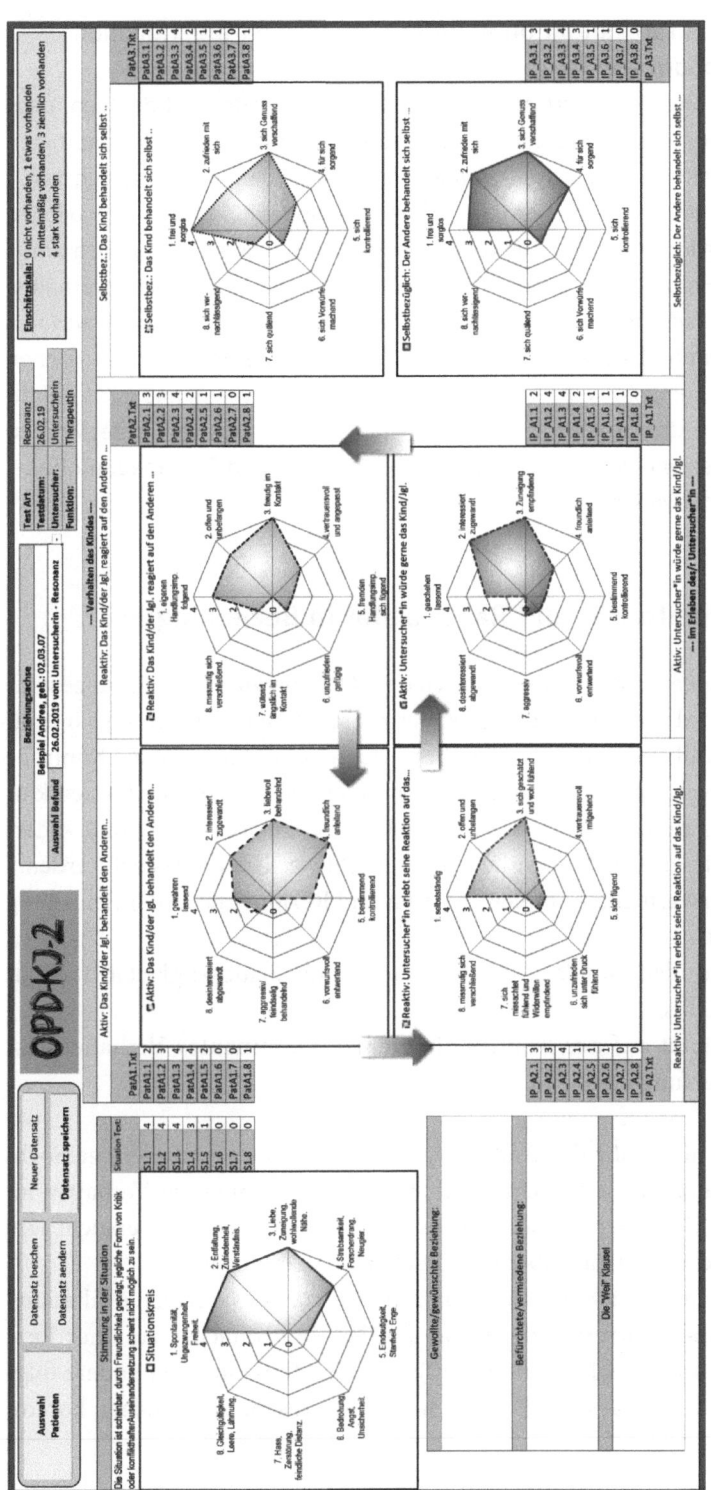

Abbildung 9

Beispiel: Therapiesituation mit einer impulsiven Jugendlichen (siehe Abbildung 9)

Anhand der Beziehungskreise aus einer Therapiestunde wird deutlich, dass sowohl die Jugendliche als auch die Therapeutin in ängstlicher Vorsicht miteinander umgehen, um impulsive Durchbrüche zu vermeiden. Dies zeigt sich besonders in den selbstbezüglichen Kreisen der Therapeutin und der Jugendlichen, in denen jegliche negative Affekte ausgeklammert bleiben. In der Zusammenschau aller Beziehungskreise wird diese Vorsicht auch im Beziehungsverhalten erkennbar. Dadurch wird es möglich, in der Therapie anzusprechen, was von beiden befürchtet wird. Vorstellbare Kränkungen und Verletzungen können zum Thema gemacht werden. Anhand dessen kann in einem nächsten Schritt reflektiert werden, welche Dynamiken genau erwartet und befürchtet würden, wenn die Beziehungsgestaltung zwischen Patientin und Therapeutin offener und spontaner verliefe.

Komplementarität und Reziprozität in Beziehungen

Um die zu erwartende Komplementarität und Reziprozität in Beziehungen darzustellen, wird im folgenden Kapitel der Zusammenhang zwischen Kontrollachse und Affiliationsachse beschrieben. Die Achsen Affiliation und Kontrolle ergeben insgesamt vier Quadranten. Innerhalb dieser vier Quadranten können die Mischungsverhältnisse von affektiver Objektbesetzung und Aktivität, die in dieser Beziehung miteinander gelebt werden, dargestellt werden.

Die zu erwartende Komplementarität und Reziprozität in der Beziehung ist wie folgt:
- Korrespondenz auf der Affiliationsdimension: Feindseligkeit löst Feindseligkeit aus.
- Reziprozität auf der Kontrolldimension: Dominantes Verhalten löst Unterwerfung aus.

Menschen mögen ihr Gegenüber regelhaft, wenn sie von diesem gemocht werden. Hingegen ist es nicht regelhaft, dass ein dominantes Verhalten im Gegenüber Unterwerfung auslöst. Es kann stattdessen auch versucht werden, selbst die Kontrolle über das Geschehen zu erlangen.

Damit eine Beziehung »harmonisch« ist, muss es auf der Affiliationsachse zu einer Korrespondenz und auf der Kontrollachse zu einer Reziprozität kommen (vgl. Abbildung 10): Der eine führt und der andere folgt. Sobald es zu gleichgesetzten Wünschen im dyadischen Geschehen kommt

(z. B. Mutter und Kind wollen beide eine hohe Kontrolle im Beziehungs-geschehen), entstehen schwierige Beziehungskonstellationen. »Gesunde« Beziehungen oder Beziehungen, die Entwicklungsraum schaffen, zeichnen sich durch einen angepassten und abgestimmten Wechsel von Führen und Folgen aus. Reziprozität und Komplementarität werden zudem von der selbstbezüglichen Dimension mit beeinflusst.

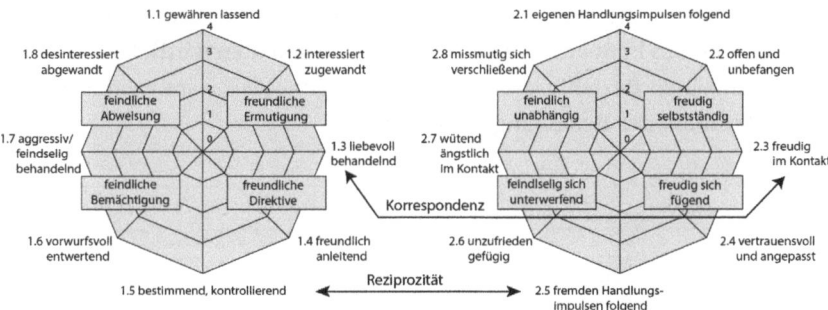

Abbildung 10

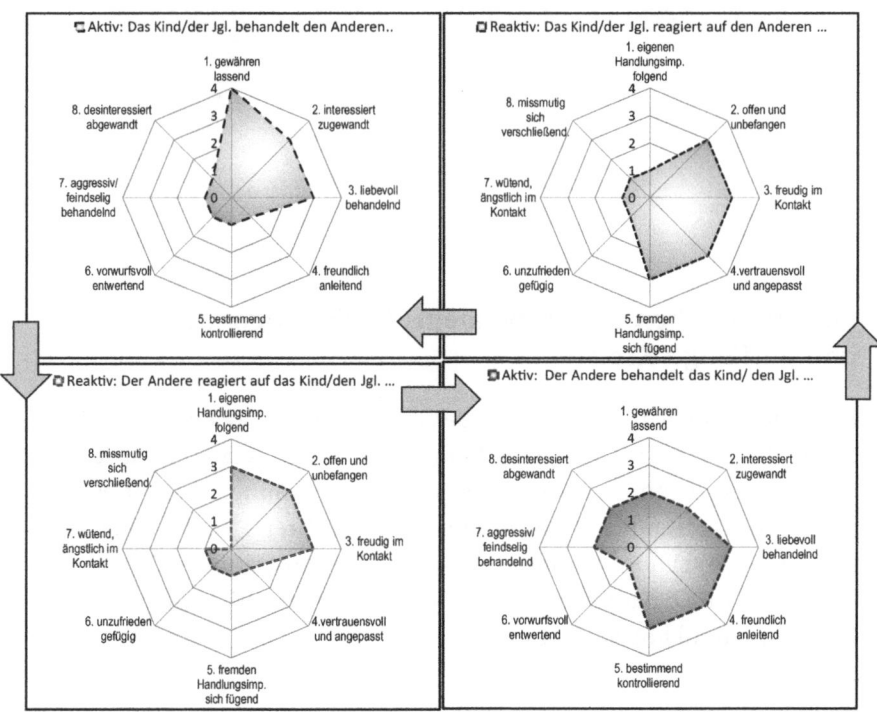

Abbildung 11

Um die Reziprozität der Beziehungsgestaltung in den gerateten Beziehungs-kreisen sichtbar zu machen, wird der reaktive Kreis zum aktiven Kreis gespiegelt, wie in Abbildung 11 dargestellt. In diesen beiden Beziehungs-kreisen würde ein sehr passives Kind einem sehr aktiv reagierenden Erwachsenen begegnen. Beide würden sich mit positiven Affekten begegnen. Da die Kontrollachse invertiert ist, würde sich ein gutes Zusammenpassen der Beziehungen ergeben (vgl. große Überlappungsfläche in Abbildung 12). Ob diese Beziehung »gut« oder »dysfunktional« ist (das Kind etwa durch die Aktivität des Erwachsenen in der Passivität gehalten wird), lässt sich aus dieser einzelnen Beziehungssequenz nicht sagen. Dies wäre wieder nur im Gesamtkontext der Beziehung beurteilbar.

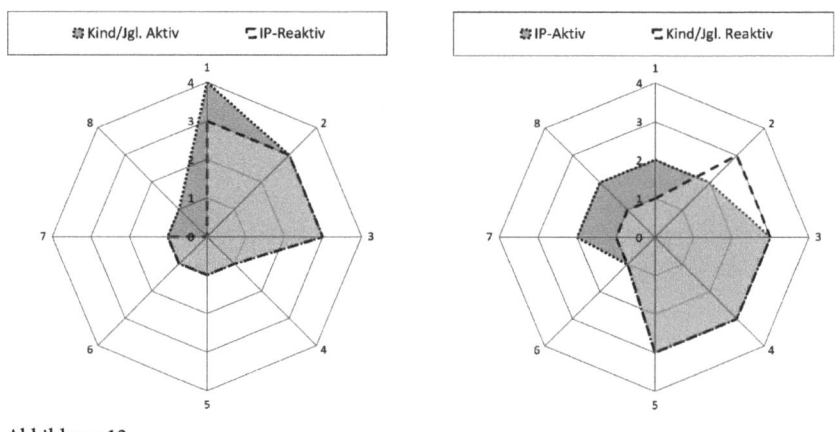

Abbildung 12

Beziehungsthemen, Ambivalenz, Beziehungsflächen und auffällige Kreise

Es ist nicht möglich, aus einzelnen Beziehungskreisen oder einzelnen Merk-malen der Kreise (z. B. einzelnen Items) schon Interpretationen abzuleiten. Um eine Beziehungssequenz interpretieren zu können, bedarf es einer zusammenhängenden Betrachtung mehrerer Kreise sowie einer spezi-fischen Fragestellung. Nachfolgend werden zur Illustration einige typische beobachtbare Dynamiken inklusive deren Interpretationsmöglichkeiten und -einschränkungen benannt.

Beziehungsthemen und Ambivalenz

Wie im Circumplexmodell gibt es auch in der OPD-KJ-2-Beziehungsachse gegenüberliegende Items (1–5, 2–6, 3–7, 4–8), welche auf ein Beziehungsthema hinweisen (siehe Abbildung 13; vgl. dazu auch die Konzeption der OPD für Erwachsene, in der die thematischen Achsen mit klaren Beziehungsqualitäten benannt werden).

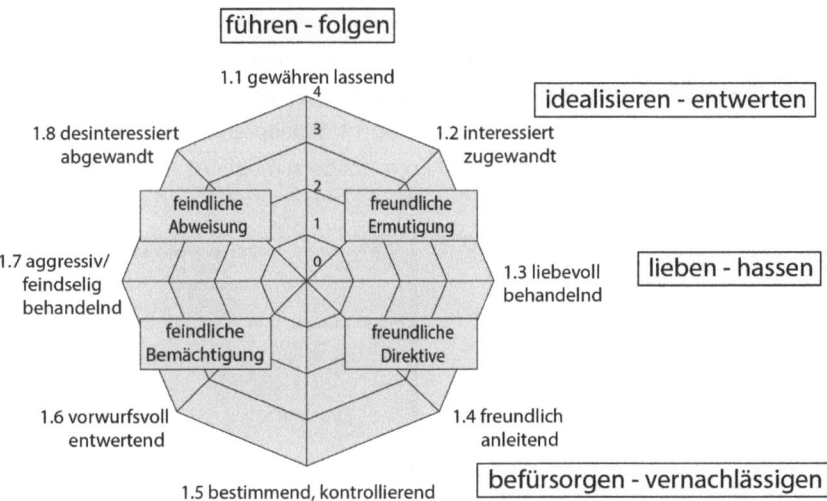

Abbildung 13

In einer oberflächlichen Form würden sich die Diagonalen mit (1) Führen – Folgen, (2) Idealisieren – Entwerten, (3) Liebe – Hass, (4) fürsorglich Betreuen – Vernachlässigen benennen lassen. Durch häufige Wiederholungen in beobachteten Beziehungssequenzen oder anamnestischen Schilderungen von Beziehungsepisoden kann ein Beziehungsthema deutlich werden. Auf diese Weise wird allerdings nur eine grobe Annäherung möglich. Die qualitative Ausgestaltung des Verhaltens ist in einer großen Abhängigkeit zum vorhandenen Strukturniveau und zu den dominanten intrapsychischen Konflikten zu sehen. Die Summe von hohen Werten auf den Diagonalen in einer Situation oder ein Wechsel von hohen Werten auf den Diagonalen in unterschiedlichen Situationen geben uns einen Hinweis auf relevante Beziehungsthemen des Kindes. Diese können, in Kombination mit den Ergebnissen der Struktur- und Konfliktachse, hilfreich sein, um die zentralen intrapsychischen Konflikte und die Abwehrmaßnahmen des Kindes zu verstehen.

Beispiel: eingeschränktes Strukturniveau, Selbstwert- und Schuldkonflikt (siehe Abbildung 14): Liebe und Hass, Idealisierung und Entwertung

Ein 14-jähriger Jugendlicher mit eingeschränktem Strukturniveau berichtet von massiven Problemen in sozialen Kontakten. Er beschreibt in einem Beziehungsinterview, wie er die Beziehungen zu seiner Umgebung erlebt. Dabei wird sein enormes Schwanken deutlich zwischen der liebevollen Zuwendung, die er zu anderen Menschen empfindet, in der Hoffnung, auch von ihnen akzeptiert und bewundert zu werden, sowie der großen Wut, wenn dies nicht in der von ihm erwünschten Form eintritt (Schwanken zwischen Liebe und Hass, 1.3 und 1.7). Im weiteren Verlauf der Behandlung lässt sich auch das große Schwanken zwischen Idealisierung und Entwertung (1.2 und 1.6) ansprechen, und es wird eine Arbeit an realistischeren Selbst- und Fremdbildern möglich.

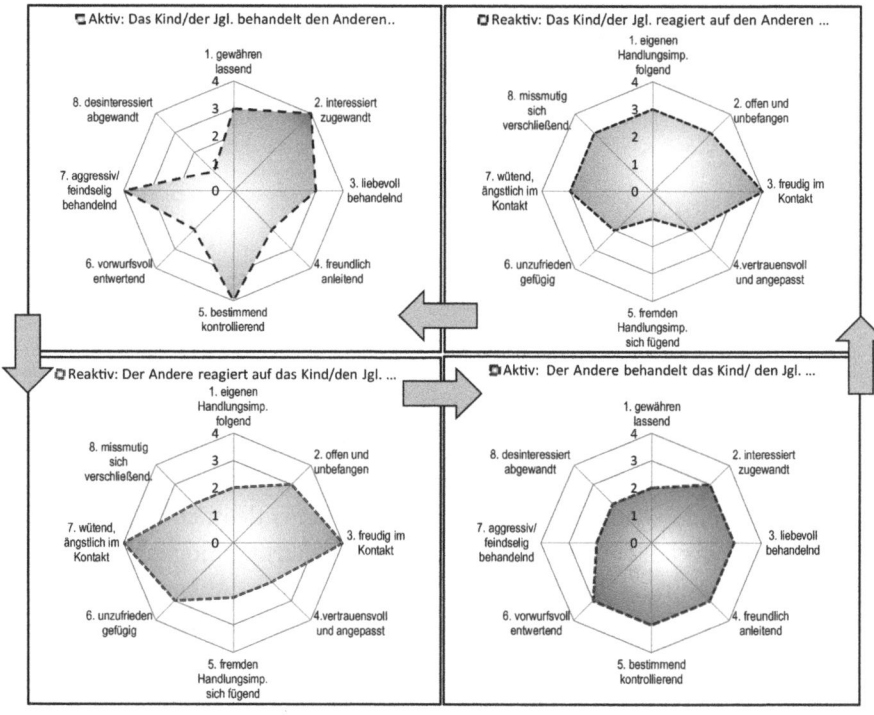

Abbildung 14

Beispiel: gering integriertes Strukturniveau, Nähe-Distanz-Konflikt (siehe Abbildung 15): Führen und Folgen

Ein achtjähriger Junge mit einer deutlichen Bindungsstörung, einem gering integrierten Strukturniveau und einem ausgeprägten Nähe-Distanz-Konflikt, erreicht in ruhigen Situationen hohe Werte bei 1.2 (interessiert, zugewandt). In Situationen, in denen Anforderungen an ihn gestellt werden, erreicht er hohe Werte bei 1.6 (vorwurfsvoll, entwertend). In beiden Situationen entsteht beim Gegenüber ein hohes Ausmaß an Aktivität, was sich in hohen Werten bei Item 1.5 (bestimmend, kontrollierend) ausdrückt. Das Kind bringt sein Gegenüber also dazu, sich aktiv in der Beziehung zu engagieren. Damit kämpft es gegen seine Angst an, die Bindung zum Gegenüber zu verlieren.

In angespannter Situation

In entspannter Situation

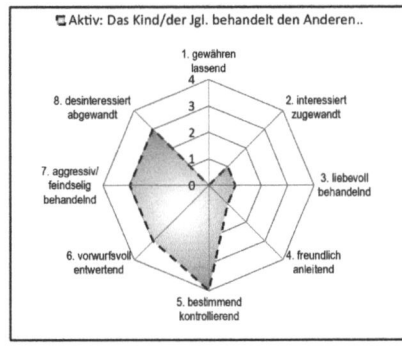 

Abbildung 15

Große und kleine Flächen

Große und kleine Flächen können ein Hinweis auf die Fähigkeit der Kinder und Jugendlichen sein, Beziehungen zu gestalten und etwas in Beziehungen einzubringen. Häufig finden wir sehr kleine Flächen bei bestimmten Arten der Depression oder des Zwangs, große Flächen hingegen bei sehr ambivalenten Persönlichkeiten oder bei Kindern und Jugendlichen mit Persönlichkeitsstörungen und Impulsivität. Im klinischen Bereich zeichnen sich Jugendliche mit sehr diffusen und widersprüchlichen Beziehungswünschen in Beziehungsinterviews häufig dadurch aus, dass ihre vielfältigen ungezielten Beziehungsvorstellungen zu sehr großen Flächen führen. Dies lässt sich aber nicht aus den einzelnen Beziehungskreisen interpretieren, sondern ist lediglich in der Gesamtschau der psychodynamischen Diagnostik ein zusätzlich zu berücksichtigender Aspekt.

Beispiele

Luise ist ein 14-jähriges Pflegekind, das deutliche Beziehungswünsche hat, aber oft in eine sehr verworrene Beziehungssituation mit den Pflegeeltern kommt, da sich die Wünsche eigentlich an die leiblichen Eltern richten. Die Verwirrung drückt sich auch im Beziehungsverhalten der Jugendlichen aus, und es entstehen sowohl bei ihr als auch im Gegenüber sehr große Flächen, die jedoch eher zu einer Beziehungsverwirrung als zu einem realen Kontakt führen (vgl. Abbildung 16). Luise ist damit darauf angewiesen, dass ihr Gegenüber klarmacht, welches Beziehungsangebot es real anbieten kann.

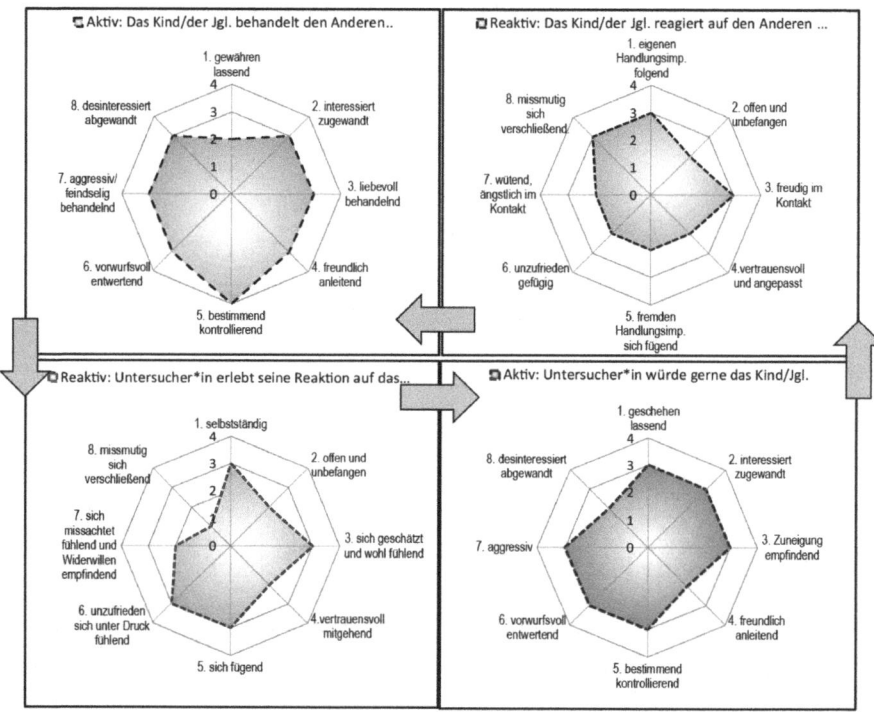

Abbildung 16

Hans, ein 16-jähriger Jugendlicher mit eingeschränktem bis niedrigem Strukturniveau und einer Störung der Impulskontrolle, reagiert in angespannten Gruppensituationen, um die Kontrolle nicht zu verlieren, mit einem starken Rückzug aus allen Beziehungen. Dieser Rückzug wirkt auf die Umgebung durchaus bedrohlich, womit auch unterstützende Beziehungsangebote blockiert werden (vgl. Abbildung 17).

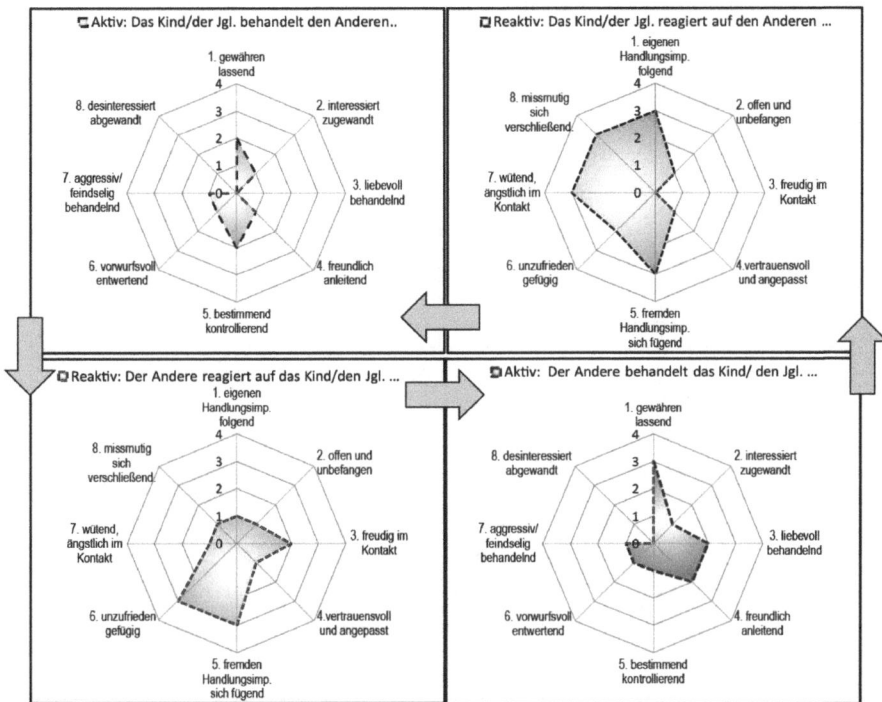

Abbildung 17

Spitzen und Einbrüche

In den meisten Fällen finden wir Beziehungskreise, die eine relative Kontinuität in ihren Kreisumfängen haben, auch wenn sie in unterschiedliche Quadranten verlagert sind. Auffällig sind abrupte Einbrüche oder isolierte Spitzen. Dies sind oft Hinweise darauf, dass in bestimmten Beziehungsbereichen besondere Hemmungen bestehen oder dass in beziehungsgestaltenden Elementen Auffälligkeiten existieren.

Beispiel

Eine sehr gehemmte 16-jährige Jugendliche, die in Gruppensituationen sehr gefordert schien, strahlte eine freundliche, aber auch passive (1.1) Haltung aus. Sie lud nur sehr wenig dazu ein, etwas für sie zu tun (1.2), gleichzeitig vermittelte sie, dass sie etwas brauche (1.3). Negative Affekte fanden in der aktiven Beziehungsgestaltung der Jugendlichen kaum Ausdruck. Auf die ermutigenden, freundlich anleitenden Interventionen der Bezugsperson (1.2, 1.4) reagierte die Jugendliche mit einer deutlich feindseligen Unterwerfung (2.6).

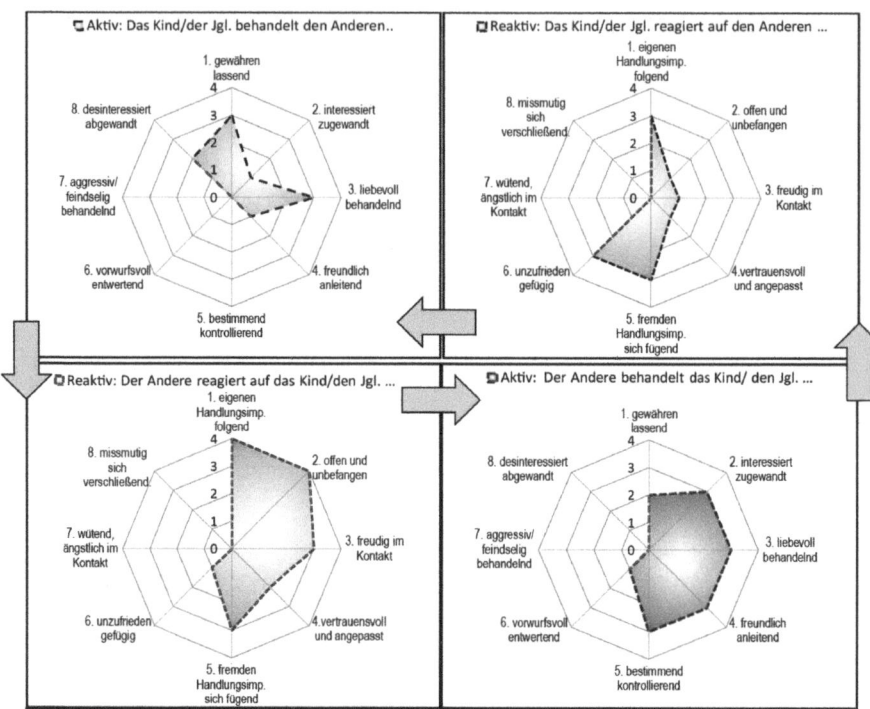

Abbildung 18

Somit entstand beim Gegenüber das Gefühl, übergriffig und unpassend zu sein (vgl. Abbildung 18). Die Reflexion dieser Dynamik führte dazu, dass in der weitergehenden Exploration der Jugendlichen ein in der Vergangenheit erfolgter sexueller Missbrauch besprechbar wurde, der bis dahin nicht bekannt war.

Abschließendes

Beziehung ist ein komplexes Phänomen, das nicht leicht im Sinne eines psychologischen Tests skalierbar ist. Die OPD-KJ-2-Achse Beziehung bemüht sich trotzdem um eine Objektivierung des Beziehungsgeschehens, indem sie verschiedene Aspekte des Interaktionsverhaltens anhand der beiden Achsen Kontrolle und Affiliation operationalisiert. Diese detaillierte Betrachtung von Aktivität und Affektivität innerhalb einer Beziehungssequenz ist durchaus wertvoll, um die Beziehungsgestaltung zwischen Eltern und Kind, aber auch Behandler und Patient differenzierter beschreiben und reflektieren zu können. Die Visualisierung der Beziehungsachse erweist sich als enorm hilfreich, um das dynamische Wechselspiel innerhalb von Beziehungen besser zu verstehen. Bereits das Achten auf besondere Auffälligkeiten in den Beziehungskreisen ist oft ein nützlicher Anstoß für neue Überlegungen.

Kommunikation, Beziehung und Beziehungsgestaltung werden in der psychoanalytischen Literatur allerdings in vielfältiger Form konzeptualisiert und mit unterschiedlichsten theoretischen Konzepten beschrieben. Es ist daher bei der Verwendung der Beziehungsachse wichtig, zunächst eine spezifische Frage zu formulieren, die man mithilfe des Beziehungsachsenratings beantworten will, bevor man eine dazu passende Anwendungsform auswählt. Da die praktische Verwendung der Beziehungsachse im klinischen Alltag leider bislang wenig beschrieben wurde, sollen – ergänzend zu den Ausführungen im OPD-KJ-2-Manual – in den weiteren Kapiteln dieses Buches zunächst das genaue Vorgehen beim Rating und anschließend verschiedene Möglichkeiten der klinischen Anwendung dargestellt werden. Wir hoffen, dass dadurch die Achse Beziehung der OPD-KJ-2 noch besser in ihrem Nutzen für die therapeutische Arbeit mit Kindern und Jugendlichen verstanden und häufiger in der praktischen klinischen Arbeit verwendet wird.

3 Anleitung zum Rating

Rainer Fliedl, Karin Zajec, Florian Juen, Carola Cropp,
Judith Noske, Verena Singer, Jenny Kaiser, Bastian Claaßen,
Birgit Riediger

Wie in Kapitel 2 beschrieben, ermöglicht die Beziehungsachse, anhand mehrerer Beziehungskreise das Interaktionsverhalten, das im Austausch zweier Personen miteinander und mit sich selbst beobachtbar ist, differenziert zu beschreiben. Die beobachtbaren Verhaltensweisen werden dabei anhand von jeweils acht Items in verschiedenen Kreismodellen kodiert. In der Zusammenschau der Kreise wird die gemeinsame Beziehungsgestaltung der beteiligten Personen deutlich. Das Rating und die Interpretation der Beziehungskreise erweist sich aus unserer Erfahrung allerdings meist als komplexes Unterfangen. Mehrere Ebenen des Verhaltens (aktiv-objektgerichtet, reaktiv-subjektgerichtet, selbstbezüglich) sowie der Kommunikation (Beziehungsbeobachtung, Resonanz des Untersuchers, Selbstbezüglichkeit) müssen berücksichtigt und unterschieden werden. Gerade die Differenzierung von aktivem und reaktivem Beziehungsverhalten ist dabei oft gar nicht leicht. Um die Verständlichkeit der Beziehungsachse für die Anwendenden zu erhöhen und damit das Rating zu erleichtern, werden in diesem Kapitel wichtige Grundlagen des Ratings sowie die Bedeutung der einzelnen Items ausführlicher als im Gesamtmanual der OPD-KJ-2 beschrieben.

Allgemeine Hinweise

Das Rating der Beziehungsachse bezieht sich in der Regel auf größere Zusammenhänge der Beziehungsgestaltung. Daher ist es bereits vor Beginn des Ratings wichtig, in Abhängigkeit von der jeweiligen Fragestellung Festlegungen zu treffen, was genau Gegenstand des Ratings sein soll (vgl. Kapitel 2).

Als *Bewertungsgrundlage* für das Rating können zunächst unterschiedliche Situationen gewählt werden:
- die aktuelle Beziehungssituation, die von der untersuchenden Person beobachtet wird oder mit dieser stattfindet;

- berichtete Beziehungssequenzen aus anderen sozialen Kontexten, etwa Schule, Familie, Freunde (für eine Anleitung zum Erfragen solcher Beziehungssequenzen siehe Kapitel 4.3: Berichtete Beziehungsepisoden).

Nachdem man sich einen Gesamteindruck von der zu ratenden Beziehungssequenz verschafft hat, legt man fest, welchen *Beziehungspartner* man zuerst bewerten will.

Dann bestimmt man, welche der folgenden *Kommunikationsebenen* betrachtet werden sollen (siehe auch Kapitel 2: Allgemeine Beschreibung der Beziehungsachse):
- Objektgerichtet: Wie gestaltet die untersuchte Person aktiv die Beziehung zum Gegenüber?
- Subjektgerichtet: Wie geht die untersuchte Person mit den Kommunikationsangeboten des Anderen um, wie reagiert sie darauf?
- Selbstbezüglich: Wie geht die Person während der Interaktionssequenz mit sich selbst um?

Die Aufteilung der Beziehungsgestaltung zwischen zwei Personen in einen objektgerichteten, subjektgerichteten und selbstbezüglichen Kreis und die weitere Segmentierung in die einzelnen Items der Kreise ist natürlich ein Stück weit artifiziell, sie kann aber dabei helfen, die einzelnen Elemente der Beziehungsgestaltung differenziert wahrzunehmen. In der Zusammenschau der Kreise ergibt sich dann ein Beziehungsgefüge, welches das dyadische Zusammenspiel in der Beziehungsgestaltung abbildet.[1]

Für das Rating können *drei Einschätzungsebenen* gewählt werden:
- Einschätzungsebene A: Beziehungsbeobachtung (objekt- und subjektgerichtet);
- Einschätzungsebene B: Resonanz – Erfassung des subjektiven Erlebens des Untersuchers oder der Untersucherin (objekt- und subjektgerichtet);
- Einschätzungsebene C: Selbstbezüglicher Kreis.

Die jeweils übliche Kombination der drei Ebenen ergibt sich meist aus der *Untersuchungssituation:*

---

1 In der Praxis hat es sich bewährt, das Rating entsprechend der Dialogstruktur vorzunehmen (siehe auch Kapitel 2: Allgemeine Beschreibung der Beziehungsachse): Zunächst schätzt man den aktiven Kreis der Person ein, deren Beziehungsverhalten primär interessiert (z. B. Patient), dann den reaktiven Kreis des Gegenübers, als Nächstes den aktiven Kreis des Gegenübers und zuletzt den reaktiven Kreis des Patienten.

– Bei der *nicht teilnehmenden Beobachtung* einer Interaktion durch die untersuchende Person (z. B. der Beobachtung einer Vater-Kind-Interaktion) werden bei beiden Personen die Einschätzungsebene A (objekt- und subjektgerichtet) und die Einschätzungsebene C (selbstbezüglicher Kreis) gewählt.

– Bei der *teilnehmenden Beobachtung*, in der man als Untersucherin oder Untersucher selbst Teil der Dyade ist, wird für das Gegenüber die Einschätzungsebene A (objekt- und subjektgerichtet) gewählt, für die untersuchende Person die Einschätzungsebene B (Resonanz des Untersuchers, objekt- und subjektgerichtet) und zuletzt für beide Kommunikationspartner die Ebene C (selbstbezüglicher Kreis).

– Es ist allerdings auch möglich, bei der teilnehmenden Beobachtung für die untersuchende Person Einschätzungsebene A zu verwenden (dann wird das auch für andere Personen beobachtbare, in die Interaktion eingebrachte Verhalten der untersuchenden Person bewertet) oder bei der untersuchenden Person Einschätzungsebene A und Einschätzungsebene B parallel zu raten. Letzteres kann beispielsweise Aufschluss darüber geben, wie sehr sich die Resonanz der Untersucherin von ihrem tatsächlichen Verhalten in der Interaktion unterscheidet.

Hat man die oben genannten Entscheidungen getroffen, lässt sich das Interaktionsverhalten der Kommunikationspartner in allen ausgewählten Kreisen *acht Verhaltensqualitäten* zuordnen, die auf einer Skala mit *fünf Ausprägungen* (0, 1, 2, 3, 4) hinsichtlich Häufigkeit und Intensität eingeschätzt werden. Auf der horizontalen Achse des Kreismodells wird die Affiliation eingeschätzt (Qualität und Intensität des Affekts), auf der vertikalen Achse wird der Grad der Beeinflussung (Kontrolle und Steuerung in der Interaktion) kodiert. Die Diagonalen stellen die jeweiligen Mischungsverhältnisse dar. Die Einschätzung erfolgt an einem durchschnittlich zu erwartenden – also üblichen – Verhalten bei psychisch stabilen (oder gesunden) Personen dieses Alters unter Berücksichtigung der Kontextvariablen (vgl. Arbeitskreis OPD-KJ-2, 2016, S. 133), das heißt unter Berücksichtigung der jeweiligen Situation und des jeweiligen Gegenübers (z. B.: eine anorektische Jugendliche in der Essenssituation versus bei einer ihr angenehmen Alltagsbeschäftigung; ein Kind im Kontakt mit dem gehassten Stiefvater versus der geliebten Großmutter). Es ist zu vermeiden, »sich am Durchschnitt der Patienten mit der jeweiligen Störung (›für einen Autisten ist der Patient recht zugewandt‹) oder am klinischen Erfahrungshorizont des Beurteilers (›gemessen an meinen sonstigen Patienten ist sie sehr liebevoll‹) zu orientieren« (Arbeitskreis OPD-KJ-2, 2016, S. 115).

Die insgesamt acht Items pro Kreis werden hinsichtlich ihrer *Häufigkeit und Intensität* beurteilt. Einschätzungen auf der Beziehungsachse sollten auf beobachtbaren oder konkret berichteten Sequenzen basieren, möglichst wenig Interpretation beinhalten und auf der Beantwortung der folgenden Fragen beruhen:

1. Kommt das Verhalten in der Sequenz überhaupt vor?
   - Wenn nicht, dann ist die Bewertung 0 (nicht vorhanden) zu wählen.
2. Wenn das Verhalten vorkommt, kann anschließend die Häufigkeit und Intensität bewertet werden:
   - Häufigkeit: Wie häufig kommt das Verhalten vor?
     - 1 (wenig vorhanden), 2 (mäßig vorhanden), 3 (oft vorhanden), 4 (sehr oft vorhanden)
   - Intensität: In welcher Intensität kommt das Verhalten vor? Kann man sich dieses Verhalten noch mehr oder noch intensiver vorstellen?
     - 1 (schwach vorhanden), 2 (mäßig vorhanden), 3 (stark vorhanden), 4 (sehr stark vorhanden)

Die acht Items werden getrennt voneinander bewertet. Folgende Richtlinien sind dabei zu beachten:

- Die Häufigkeit und Intensität des Verhaltens werden in dem Ausmaß, in dem sie prägend für die Beziehungsgestaltung sind, geratet. So können Handlungen, die zwar selten auftreten, aber durch ihre Intensität die Situation stark prägen, zu einer höheren Einschätzung auf dem jeweiligen Item führen. Zum Beispiel macht ein Jugendlicher im einstündigen Gespräch zweimal extrem abwertende Aussagen über Kleidung, Aussehen und Beruf des Untersuchers. Würde hier allein die Häufigkeit kodiert, würde sich diese für die Interaktion wichtige Information im Rating nicht abbilden.
- Für das Rating wird empfohlen, in einem ersten Schritt die gegenüberliegenden Items der horizontalen und vertikalen Achse einzuschätzen und erst in einem zweiten Schritt die gegenüberliegenden Items der Diagonalen zu beurteilen.
- Gegenüberliegende Items schließen sich nicht aus. So bedeutet ein hoher Wert bei »gewähren lassen« nicht automatisch einen niedrigen Wert bei »bestimmen/kontrollieren«. Beides kann innerhalb einer Beziehungssequenz gleichzeitig in hoher Ausprägung vorhanden sein.
- Die vertikalen Items beschreiben die Aktivität in der Kontrolldimension (gewähren lassen versus bestimmen/kontrollieren) und berücksichtigen dabei nicht den Affekt. Wichtig ist allerdings, sich den Affekt nicht weg-

zudenken, sondern im Beziehungsverhalten die Elemente zu erfassen, in denen eben keine oder kaum Affektivität vorkommt.

- Die horizontale Achse wiederum beschreibt in ihren beiden Items den Affekt bezogen auf das Gegenüber (liebevolle Freundlichkeit versus Feindseligkeit) und berücksichtigt dabei nicht die Aktivität in der Kontrolldimension (gewähren lassen versus bestimmen/kontrollieren).
- Die Diagonalen beschreiben, wie die Vermischungen dieser zwei Komponenten von Kontrolle und Affekt zu bewerten sind. Zum Beispiel bedeutet Item 1.4 »freundlich anleitend« sowohl freundlich als auch anleitend. Ist jemand freundlich, leitet aber dabei nicht an, so muss eine 0 kodiert werden.
- Je nach klinischer Fragestellung können auch mehrere Dyaden eingeschätzt werden, um typische Beziehungsmuster des Kindes oder Jugendlichen in unterschiedlichen Konstellationen herausarbeiten zu können.

Operationalisierung der Items

Die Beschreibung der einzelnen Items ist durch die Fülle an Möglichkeiten, wie sich die Mischung zwischen Affiliation und Steuerung gestalten kann, schwierig. Theoretisch ergeben sich beliebig viele Abstufungen. Um Objektivität und Trennschärfe der Items gewährleisten zu können, wurde von der Arbeitsgruppe OPD-KJ im ersten Manual eine Begrenzung auf acht Items festgelegt. Die gewählten Itembezeichnungen sind allerdings aus unserer Sicht zum Teil sehr bedeutungseinengend. Die Vielzahl der mit dem jeweiligen Item umfassten Verhaltensweisen ist eigentlich besser im Kontext der beiden Grundachsen zu verstehen, und auch die Berücksichtigung der Quadrantenbezeichnungen kann hilfreich sein, um ein Verständnis von der Qualität des den acht Items zugeordneten Verhaltens zu bekommen. Ziel unserer ausführlicheren Anleitung zum Rating in diesem Buch ist daher unter anderem, die Heterogenität der möglichen Verhaltensweisen pro Item besser abzubilden. Die in der OPD-KJ-2 gewählten Itembezeichnungen wurden dabei trotz einiger Kritik von uns beibehalten, um nicht durch Abweichungen vom bisher gültigen Manual Irritation auszulösen.[2] Zum besseren Verständnis der acht ausgewählten Items werden

---

2   Manche Itembezeichnungen sind aus unserer Sicht etwas verwirrend, etwa Item A2.7 »wütend/ängstlich im Kontakt«. Angst kann Grundlage von fast jedem Verhalten sein. Die Autoren regen deshalb für die nächste Überarbeitung der OPD-KJ eine Neuformulierung an, vor allem der Items auf der Affiliationsachse.

aber nun in Ergänzung zum OPD-KJ-2-Manual noch weitere Schlagworte angeführt, die alternative Positionen in demselben Quadranten beschreiben (orientiert an den Konzeptionen von Kiesler, 1983; Leary, 2004; Tress, 1993). Darüber hinaus wird zu jedem Item eine Botschaft an das Gegenüber formuliert, die eine kontextunabhängige Beschreibung des Items liefert. Die altersspezifischen Ankerbeispiele[3] sollen die Einschätzung der Items durch ihre praktische Veranschaulichung erleichtern, sie dürfen allerdings nur als beispielhaft angesehen werden.[4] Es ist in vielen Fällen hilfreicher, sich beim Rating auf die Grunddimensionen von Affiliation und Steuerung zu beziehen und den Einleitungstext des jeweiligen Items zu berücksichtigen, als das Rating allein auf einzelne Ankerbeispiele zu stützen.

Es folgen nun die Operationalisierungen der Items für alle drei Einschätzungsebenen:

- Im ersten Abschnitt werden die grundlegenden Itembeschreibungen zur *Beziehungsbeobachtung* (Einschätzungsebene A) dargestellt.
- Im zweiten Abschnitt zur *Resonanz des Untersuchers* (Einschätzungsebene B) werden Beispiele angeführt, die das subjektive Erleben des Untersuchers oder der Untersucherin in der Beziehung zum Gegenüber betreffen.
- Im dritten Abschnitt folgen die Itembeschreibungen des *selbstbezüglichen Kreises* (Einschätzungsebene C).

---

3 Die Ankerbeispiele wurden zum Teil aus dem OPD-KJ-2-Manual (Arbeitskreis OPD-KJ-2, 2016) übernommen, teils modifiziert, um die Prägnanz zu erhöhen, und zum Teil wurden zusätzliche Beispiele ergänzt.

4 In den Ankerbeispielen wurden unterschiedliche Situationen/Interaktionspartner gewählt – jedoch nicht alle Konstellationen durchdekliniert.

Einschätzungsebene A: Beziehungsbeobachtung/Dyaden

Die Operationalisierung der Items erfolgt sowohl für den objektgerichteten als auch für den subjektgerichteten Kreis jeweils getrennt für die an der Interaktion beteiligten Personen (Kind/Jugendlicher, Gegenüber, untersuchende Person). Die Ankerbeispiele sind so gegliedert, dass für jede Altersstufe der Kinder und Jugendlichen (Altersstufe 1: 3–5 Jahre; Altersstufe 2: 6–12 Jahre; Altersstufe 3: 13–18 Jahre) sowie für Erwachsene eine jeweils hohe Ausprägung skizziert wird (vgl. auch OPD-KJ-2, 2016, S. 109 ff.).

Einschätzungsebene A: Objektgerichteter Kreis (Person aktiv, A1.1–A1.8; vgl. Abbildung 19)

»Beschreiben Sie hier, wie die Person sich dem Anderen gegenüber verhält, wie sie ihn behandelt, was sie bei ihm erreichen will.«

Dieser Kreis erfasst die von einer Person an das Gegenüber ausgesandten Beziehungssignale und -angebote (verbal, paraverbal, nonverbal).

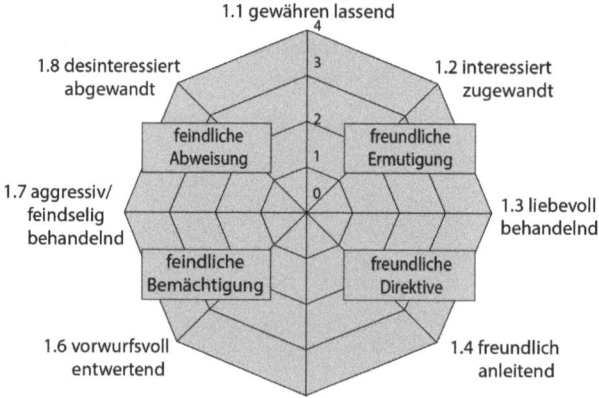

Abbildung 19

A1.1 gewähren lassend

Hier geht es um Verhaltensformen, die dem Gegenüber viel Freiraum lassen. Das Verhalten öffnet dem Gegenüber Räume, tun zu können, was es möchte. Ob dieses Verhalten von positiven oder negativen Affekten begleitet wird, ist hier nicht relevant.

Botschaft: »Ich lasse dir Raum, etwas zu gestalten.«

Schlagworte: viel Freiraum lassen, allein machen lassen, Raum gewähren, keine Struktur bieten.

Beispiele:

Altersstufe 1 3–5 Jahre	Ein Kleinkind lässt während der gesamten Beobachtungszeit den Vater eine Burg aus Bauklötzen bauen, ohne sich daran zu beteiligen oder eigene Ideen einzubringen. Es sieht in erster Linie der Aktivität zu.
Altersstufe 2 6–12 Jahre	Ein Schulkind sitzt während eines Erstgesprächs da, lässt zu, dass die Untersucherin ihre Fragen stellt, wirkt dabei weder besonders interessiert noch besonders ablehnend.
Altersstufe 3 13–18 Jahre	Eine Jugendliche sitzt dem Untersucher gegenüber und wirkt so, als ob sie warten würde, was passiert.
Erwachsene	Eine Mutter setzt dem Kind keinerlei Grenzen und lässt zu, dass es das ganze Spielzimmer durcheinanderbringt. Die Eltern eines Jugendlichen zeigen im Gespräch mit dem behandelnden Arzt ihres Sohnes keinerlei Eigeninitiative, auf das Gespräch Einfluss zu nehmen, sprechen keine eigenen Wünsche und Vorstellungen an, wie mit der Situation umzugehen ist. Sie überlassen es ganz dem Untersucher, was weiter zu geschehen hat.

A1.2 interessiert zugewandt

Dieses Item ist entsprechend seiner Lage im Kreismodell durch eine Mischung von geringer Steuerung und positiven Affekten dem Dialogpartner gegenüber gekennzeichnet. Es umfasst daher alle Verhaltensformen, die – verbunden mit einem positiven Affekt – dem Gegenüber viel Raum geben und lassen. Es gehen Signale der Ermutigung an das Gegenüber aus, mit der Botschaft: »Mach weiter, es gefällt mir«. Es werden alle Elemente erfasst, die eine wohlwollende Botschaft und ein Zeichen von Interesse an das Gegenüber senden. Entscheidend ist dabei auch, dass die einladenden Signale das Gegenüber in seinem Tun nicht einschränken. Wenn man also freundlich dem Gegenüber ein Spielangebot macht, bedeutet dies eine Einschränkung und somit keinen hohen Wert. Im Gegensatz dazu würde ein freundliches Signalisieren, Spielanregungen bekommen zu wollen, höher kodiert werden. Gemeint ist ein Zuhören auch bei unterschiedlicher Meinung, ein Beachten des Gegenübers und/oder ein Anerkennen der Absichten und Sichtweisen des Gegenübers. Oben genannte Phänomene lassen sich auch anhand des Blickes, der Körperhaltung und der Stimme beobachten.

Botschaft: »Ich mag, was du machst.«

Schlagworte: Andere anerkennen, ehrerbietig sein, schmeicheln, idealisieren, kritiklos sein, neugierig sein, an der Interaktion mit dem Gegenüber interessiert sein.

Beispiele:

Altersstufe 1 3-5 Jahre	Ein dreijähriges Kind lässt sich von seiner Mutter gern ein Buch vorlesen, fragt immer wieder etwas nach und hört der Mutter trotz eines attraktiven Spielangebots seines Geschwisterchens weiter zu.
Altersstufe 2 6-12 Jahre	Ein Schulkind sitzt seiner Mutter gegenüber und scheint in freudiger Erwartung und etwas unruhig und ungeduldig mit einem Lächeln im Gesicht abzuwarten, bis diese die Karten des Memory-Spiels verteilt hat.
Altersstufe 3 13-18 Jahre	Ein Jugendlicher wartet mit freundlichem Gesichtsausdruck interessiert auf die Fragen der Untersucherin, sodass diese immer mehr auch ganz persönliche Fragen stellen kann und keine Scheu hat, den Jugendlichen detailliert zu befragen.
Erwachsene	Die Mutter lächelt und wartet geduldig und beobachtend ab, bis ihr Kind alle Teile eines Bausatzes aneinandergebaut hat.

A1.3 liebevoll behandelnd

Dieses Item bildet die liebevolle Zuwendung zum Gegenüber ab. Die entsprechenden Verhaltensformen können sehr vielfältig sein: von einem verschämt-freundlichen Lächeln bis zur Umarmung, von einem angemessen liebevollen Verhalten eines Menschen auf hohem Strukturniveau bis zum distanzlos-undifferenzierten Verhalten eines Menschen auf niedrigem Strukturniveau. Die Zuneigung kann sich verbal, über Handlungen, aber auch durch die Stimmung, die entsteht, ausdrücken. Hier wird möglichst der reine Affekt, den die Person bezogen auf das Gegenüber einbringt, bewertet. Es geht bei diesem Item um eine wohlwollende und positive Stimmung.

Botschaft: »Ich mag dich.«

Schlagworte: freundlich sein, Zuneigung zeigen, liebevoll zuwenden, liebkosen, distanzlos sein, sich voller Freude annähern.

Beispiele:

Altersstufe 1 3–5 Jahre	Ein dreijähriges Kind zeigt im Verlauf der Beobachtungssequenz oft, dass es seine Mutter mag, streichelt voller Liebe die Haare seiner Mutter und zeigt ihr begeistert seine Entdeckungen.
Altersstufe 2 6–12 Jahre	Ein Schulkind geht in einer Familiensituation sehr liebevoll mit seinem jüngeren Geschwisterchen um, indem es dieses auf seinen Schoß nimmt, liebkost und zum Gefallen des kleinen Kindes ein Spiel mit Spielzeugtelefonen initiiert. Ein Schulkind umarmt die neu kennengelernte Untersucherin, teilt ihr mit, wie gern es sie hat, und fragt nach weiteren gemeinsamen Terminen.
Altersstufe 3 13–18 Jahre	Ein Jugendlicher kooperiert sehr stark mit dem Untersucher und drückt seine Dankbarkeit darüber aus, dass auf seine Probleme eingegangen wird. Ein Jugendlicher betritt das Untersuchungszimmer freudig strahlend, sieht sich um und scheint darum bemüht, seine gute Laune mit dem Therapeuten zu teilen.
Erwachsene	Ein Elternteil bringt zur Therapiestunde eine Kleinigkeit für die Therapeutin mit, weil diese Geburtstag hat, und sagt, wie gern er zu ihr kommt. Eltern zeigen sich in einem Erstgespräch gegenüber ihrer jugendlichen Tochter durchgehend freundlich und besorgt.

A1.4 freundlich anleitend

Dieses Item ist durch eine Mischung von aktiver Steuerung der Situation und positivem Affekt dem Dialogpartner gegenüber gekennzeichnet. Dies bedeutet, dass das Geschehen – bei gleichzeitig vorhandenem positivem Affekt – in eine Richtung gelenkt wird beziehungsweise dass auf das Gegenüber freundlich Einfluss genommen wird. Es geht dabei um Sequenzen, die ein freundliches Signal an das Gegenüber senden, den eigenen Ideen zu folgen. Jemand, der dem Gegenüber in freundlicher und unterstützender Weise zeigt, was er erwartet, und dann die Situation entsprechend strukturiert, ist freundlich anleitend. Die Sequenzen haben Einladungs- und manchmal auch Aufforderungscharakter bei insgesamt wohlwollender Atmosphäre. Die Einschätzung ist dabei nicht erfolgsabhängig. Die Bandbreite des beobachtbaren Verhaltens umfasst sowohl das Unterbreiten von Vorschlägen als auch eine direktivere Beeinflussung, zum Beispiel Bevormundung.

Botschaft: »Ich möchte gern, dass du machst, was ich will.«

Schlagworte: sich kümmern, Rat geben, den Anderen anregen, unterstützen, beschützen, anleiten, bevormunden.

Beispiele:

Altersstufe 1 3–5 Jahre	Ein Vorschulkind versucht in einem freien Spiel mit der Untersucherin konstant, seine Spielideen freundlich und mit klaren Anweisungen umzusetzen, zum Beispiel: »So, jetzt spielst du bitte die Kuh, das wäre toll.«
Altersstufe 2 6–12 Jahre	Ein Schulkind erklärt dem Untersucher spontan und sehr genau seine schwierige Familiensituation, und als es spürt, dass der Untersucher es zwar verstehen will, aber noch nicht mitkommt, erklärt es das Gesagte auf eine geduldige Art nochmals.
Altersstufe 3 13–18 Jahre	Eine Jugendliche bringt ihren Therapeuten im Verlauf des Gesprächs mit viel Engagement und Humor dazu, dass dieser ihre Vorschläge und Ansichten entgegen dessen anfänglicher Skepsis übernimmt.
Erwachsene	Ein Elternteil führt das Kind bei gemeinsamen Aufgabenstellungen liebevoll an und gibt ihm lächelnd und dem Entwicklungsniveau des Kindes entsprechend Wege vor, diese zu bewältigen.

A1.5 bestimmend/kontrollierend

Hier geht es um Verhaltensformen, die das Gegenüber einschränken und ihm keinen Freiraum lassen. Die Person übernimmt die Führung im Dialog, dominiert das Gespräch, kontrolliert das Tun des Dialogpartners, will dem Anderen vorschreiben, was er zu machen hat, und versucht, das Gegenüber einzuschränken. Ob dieses Verhalten von positiven oder negativen Affekten begleitet ist, ist nicht relevant.

Botschaft: »Folge mir, ich zeige dir, wo es langgeht.«

Schlagworte: führen, kontrollieren, Struktur geben, aktiv sein, bestimmen, stark anleiten, diktatorisch sein, Anweisungen erteilen, dominieren.

Beispiele:

Altersstufe 1 3–5 Jahre	Ein Vorschulkind spielt mit dem Untersucher und lässt ihm dabei keinerlei Handlungsspielraum, eigene Ideen einzubringen. Der Untersucher muss haargenau die Pläne des Kindes umsetzen bzw. wird ansonsten gleich korrigiert.
Altersstufe 2 6–12 Jahre	Ein Schulkind teilt der Untersucherin bei deren Fragen sofort und permanent mit, dass es diese nicht beantworten werde und dass die Untersucherin jetzt mit ihm das Computerspiel spielen solle.
Altersstufe 3 13–18 Jahre	Ein Jugendlicher weist den Untersucher vor Beginn des Interviews darauf hin, dass er bei allen gestellten Fragen darauf Wert lege, nicht über private Angelegenheiten zu sprechen, es sei denn, er sehe dafür eine ausreichende Begründung.
Erwachsene	Ein Vater sagt seinem Sohn in der Untersuchungssituation, dieser müsse jetzt hier sitzen bleiben, weil die Psychologin das gesagt habe. Eine Mutter drängt in einer Familiensituation dem jugendlichen Sohn ihre Vorstellungen und Pläne auf und bestimmt mit größter Selbstverständlichkeit den weiteren Gesprächsverlauf.

A1.6 vorwurfsvoll entwertend

Dieses Item ist durch eine Mischung von aktiver Steuerung der Situation und negativem Affekt dem Dialogpartner gegenüber gekennzeichnet. Bei diesem Item sind besonders der sprachliche Ausdruck sowie Mimik und Gestik relevant. Jemand, der das Gegenüber in einer Mischung aus ungläubigem Erstaunen (»Was, das weißt du nicht?«) und impliziter Abwertung (»Wenigstens *das* könntest du tun!«) behandelt, würde eine hohe Einstufung im Item vorwurfsvoll-entwertend erhalten. Vor allem bei jüngeren Kindern scheint die Bezeichnung »feindliche Bemächtigung« passender. Durch abwertendes, forderndes, drohendes Verhalten wird versucht, die Aktionen des Gegenübers zu bestimmen.

Botschaft: »Mach gefälligst, was ich von dir verlange.«

Schlagworte: beschuldigen, verantwortlich machen, verhindern, kalt sein, angreifen, lächerlich machen, unter Druck setzen, zurückweisen.

Beispiele:

Altersstufe 1 3–5 Jahre	Ein Vorschulkind setzt sich gegenüber seiner Mutter durch und fordert von ihr mit lautem Ton, dass sie ihm einen Turm aufbauen solle, den es dann immer wieder einstürzen lässt. Wenn die Mutter die Bauklötze zu langsam aufeinanderstellt, schreit es sie an: »Mach schneller!«, und droht der Mutter, ihr wehzutun.
Altersstufe 2 6–12 Jahre	Ein Schulkind ist gegenüber dem Untersucher permanent gereizt und beschwert sich bei ihm, was dieser denn für doofe Fragen stelle, das sei doch alles Quatsch.
Altersstufe 3 13–18 Jahre	Ein Jugendlicher macht ständig abwertende Aussagen über Kleidung, Aussehen und Beruf des Untersuchers. Es fallen Kommentare wie: »So etwas können nur Psychiater von sich geben« oder »Typisch, das musste jetzt ja auch noch kommen«.
Erwachsene	Eine Mutter sagt zu ihrer Tochter in der Untersuchungssituation: »Wenn du jetzt schon wieder böse bist und nicht folgst, dann musst du heute früher ins Bett. Mach jetzt endlich, was von dir verlangt wird.« Die Untersucherin sagt dem Kind im Zuge der Untersuchung, dass es ja »wirklich nicht so schwer« sei, die gestellten Aufgaben zu bearbeiten.

A1.7 aggressiv/feindselig behandelnd

Hier wird der reine negativ ablehnende, zurückweisende Affekt bewertet, der in den Interaktionsraum eingebracht wird. Es geht dabei in erster Linie um eine Stimmung, die ablehnend, aggressiv und negativ ist. Es sind aggressive Signale (verbal oder körperlich, aktiv wie passiv) sowie ausgeprägte Ablehnung gemeint, die bei starker Ausprägung und absichtsvoller Komponente zu einer 4 führen. Ungeduld ohne deutlichen Anlass sowie der Ausdruck von Ärger oder Missfallen stehen für eine leichte Ausprägung. Ärgerliche Blicke, Murren oder Ähnliches werden entsprechend der Intensität des Affektausdrucks mit einbezogen. Bei einem Kind, das zum Beispiel den Interviewer »auflaufen« lässt, sollte das Item nur hoch eingeschätzt werden, wenn Aggressivität, verbal oder im Verhalten, auch eindeutig beobachtbar ist. Die Stimmung ist ablehnend, aggressiv und negativ.

Botschaft: »Ich mag dich nicht, ich hasse dich.«

Schlagworte: Aggression zeigen, boshaft sein, feindlich schädigen, trotzen, bedrohen, zerstören.

Beispiele:

Altersstufe 1 3–5 Jahre	Ein Vorschulkind haut seine Mutter wiederholt mit hasserfülltem Blick und lässt sich auch durch deren Versuch, es zu beruhigen, nicht davon abbringen.
Altersstufe 2 6–12 Jahre	Ein Schulkind wirft mehrfach das bereitgestellte Zeichenmaterial vom Tisch und tritt die mit ihm am Tisch sitzende Untersucherin wiederholt heftig gegen deren Schienbein.
Altersstufe 3 13–18 Jahre	Ein Jugendlicher beschimpft den Untersucher massiv und derb und droht ihm, seine Freunde würden ihm eine Abreibung verpassen.
Erwachsene	Eine Mutter schaut ihr Kind böse an und haut ihm auf die Finger. Ein Vater unterbricht in lauter und erregter Weise während des gesamten Gesprächs seinen Sohn und kritisiert heftig dessen geäußerte Wünsche.

A1.8 desinteressiert abgewandt

Dieses Item ist durch eine Mischung von gewähren lassen und negativem Affekt dem Dialogpartner gegenüber gekennzeichnet. Die Person lässt den Anderen links liegen, nimmt keine Notiz von ihm, lässt das Gegenüber verwahrlosen, kümmert sich nicht um dessen Bedürfnisse, schenkt ihm keine Beachtung und geht auf die Schwierigkeiten des Anderen nicht ein, selbst dann nicht, wenn das Gegenüber die Hilfe der Person dringend benötigt. Dieses Item erfasst einen negativen Affekt dem Dialogpartner gegenüber, der eine Form von Ignoranz beinhaltet. Der Andere scheint nicht wichtig genug, um sich auf ihn einzustellen oder ihn zur Kenntnis zu nehmen. Anders als wütendes oder enttäuschtes Verhalten, das immer auch eine Aufforderung an den Anderen enthält, sein Verhalten zu ändern, werden in diesem Item Hinweise auf Verachtung erfasst.

Botschaft: »Mach doch, was du willst, aber lass mich damit in Ruhe!«

Schlagworte: aus dem Weg gehen, ablehnen, den Anderen im Stich lassen, ignorieren, wegsehen, unnahbar sein, wortkarg sein, teilnahmslos sein, missachten.

Beispiele:

Altersstufe 1 3-5 Jahre	Ein Vorschulkind setzt sich bockig an den Tisch, verschränkt die Arme vor sich und senkt den Blick nach unten. Vom Untersucher und den Spielmöglichkeiten im Raum nimmt es keine Notiz.
Altersstufe 2 6-12 Jahre	Ein Schulkind nimmt mit der Untersucherin keinerlei Blickkontakt auf. Es wirkt desinteressiert und zeigt keine Ambitionen, die Situation aktiv zu gestalten.
Altersstufe 3 13-18 Jahre	Ein Jugendlicher gibt sich im Gespräch total gelangweilt, schaut in kurzen Abständen auf die Uhr oder schaut meist abgewandt aus dem Fenster.
Erwachsene	Der Untersucher schaut gelangweilt aus dem Fenster und wartet offensichtlich nur darauf, dass das Gespräch endlich vorbei ist.

Einschätzungsebene A: Subjektgerichteter Kreis (Person reaktiv, A2.1–A2.8; vgl. Abbildung 20)

»Beschreiben Sie hier, wie die Person auf den Anderen reagiert, was bei der Person ausgelöst wird, welche Antworten sie auf die Beziehungsangebote des Anderen zeigt.«

Dieser Kreis erfasst die Art und Weise, in der eine Person Beziehungssignale verarbeitet und wie sie darauf reagiert.

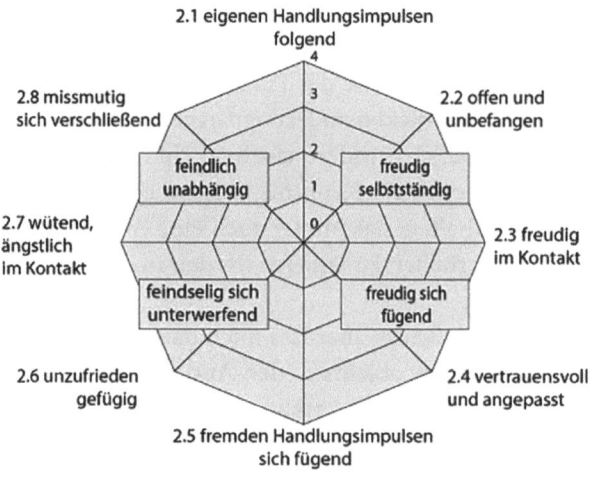

Abbildung 20

A2.1 eigenen Handlungsimpulsen folgend

Hierunter ist ein Verhalten zu verstehen, das sich nicht an den Angeboten des Gegenübers orientiert; zum Beispiel macht ein Kind, was es will, unabhängig von den vorhergehenden Angeboten des Anderen. Ein gleichzeitig bestehender positiver oder negativer Affekt gegenüber dem Dialogpartner spielt bei der Beurteilung dieses Items keine Rolle.

Botschaft: »Ich bleibe bei dem, was ich will, ohne mich darum zu kümmern, was du mir anbietest.« »Ich bleibe, unabhängig davon, was du willst, bei dem, was ich will.«

Schlagworte: sich entfalten, eigene Ziele verfolgen, eigene Standpunkte vertreten, eigene Wege gehen, getrennte Wege gehen, selbstsicher sein, wissend sein, unabhängig sein, unbeeinflusst sein.

Beispiele:

Altersstufe 1 3–5 Jahre	Ein vierjähriges Kind hantiert, trotz anderer Aufforderungen durch die Untersucherin, völlig unbeeindruckt an den Spielfiguren herum und macht keine Anstalten, etwas daran zu ändern.
Altersstufe 2 6–12 Jahre	Ein siebenjähriges Kind beantwortet die Frage des Untersuchers, was es dort mit den Bausteinen aufbaue, mit einem neutral vorgetragenen »Das erkläre ich dir, wenn ich fertig gebaut habe.« Ein Schulkind ist in der Erstuntersuchung sehr unruhig, lässt sich gar nicht dazu bewegen, am Tisch zu sitzen, und holt stattdessen aus dem Spielzeugschrank unentwegt Gegenstände heraus, obwohl die Untersucherin ihm andere Spielangebote macht.
Altersstufe 3 13–18 Jahre	Ein Jugendlicher stellt dem Interviewer interessierte Fragen zur technischen Ausrüstung im Raum und ergänzt zusätzlich mit eigenem Wissen, anstatt auf das vom Interviewer eingebrachte Thema einzugehen. Eine Jugendliche erzählt in einem Erstgespräch spontan und ausführlich von ihren Erlebnissen letzte Woche, geht hingegen nicht auf die vom Therapeuten gestellten Fragen ein.
Erwachsene	Bei einer Terminabsprache besteht ein Elternteil auf einem Terminvorschlag, der sich nicht mit eigenen Freizeit- oder Arbeitsaktivitäten überschneidet, unabhängig von den angebotenen Terminen der Therapeutin. Die Untersucherin bleibt starr bei ihrem Befragungsschema, obwohl ein Jugendlicher mehrfach andere wichtige Themen einbringen wollte oder eine andere Reihenfolge anstrebte.

A2.2 offen und unbefangen

Dieses Item ist durch eine Mischung von »eigenen Handlungsimpulsen folgend« und »positivem Affekt dem Dialogpartner gegenüber« gekennzeichnet. Hier nimmt die Person Anregungen des Gegenübers freundlich auf, gestaltet sie neu und ergänzt sie mit eigenen Wünschen und Empfindungen. Wenn ein Jugendlicher in einem Erstinterview nach den ersten Fragen bereits eigenständig ganz persönliche Informationen über sich selbst einbringt, zum Beispiel über seine Familie, seine Beziehungen und seine Ängste berichtet, so ist das ein Hinweis für ein hohes Maß an Offenheit und Unbefangenheit. Genauso wird hier erfasst, wenn ein Kind die Anweisungen im Spiel immer ein wenig verändert oder nur verzögert ausführt.

Botschaft: »Ich fühle mich mit dir wohl und kann meine Wünsche zeigen.«

Schlagworte: sich freundlich ausdrücken, unbefangen sein, sich mitteilen, Anregungen aufnehmen, spontan sein, eigenständig sein.

Beispiele:

Altersstufe 1 3–5 Jahre	Im Spiel kauft ein Elternteil mit dem Kind im Kaufmannsladen ein und zählt auf, was in den Korb für das »Abendessen« gelegt wird. Das dreijährige Kind folgt aufmerksam der Erzählung, nimmt ein Spielzeug-Eis, zeigt es dem Elternteil und sagt: »Eis.« Dann ergänzt es den Korb.
Altersstufe 2 6–12 Jahre	Ein Schulkind erzählt in einer Spielsituation nach Aufforderung der Untersucherin spontan von eigenen Erlebnissen und fühlt sich sichtlich wohl in der Situation. Ein Schulkind reagiert auf die freundliche Begrüßung der Untersucherin, indem es ihr spontan vom Wochenende erzählt.
Altersstufe 3 13–18 Jahre	Ein Jugendlicher bekommt von dem Interviewer das gemeinsame Vorgehen erklärt und fragt direkt nach: »Sind das die Fragebögen, von denen Sie sprachen? Ich habe schon einmal welche ausgefüllt, manche Fragen waren da langweilig, aber insgesamt war das okay für mich.« Ein Jugendlicher erzählt auf die wohlwollende Nachfrage des Untersuchers nach dem Grund für das Erstgespräch offen über sein Erleben und Empfinden.
Erwachsene	Die Therapeutin erklärt eine Situation anhand eines Beispiels, und der Vater greift es verständig auf und berichtet über ähnliche Erlebnisse im eigenen Alltag mit dem Kind.

A2.3 freudig im Kontakt

Hierunter ist zu verstehen, dass sich die Person mit dem Anderen wohlfühlt, sich sichtbar entspannt und die Nähe zu diesem gern hat und genießt. Für eine hohe Bewertung muss die Freude auf alle Fälle mit dem Kontakt zum Gegenüber zu tun haben, sie darf nicht kodiert werden, wenn das Kind sich über etwas anderes freut.

Botschaft: »Ich bin gern mit dir hier zusammen.«

Schlagworte: sich auf Zuneigung einlassen, sich über den Anderen freuen, sich voller Freude annähern, Nähe entspannt genießen, mit Hingabe und Lust genießen, schätzen, sehr mögen.

Beispiele:

Altersstufe 1 3–5 Jahre	Ein fünfjähriges Kind genießt es voller Freude, auf dem Schoß seiner Mutter zu sitzen. Wenn sie ihm etwas anbietet, schaut es sie durchgängig freudestrahlend an.
Altersstufe 2 6–12 Jahre	Ein Schulkind strahlt über das ganze Gesicht, während es mit der Bezugsperson zusammen Burgen bauen kann.
Altersstufe 3 13–18 Jahre	Ein stationär behandelter Jugendlicher genießt in einem Familiengespräch die Zuwendung seiner Eltern und freut sich sehr über deren Nachfragen bezüglich des stationären Aufenthalts. Ein Jugendlicher blüht in der Interaktion mit seinem Stiefvater zunehmend auf, zeigt sich redselig und zeigt Freude daran.
Erwachsene	Der Untersucher ist im Kontakt mit dem Kind ganz entspannt, äußert sich über die Zeichnungen des Kindes begeistert und freut sich sehr, als ihm das Kind eine der Zeichnungen schenken will.

A2.4 vertrauensvoll und angepasst

Dieses Item ist durch eine Mischung von »sich fremden Handlungsimpulsen fügend« und »positivem Affekt dem Dialogpartner gegenüber« gekennzeichnet. Hier geht es um ein Nachahmen oder bereitwilliges Gehorchen, ein freudiges Annehmen der Initiative des Anderen. Es zeigt sich ein vertrauensvolles Verlassen auf den Anderen, bis hin zur unkritischen Übernahme der Vorschläge/Meinungen des Gegenübers. Es beschreibt ein freundliches »Mitgehen« des Kindes, das zum Beispiel ohne Scheu auf den Untersucher und dessen Wünsche eingeht. Darunter fallen auch Verhaltensweisen, bei denen sich ein Kind oder Jugendlicher unkritisch zu Streichen oder Ähnlichem verführen lässt.

Botschaft: »Ich mag, was du von mir verlangst, ich vertraue und folge dir.«

Schlagworte: sich anlehnen, sich vertrauensvoll auf den Anderen verlassen, gern Hilfe und Fürsorge annehmen, auf Vorschläge eingehen, Rat annehmen, unkritisch folgen, sich auf den Anderen stützen.

Beispiele:

Altersstufe 1 3–5 Jahre	Ein fünfjähriger Junge versucht, seine Schuhe zu binden, und lässt sich beim Üben von den Erklärungen einer Bezugsperson unterstützen. Ein vierjähriges Kind setzt sehr motiviert die Spielanweisungen seines Vaters um.
Altersstufe 2 6–12 Jahre	Ein siebenjähriges Schulkind erklärt dem Interviewer, dass es in der Schule gerade lesen lernt, und liest ihm etwas vor. Bei einigen Wörtern hat es Schwierigkeiten mit unbekannten Lauten und nimmt die Ergänzungen des Interviewers dankbar an. Ein Schulkind gibt zu allen Fragen der Untersucherin gern und bereitwillig Auskunft.
Altersstufe 3 13–18 Jahre	Eine Jugendliche zeigt Bereitschaft zu kooperieren, zum Beispiel bezüglich der Einnahme von Medikamenten. Sie stellt wenig Fragen dazu und meint, sie habe bisher gute Erfahrungen in der Klinik gemacht und vertraue dem Vorschlag der Ärztin. Ein Jugendlicher nimmt die Handlungsanweisungen eines Erwachsenen bei einem kniffligen Puzzle an und versucht, diese – dem Gegenüber sichtlich vertrauend – kooperativ umzusetzen.
Erwachsene	Ein Untersucher überlässt dem Kind unbekümmert und gut gelaunt die Gestaltung der Spielsituation und sieht von eigenen Zielsetzungen ab.

A2.5 fremden Handlungsimpulsen sich fügend

Hierunter ist ein Verhalten von Anpassung, Gehorsam und Unterwerfung dem Dialogpartner gegenüber zu verstehen. Ein gleichzeitig bestehender positiver oder negativer Affekt dem Dialogpartner gegenüber spielt bei der Beurteilung dieses Items keine Rolle. In Beziehungssituationen ist zum Beispiel die ausgeprägte Anpassung und Unterordnung unter die Vorhaben und Wünsche des Anderen gemeint.

Botschaft: »Ich mache, was du von mir verlangst.«

Schlagworte: sich einordnen, Regeln befolgen, auch in Kleinigkeiten ganz angepasst sein, ganz und gar eins werden mit der zugedachten Rolle, ohne Rückgrat sein, unterwürfig sein, fügsam sein, gehorchen, sich beugen, sich unterwerfen, nachgeben, hörig sein.

Beispiele:

Altersstufe 1 3–5 Jahre	Ein dreijähriges Kind folgt während der gesamten Beobachtungszeit den Spielideen seiner beiden Geschwister.
Altersstufe 2 6–12 Jahre	Ein Schulkind geht in der Untersuchung sofort auf die Vorschläge der Untersucherin ein, ohne irgendein Feedback zu geben. Es beantwortet alle Fragen, ohne spontan von sich aus etwas zu berichten oder eigene Wünsche vorzubringen. Ein Schulkind lässt sich bei gemeinsam zu bewältigenden Aufgabenstellungen von der Mutter anleiten, ohne eigene Ideen einzubringen.
Altersstufe 3 13–18 Jahre	Ein 13-Jähriger beschreibt auf Bitte des Interviewers, wie er in der Schule mit Konflikten umgeht. Auf die Nachfrage, ob das für ihn gut funktioniere, verneint er. Auf weitere Nachfrage, warum er dann daran festhalte, sagt er, sein Vater habe ihm gesagt, er solle sich so verhalten. Ein Jugendlicher führt alle Anweisungen des Gegenübers aus und gibt keine eigenen Absichten zu erkennen.
Erwachsene	Ein Elternteil zögert bei der Begrüßung der Interviewerin am Eingang des Raumes sichtbar, bis die Interviewerin ihn explizit hereinbittet, ihm einen Platz zuweist und ihm sagt, wo die Jacke abgelegt werden kann. Eine Untersucherin ordnet sich den Wünschen oder Initiativen des Kindes ohne Einschränkungen unter, gibt keine eigenen Absichten zu erkennen, stellt keine Fragen und ergreift keine Initiative zur Exploration.

A2.6 unzufrieden gefügig

Dieses Item ist durch eine Mischung von »sich fremden Handlungsimpulsen fügend« und negativem Affekt dem Dialogpartner gegenüber gekennzeichnet. Hier sind Anpassung und Unterordnung mit einem negativen Affekt gemischt, wie etwa bei einem Jugendlichen, der nur einsilbig antwortet und in seiner Mimik eine gewisse Unzufriedenheit ausdrückt, zum Beispiel missmutig das Gesicht verzieht. Oder ein Kind, das trotzig und schimpfend der Anweisung, sein Zimmer aufzuräumen, folgt. Nachgiebigkeit in Kombination mit Unmut oder Gereiztheit ist »unzufrieden gefügig«.

Botschaft: »Ich folge, weil ich muss, und nicht, weil ich mag.«

Schlagworte: ärgerlich und schmollend nachgeben, grollend und verbittert sich rechtfertigen und verteidigen, voller Misstrauen dennoch zustimmen, gedemütigt sein, sich wenn nötig beschweren, ausweichen, vermeiden.

Beispiele:

Altersstufe 1 3–5 Jahre	Ein Kindergartenkind klagt und jammert bei einem Memory-Spiel mit seinem Vater oft über das Spiel, fügt sich dann aber doch missgestimmt dem Vater und spielt weiter, als dieser darauf besteht.
Altersstufe 2 6–12 Jahre	Ein Schulkind zeigt in seiner Mimik klaren Protest und Ärger, als der Untersucher es befragt, gibt dann jedoch klein bei und beantwortet die Fragen.
Altersstufe 3 13–18 Jahre	Ein Bezugsbetreuer ermahnt einen Jugendlichen, dass er sich an die Stationsregeln halten müsse, damit er bleiben könne. Der Jugendliche argumentiert zunächst, warum er streng genommen nicht gegen die Regeln verstoßen habe und dass das Ganze auch nicht seine Schuld sei, verspricht dann aber, sich zukünftig daran zu halten. Eine Jugendliche verdreht bei den Fragen des Untersuchers die Augen und kommentiert, ob diese denn alle nötig seien, antwortet dann jedoch gereizt darauf.
Erwachsene	Eine Mutter reagiert auf die Bemerkung der Interviewerin mit Schweigen und wirkt verärgert. Sie antwortet: »Wenn Sie das so einschätzen, wird das sicher richtig sein.« Dabei vermittelt sie aber eher den Eindruck: »Mir bleibt ja nichts anderes übrig, ich muss dem wohl zustimmen/es akzeptieren.«

A2.7 wütend und/oder ängstlich im Kontakt[5]

Hier sind sämtliche gegenüber dem Dialogpartner bestehenden negativen Affekte gemeint, zum Beispiel Wut, Ärger oder Ängstlichkeit. Wenn eine Person gegenüber den Äußerungen des Gegenübers angsterfüllt oder skeptisch bis feindlich ist, zusehends in eine Anspannung gerät, welche im Verhalten Ausdruck findet, werden hier Werte vergeben, abhängig vom Ausmaß dieses Verhaltens. Es geht dabei um den reinen Affekt, der in den Kontakt mit dem Gegenüber eingebracht wird. Für eine hohe Bewertung muss die Wut oder Angst in jedem Fall mit dem Kontakt zum Gegenüber zu tun haben. Dieses Item darf nicht kodiert werden, wenn das Kind über jemand anderen wütend ist.

Botschaft: »Ich bin nicht gern mit dir zusammen. Du nervst mich.«

Schlagworte: sich bedroht fühlen, sich aggressiv verteidigen, protestieren, zurückweichen, auf Eigenes verzichten, zurückschrecken, wütend und verzweifelt sein, wütend und hasserfüllt alle Angebote ausschlagen.

---

5 Die Verwendung des Begriffs »ängstlich« wird von den Autoren an dieser Stelle kritisch gesehen, da Angst im Hintergrund jeder Verhaltensweise stehen kann. Sie ist häufig auch ein Versuch der Kontrolle. Die Autoren regen eine Umformulierung des Items im Rahmen einer Überarbeitung der OPD-KJ-2 an.

Beispiele:

Altersstufe 1 3–5 Jahre	Ein dreijähriges Kind dreht sich im gesamten Gespräch immer weg, wenn es angesprochen wird, oder es schaut ängstlich hinter seinem Kuscheltier hervor, das es sich vors Gesicht hält. Ein Kindergartenkind reagiert auf die Fragen der Untersucherin mit starker Anspannung, es steht auf und beginnt, Spielzeug vom Regal zu schmeißen. Auch die anschließenden Kontaktversuche der Untersucherin führen zu keiner Entspannung der Situation.
Altersstufe 2 6–12 Jahre	Ein Schulkind reagiert auf die anfänglichen Fragen des Untersuchers mit so starker Ängstlichkeit, dass es aufsteht und sich unter dem Tisch verkriecht oder sich hinter der Mutter versteckt. Ein Schulkind reagiert auf das Spielangebot des Untersuchers schnell gereizt, schimpft und meint, es reiche ihm jetzt.
Altersstufe 3 13–18 Jahre	Eine Jugendliche reagiert auf die Aussage der Eltern, dass sie den Empfehlungen der Untersucherin nachkommen würden, indem sie verstummt, verzweifelt wirkt und ängstlich zu Boden blickt. Ein Jugendlicher reagiert auf die mehrfach wiederholten Ankündigungen des Vaters in einem Familiengespräch, er werde seinem Sohn die Kontakte zu dessen delinquenten Freunden verbieten, mit lautem Schreien, das lasse er sich nicht bieten. Dabei schlägt er mit seiner Faust heftig auf den Tisch.
Erwachsene	Ein Elternteil reagiert auf die Empfehlung der Untersucherin verschreckt, wirkt angespannt, verstummt und traut sich sichtlich nicht mehr, eigene Gedanken einzubringen. Ein Vater wird auf die Kritik seines Kindes an seinem Erziehungsstil hin sehr wütend und zeigt sich mit lauter Stimme äußerst erregt. Auch anschließend beruhigt er sich im Gespräch nicht mehr.

A2.8 missmutig sich verschließend

Dieses Item ist durch eine Mischung von »eigenen Handlungsimpulsen folgend« und »negativem Affekt dem Dialogpartner gegenüber« gekennzeichnet. Darunter ist ein unzugängliches, misstrauisches und abweisendes Verhalten zu verstehen, bei gleichzeitig vorhandener Ängstlichkeit, vorhandenem Ärger, Trotz oder Unglücklichsein. Hierzu gehören auch fehlende Reaktionen auf Beziehungsangebote des Gegenübers mit begleitenden negativen Affekten.

Botschaft: »Mich interessiert nicht, was du tust«, »Dein Angebot ist unbrauchbar, und ich ziehe mich zurück«, »Du kannst mich mal gernhaben! Leck mich!«, »Ich bin nicht einverstanden und gehe aus dem Kontakt«.

Schlagworte: sich verschließen und abschotten, verbittert sich absondern und zurückziehen, sich verweigern, sich distanzieren, trotzig etwas anderes machen, misstrauisch sein, missmutig sein, genervt sein, den Kontakt abbrechen, gefühlskalt/argwöhnisch sich abwenden.

Beispiele:

Altersstufe 1 3–5 Jahre	Ein Kleinkind läuft nach einem begonnenen Spiel verärgert von der Mutter weg, als diese den Turm mit Bauklötzen verändern will. Es spielt dann mit Puppen, wirkt weiter verärgert, kann nicht wieder auf die Kontaktangebote der Mutter einsteigen.
Altersstufe 2 6–12 Jahre	Ein Schulkind wird gebeten, mit Diagnostikmaterialien etwas zu spielen. Es schiebt die Kiste mit Spielzeug beiseite und sieht den Interviewer auch auf mehrmaliges Nachfragen hin nicht an. Ein Schulkind zeigt sich im Erstgespräch mürrisch verschlossen und gibt auf die gestellten Fragen keine Antwort.
Altersstufe 3 13–18 Jahre	Ein Jugendlicher reagiert auf die von der Untersucherin gestellten Fragen genervt und gibt keinerlei Auskunft zu seiner Person. Ein Jugendlicher verstummt nach einem Kommentar des Vaters und sieht von weiterem Blickkontakt mit ihm ab.
Erwachsene	Ein Vater antwortet auf die Frage des Therapeuten: »Dazu werde ich jetzt nichts mehr sagen. Lassen Sie mich damit in Ruhe.« Anschließend sieht er aus dem Fenster. Eine Mutter reagiert unwirsch auf die Spielwünsche ihres Kindes und lässt sich auf die spontanen Äußerungen des Kindes nicht ein. Sie ist ganz damit beschäftigt, die Spielregeln eines von ihr ausgesuchten Regelspiels durchzugehen.

Einschätzungsebene B: Resonanz des Untersuchers

Auf dieser Ebene wird die Resonanz, also das subjektive Erleben der untersuchenden Person, die teilnehmend an der Interaktion beteiligt ist, erfasst. »Nicht nur die Gegenübertragung im klassischen Sinne (Heimann, 1950; Racker, 1959), auch direkt erlebbare eigene Emotionen und Irritationen sowie indifferente Affektlagen des Untersuchers fließen in die Beurteilung ein« (Arbeitskreis OPD-KJ-2, 2016, S. 129).

Das Beziehungsangebot des Kindes oder Jugendlichen löst bei der untersuchenden Person etwas aus (reaktive Resonanz – subjektgerichtet). Daraus entstehen in der Folge Impulse und Affekte in der untersuchenden Person (aktive Resonanz – objektgerichtet), die Hinweise darauf geben, welche Impulse sich spontan als Reaktion auf das Beziehungsangebot des Kindes oder Jugendlichen einstellen. Dies zeigt sich nicht notwendigerweise in unseren tatsächlichen Handlungen dem Kind oder Jugendlichen gegenüber, sondern erfährt eine innere Prüfung und »professionelle Hemmung«, mit deren Hilfe wir in unseren tatsächlichen Handlungen dem Ziel, als Behandelnde einen Entwicklungsraum zu eröffnen, treu bleiben können (vgl. Kapitel 2: Allgemeine Beschreibung der Beziehungsachse). Zur besseren Differenzierung der Interaktionen in einem Mehrpersonensystem kann die Resonanz auf mehreren Ebenen dargestellt werden: bezogen auf das Kind beziehungsweise den Jugendlichen, bezogen auf die Eltern oder andere Bezugspersonen[6] und auch bezogen auf die jeweiligen Dyaden (Arbeitskreis OPD-KJ-2, 2016, S. 129).

Einschätzungsebene B: Objektgerichteter Kreis (Untersucher aktiv, B1.1–B1.8; vgl. Abbildung 21)

»*Beschreiben Sie hier, welche Impulse durch das Verhalten des Gegenübers bei Ihnen als Untersucherin oder Untersucher entstehen, wie Sie dem Beziehungsangebot des Gegenübers am liebsten als Person antworten würden.*«

Dieser Kreis erfasst das subjektive Erleben der untersuchenden Person und beschreibt, welche Affekte und Handlungsimpulse durch das Verhalten des Gegenübers in der untersuchenden Person hervorgerufen werden.

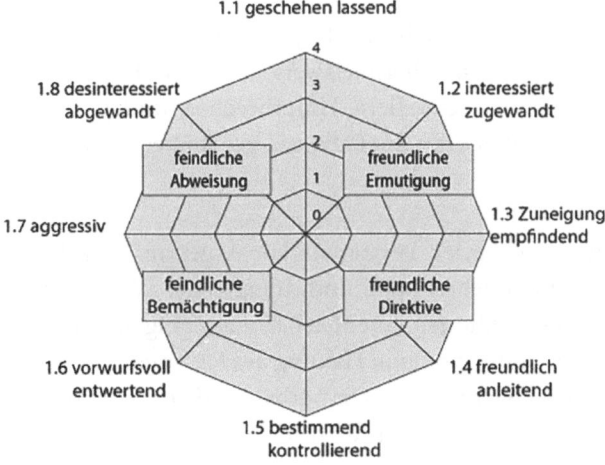

Abbildung 21

---

6 Zum Beispiel Betreuende, Lehrkräfte, Geschwister, Freunde. Neben der Eltern-Kind-Dyade sind also auch weitere Dyaden denkbar, zum Beispiel Betreuer–Kind oder Geschwisterdyaden.

B1.1 geschehen lassend

Die untersuchende Person bemerkt, dass bei ihr keinerlei Gestaltungs-impulse auftauchen. Sie hat keinen Wunsch, in das Geschehen einzugreifen.

B1.2 interessiert zugewandt

Bei der untersuchenden Person entsteht ein starker Wunsch, das Gegen-über zu verstehen. Es wächst ein wohlwollendes Interesse und es besteht der Wunsch, den Patienten, die Patientin in allen relevanten Nuancen zu erfassen.

B1.3 Zuneigung empfindend

Innerhalb des Kontakts überwiegen bei der untersuchenden Person positive Affektlagen gegenüber dem Patienten, der Patientin.

B1.4 freundlich anleitend

Die untersuchende Person verspürt den ausgeprägten Wunsch, Tipps und wohlwollende Erklärungen sowie freundliche Anregungen in die Interaktion einzubringen. Dies kann vom Wunsch der freundlichen Ermunterung oder Anregung bis hin zum Gefühl des Anregen-Müssens oder der Notwendig-keit zur Aktivierung gehen.

B1.5 bestimmend/kontrollierend

In der untersuchenden Person entsteht der Impuls, strukturierende Inter-ventionen zu setzen. Dies kann sich beispielsweise im Wunsch nach einer direktiven Gesprächsführung, schnellem Unterbrechen und geringem Freiraum-Lassen dem Patienten oder der Patientin gegenüber ausdrücken.

B1.6 vorwurfsvoll entwertend

Es entsteht bei der untersuchenden Person starker Ärger auf den Patien-ten, zusammen mit einem zunehmenden und drängenden Wunsch nach handlungsanleitenden Interventionen. Es entstehen ausgeprägt missmutige Gefühle über Fähigkeiten, Motivation und Haltung des Patienten. Dies kann sich beispielsweise in die Schwierigkeit zeigen, verbale und nonverbale Äuße-rungen des Patienten oder der Patientin unkommentiert zu lassen, oder auch im Sichaufdrängen ironisch entwertender Kommentare bei der unter-suchenden Person.

B1.7 aggressiv

Die untersuchende Person verspürt eine verärgerte, gereizte oder zumindest latent aggressive Grundhaltung gegenüber dem Patienten, der Patientin.

B1.8 desinteressiert abgewandt

Bei der untersuchenden Person entsteht ein wachsendes Desinteresse oder eine Gleichgültigkeit gegenüber dem Patienten, der Patientin. Die untersuchende Person verspürt den Impuls, sich innerlich abzuwenden oder den Kontakt zu beenden.

Einschätzungsebene B: Subjektgerichteter Kreis (Untersucher reaktiv, B2.1–B2.8; vgl. Abbildung 22)

»Beschreiben Sie hier, welches emotionale Erleben das Verhalten des Anderen bei Ihnen als Untersucherin oder Untersucher auslöst.«

Dieser Kreis erfasst das subjektive Erleben der untersuchenden Person und wie die Beziehungssignale des Gegenübers verarbeitet werden.

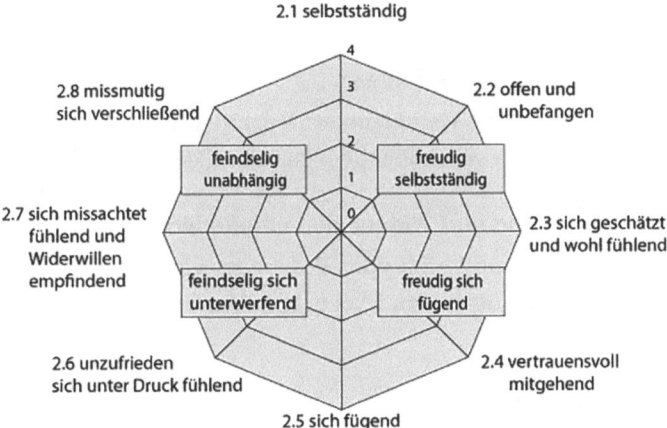

Abbildung 22

B2.1 selbstständig

Die untersuchende Person kann positive und negative Impulse, Gefühle und Gedanken zulassen. Es besteht eine innere Freiheit zur Hypothesenbildung. Die untersuchende Person erlebt sich als freie, autonome Mitgestalterin der Interaktion, ohne Widerstände zu befürchten.

B2.2 offen und unbefangen

Es entsteht in der untersuchenden Person das Gefühl, eigene spontane Vorstellungen und Empfindungen ohne innere Zensur und Steuerung in die Interaktion einbringen zu können.

B2.3 sich geschätzt und wohl fühlend

Die untersuchende Person fühlt sich durch den Patienten sehr geschätzt und in der Beziehung mit dem Patienten oder der Patientin und dem Gesprächsverlauf wohl und zufrieden.

B2.4 vertrauensvoll mitgehend

Die untersuchende Person hat das Gefühl, sich voller Vertrauen auf das Spiel oder die Erzählung des Patienten oder der Patientin einlassen zu können, und das sichere Empfinden, dass es zu einer positiven Entwicklung kommen wird.

B2.5 sich fügend

Die untersuchende Person verspürt die Tendenz, sich den Ideen, Bedürfnissen und Wünschen des Patienten oder der Patientin zu fügen und eigene Interessen und Positionen nicht zu verfolgen.

B2.6 unzufrieden sich unter Druck fühlend

Die untersuchende Person hat das Gefühl, unter Druck zu geraten. Sie nimmt zudem bei sich negative Affekte gegenüber dem Patienten, der Patientin wahr.

B2.7 sich missachtet fühlend und Widerwillen empfindend

Die untersuchende Person fühlt sich vom Patienten, von der Patientin missachtet. Aversive Gefühle bis hin zu Ekel prägen das Erleben der untersuchenden Person.

B2.8 missmutig sich verschließend

Die untersuchende Person erlebt ein starkes Gefühl von Desinteresse oder Lustlosigkeit. Es kann zu einer lustlosen Gereiztheit gegenüber dem Patienten kommen oder auch zu einer emotionalen Distanzierung der untersuchenden Person vom Patienten, von der Patientin.

Einschätzungsebene C: Selbstbezüglicher Kreis

Zentraler Fokus des selbstbezüglichen Kreises ist die intrapsychische Situation einer Person und weniger das beobachtbare Verhalten in der Interaktion. Der selbstbezügliche Kreis stellt eine wichtige Ergänzung zu den aktiven und reaktiven Beziehungskreisen dar, weil in dem, wie wir mit anderen Personen umgehen (aktiver Kreis – objektgerichtet) und wie wir auf andere reagieren (reaktiver Kreis – subjektgerichtet) auch mitbestimmt wird, wie wir mit uns selbst umgehen. Der selbstbezügliche Fokus der Beobachtung zielt darauf ab, wie eine Person mit sich selbst umgeht, gleichsam aus der Position einer außenstehenden Person beurteilt. Daraus ergeben sich auch Hinweise darauf, was es die Person kostet, bestimmte Impulse abzuwehren, und wie ihr der Umgang mit diesen Impulsen in der Situation gelingt.[7]

Beim Rating des selbstbezüglichen Kreises ist es trotz des intrapsychischen Fokus wichtig, dass sich die Einschätzung an beobachtbaren Gegebenheiten oder Verhaltensweisen (Verhalten, Sprache, Mimik etc.) orientiert. Interpretationen bezüglich dem Verhalten zugrunde liegender intrapsychischer Phänomene, wie beispielsweise (abgewehrter) Triebimpulse, sind nicht Gegenstand der Beurteilung (Arbeitskreis OPD-KJ-2, 2016). Diese Unterscheidung ist natürlich manchmal schwer zu treffen.

Die nachfolgend angeführten Beispiele beziehen sich auf Kinder und Jugendliche, der selbstbezügliche Kreis ist aber genauso auf erwachsene Kommunikationspartner (z. B. Eltern) anwendbar. Die Beispiele sind nicht nach Altersstufen differenziert, und es wird jeweils eine hohe Ausprägung des Items skizziert. Darüber hinaus gelten auch hier die bei der Anleitung zur Einschätzungsebene A gemachten Ausführungen: »Die Beschreibung der Items entspricht einer gestalthaften Einheit: die Orientierung erfolgt an einem durchschnittlich zu erwartenden Verhalten bei Personen dieses Alters unter Berücksichtigung der Kontextvariablen« (Arbeitskreis OPD-KJ-2, 2016, S. 133).

Einschätzungsebene C
(selbstbezüglich, C3.1–C3.8; vgl. Abbildung 23)

»Beschreiben Sie hier, wie die Person mit sich selbst umgeht.«
Dieser Kreis erfasst die Beziehung der Person zu sich selbst.

---

7 In der ursprünglichen Konzeption der OPD-KJ-2-Beziehungsachse wird der selbstbezügliche Kreis nur für die Beurteilung beobachteter Personen verwendet. Im Sinne einer erweiterten Anwendungsweise kann er aber auch zur Selbsteinschätzung der untersuchenden Person genutzt werden. Hierzu sind etwas andere Itembeschreibungen nötig, um dem Aspekt der Professionalität in der Interaktion Rechnung zu tragen (siehe Kapitel 4.1: Zwei Erweiterungsmodule der OPD-KJ-2-Achse Beziehung).

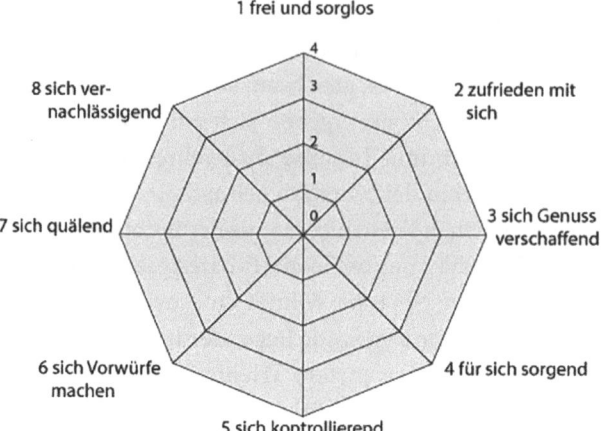

Abbildung 23

C3.1 frei und sorglos

Ein Kind verhält sich unbekümmert und spontan. Es nutzt bestimmte Möglichkeiten, lässt andere außer Acht. Dies kann auch bedeuten, dass es bestimme Chancen oder Situationen nutzt und Konsequenzen nicht berücksichtigt. Hohe Werte würde hier ein Kind bekommen, das im Erstinterview sehr offen über sich und seine Probleme berichtet, ohne sich um die erwartete Reaktion des Untersuchers oder der Untersucherin zu kümmern.

Aussage: »Unbekümmert und wie selbstverständlich tue und lasse ich, wonach mir der Sinn steht.«[8]

Schlagworte:

- Ich handle frei und sorglos.
- Ich lasse mich gehen, verträume die Zeit.
- Ich mache, wonach mir gerade ist.
- Ich bin unbekümmert und spontan.

C3.2 zufrieden mit sich

Das Kind wirkt im Einklang mit sich selbst, erscheint ausgeglichen. Es finden sich viele positiv getönte Gefühlsäußerungen. Die Beobachtung nonverbaler Signale ist hier ebenfalls bedeutsam. Dieses Item wird hoch ein-

---

8 Die in diesem Abschnitt angeführten Aussagen wurden vom ebenfalls auf dem SASB-Modell beruhenden INTREX-Fragebogen übernommen (Benjamin, 1974, 1983; Tress, 1993; vgl. auch Anhang A in diesem Buch).

Fliedl, Zajec, Juen, Cropp, Noske, Singer, Kaiser, Claaßen, Riediger

geschätzt, wenn ein Kind viel Freude zeigt, sobald ihm etwas gelingt, und nicht weiter bekümmert ist, wenn ihm etwas misslingt.

Aussage: »Ich nehme mich so, wie ich bin, mit all meinen Stärken und Schwächen.«

Schlagworte:
- Ich schätze mich sehr.
- Ich bin froh und zufrieden mit mir.
- Ich verstehe mich und mag mich, wie ich bin.
- Ich nehme mich mit meinen Stärken und Schwächen an.

C3.3 sich Genuss verschaffend/liebevoll zu sich sein[9]

Das Kind mag sich und geht liebevoll mit sich um. Eine hohe Bewertung würde hier ein Kind bekommen, das voller Freude in ein Spiel vertieft ist, wie auch ein anderes, das deutlich Spaß oder Begeisterung im Kontakt mit dem Gegenüber zeigt. Die Interaktion selbst wird an anderer Stelle berücksichtigt (vgl. Einschätzungsebene A).

Aussage: »Ich mag mich und gehe liebevoll mit mir um.«

Schlagworte:
- Ich bin gut zu mir selbst.
- Ich genieße mich in der Situation.
- Ich genieße den Kontakt zu dem Anderen.
- Ich habe Spaß an dem, was ich mache.

C3.4 für sich sorgend

Der Aspekt des Sorgens und Pflegens des eigenen Wohlergehens tritt hier in den Vordergrund. Es finden sich insbesondere in nonverbalen Reaktionen Hinweise auf ein aktives Bemühen darum. Dieses Item wird hoch eingeschätzt, wenn ein Kind sehr oft etwas dafür tut oder tun muss, um sich wohlzufühlen.

Aussage: »Im Umgang mit mir selbst setze ich einiges daran, fürsorglich, achtsam und interessiert an meiner eigenen Entwicklung zu sein.«

Schlagworte:
- Ich achte auf meine Gefühle.
- Ich sorge für mich.
- Ich kümmere mich um mich, stehe mir selbst bei.
- Ich arbeite an meiner eigenen Entwicklung.
- Ich schütze mich vor Angriffen.

---

9 Bei diesem Item haben wir in der Itembezeichnung den Aspekt »liebevoll zu sich sein« ergänzt, da uns die im Manual verwendete Beschreibung »sich Genuss verschaffend« zu einengend und missverständlich erschien.

C3.5 sich kontrollierend

Dieses Item wird hoch eingeschätzt, wenn ein Kind sich in der Situation sehr stark kontrolliert. Es achtet streng darauf, seine Impulse, Affekte und Handlungen zu begrenzen und zu regulieren.

Aussage: »Ich achte darauf, dass ich alles richtig mache, und halte mich selbst unter genauer Beobachtung und Kontrolle.«

Schlagworte:
- Ich zwinge mich, korrekt zu sein.
- Ich kontrolliere mich stark.
- Ich passe auf, dass ich das Richtige tue.
- Ich arbeite hart daran, meinem Ideal näher zu kommen.

C3.6 sich Vorwürfe machen

Dieses Item wird hoch eingeschätzt, wenn das Kind eigene Äußerungen und Verhaltensweisen in der Regel selbstkritisch und negativ konnotiert. Dies zeigt sich auch in nonverbalen Ausdrucksweisen, insbesondere in der Mimik. Ärger wird gegen die eigene Person gerichtet. Neben Vorwürfen finden sich auch Selbstzweifel und Selbstentwertungen.

Aussage: »Ich bestrafe mich durch Selbstvorwürfe, Selbstzweifel und Selbsterniedrigung.«

Schlagworte:
- Ich beschuldige mich und klage mich an.
- Ich erniedrige mich, zweifle an mir.
- Ich mache mich selbst klein, entwerte mich.

C3.7 sich quälend

Dieses Item wird hoch eingeschätzt, wenn sich Aggressionen gegen das Kind selbst richten. Das Kind missachtet seine Grundbedürfnisse, überlastet und verausgabt sich. Es finden sich unter Umständen auch autoaggressive Verhaltensweisen. Wenn das Kind sich im Selbsterleben immer rasch zum Opfer macht, führt dies ebenfalls zu einer hohen Kodierung.

Aussage: »Ohne einen Gedanken an die Folgen bin ich voller Ablehnung und Zerstörungswut *mir* gegenüber.«

Schlagworte:
- Ich missachte meine Grundbedürfnisse, auch wenn es mir schadet.
- Ich quäle und zerstöre mich selbst.
- Ich bedrohe mich selbst, ich bin mein Feind.
- Ich bestrafe mich streng.

C3.8 sich vernachlässigend

Dieses Item wird hoch eingeschätzt, wenn ein Kind sich nicht darum kümmert, wie es sich fühlt und wie es ihm geht. Es gefährdet sich durch Leichtsinn und mangelnde Vorsicht. Die Wirkung nach außen beziehungsweise auf Andere wird nicht berücksichtigt. Auch Aspekte der Kleidung/Körperhygiene können bei älteren Kindern oder Jugendlichen gewisse Hinweise auf Vernachlässigung geben.

Aussage: »Gedankenlos und rücksichtslos vernachlässige ich mich, manchmal so, als wäre ich ganz egal.«

Schlagworte:

- Ich beachte mich nicht und kümmere mich nicht um mich.
- Ich vernachlässige meine Fähigkeiten und mache nichts aus mir.
- Ich überlaste und verausgabe mich.
- Ich schütze mich wenig, ich begebe mich in Gefahr.
- Ich passe mich an, nehme mich zurück, gebe mich auf.

Beispiel zum Durchführen eines Beziehungsachsenratings

Ein 17-jähriger Jugendlicher, der in einer Pflegefamilie lebt, kommt zur stationären Behandlung. Er hat große Schwierigkeiten, eigene Bedürfnisse auf altersangemessene Weise zum Ausdruck zu bringen, wodurch auch der adoleszente Ablösungsprozess deutlich erschwert wird. Es kommt im Kontakt mit der Pflegemutter wiederholt zu impulsiv-ausagierenden Verhaltensweisen, besonders wenn die Pflegemutter Anforderungen im Sinne einer größeren Selbstständigkeit an ihn stellt. Gleichzeitig macht der Jugendliche deutlich, dass er seine Pflegemutter sehr mag, sie eine wichtige Bezugsperson für ihn ist. Im Rahmen der stationären jugendpsychiatrischen Behandlung erfolgt eine videogestützte Interaktionsdiagnostik, um die Beziehungsgestaltung zwischen dem Jugendlichen und seiner Pflegemutter näher zu beleuchten und um zu klären, welche Interventionen indiziert sind. Der Jugendliche und die Pflegemutter erhalten dabei verschiedene Aufgaben zur gemeinsamen Bearbeitung.

Grundlage des Beziehungsachsenratings ist also eine *aktuelle Beziehungssituation, die von der untersuchenden Person beobachtet wird.* Da es primär um das bessere Verstehen der Beziehungsgestaltung des jugendlichen Patienten geht, wird dessen Beziehungsangebot zunächst bewertet, im zweiten Schritt dann die Reaktion der Pflegemutter und anschließend deren Beziehungsangebot und die Reaktion des Jugendlichen darauf. Neben den objekt- und subjektgerichteten Kreisen sollen zudem die selbstbezüglichen Kreise für beide Interaktionspartner eingeschätzt werden. Da es sich um eine *nicht teilnehmende Beobachtung* der Interaktion zwischen dem Jugendlichen und seiner Pflegemutter durch die untersuchende Person handelt, werden für beide Interaktionspartner die Einschätzungsebene A: Beziehungsbeobachtung (objekt- und subjektgerichtete Kreise) und die Einschätzungsebene C (selbstbezügliche Kreise) gewählt.

Es werden dann nach und nach alle Items der ausgewählten Kreise hinsichtlich ihrer Ausprägung (0–4) eingeschätzt. Das resultierende Rating (vgl. Abbildung 24) zeigt eine sehr liebevolle und harmonische Interaktion zwischen dem Jugendlichen und seiner Pflegemutter. In keinem der Kreise, bis auf den selbstbezüglichen Kreis der Pflegemutter, wird ein reiner negativer Affekt (Item 7) sichtbar. Es fällt auf, dass besonders im objektgerichteten und subjektgerichteten Kreis der Pflegemutter dadurch zwischen den Items 6 und 8 ein »Einbruch« entsteht. Eine mögliche Interpretation wäre, dass von der Pflegemutter negative Affekte nur handelnd (Items 6 und 8) ausgedrückt, aber nicht als reiner Affekt in die Beziehung eingebracht werden können. Dieses Beziehungsmuster der Pflegemutter findet sich auch im selbstbezüglichen Kreis des Jugendlichen wieder, der ebenfalls keine reine negative Affektivität gegen sich selbst erlebt. Auch im objektgerichteten und subjektgerichteten Kreis des Jugendlichen ist nahezu die gesamte linke Seite (negative Affektivität) leer. Dies ist für sein Lebensalter und die dazugehörige Entwicklungsaufgabe der Autonomieentwicklung und Abgrenzung gegenüber den Eltern eher untypisch und hinderlich.

Die Beziehungsdiagnostik zwischen dem Jugendlichen und seiner Pflegemutter präzisiert die Beobachtungen aus dem klinischen Alltag in passender Weise. Es ergibt sich sowohl für die Elternarbeit als auch für die Arbeit mit dem Jugendlichen als zentrales Thema die Förderung einer differenzierteren Selbst- und Objektwahrnehmung (also nicht nur die positiven Aspekte wahrzunehmen), um so ausreichend Aggression für Abgrenzung und Ablösung entwickeln zu können.

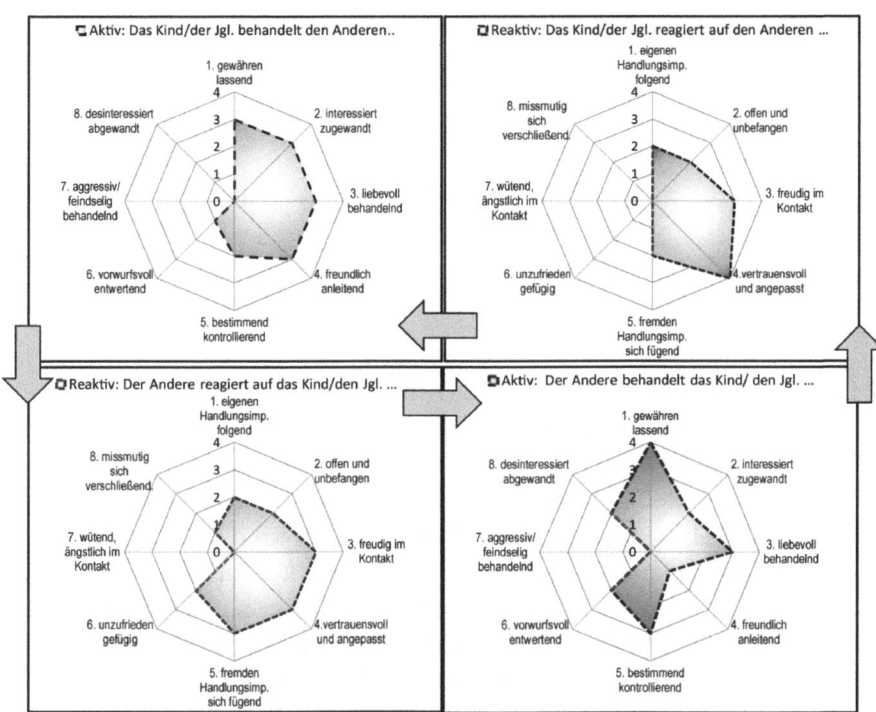

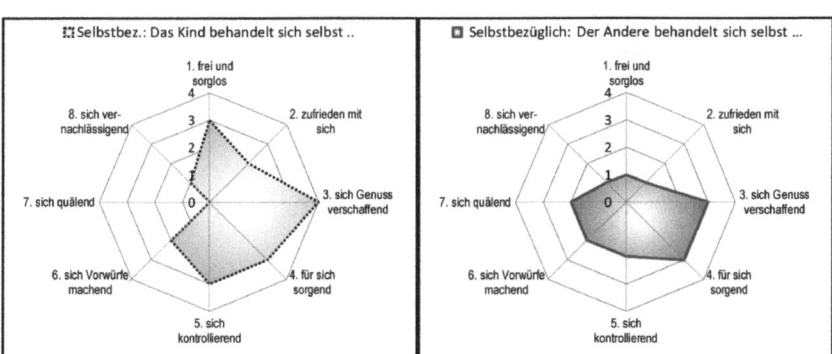

Abbildung 24

4 Erweiterungen

Seit dem Erscheinen der OPD-KJ-2 (Arbeitskreis OPD-KJ-2, 2013) sind in der Auseinandersetzung mit der Achse Beziehung einige Erweiterungen entstanden, die wir nachfolgend – in Ergänzung zu den bereits etablierten Beziehungskreisen – vorstellen wollen. Hierzu zählen zwei zusätzliche Beziehungskreise (Situationskreis, selbstbezüglicher Kreis des Untersuchers) sowie die Anwendung der Beziehungsachse in der Altersstufe 0, also bei Säuglingen und Kleinkindern. Diese Neuerungen werden in den Kapiteln 4.1 und 4.2 beschrieben. Darüber hinaus werden in Kapitel 4.3 zwei Interviewleitfäden vorgestellt, die sich zum Erfassen berichteter Beziehungsepisoden eignen. Diese können insbesondere dann als Grundlage des Beziehungsachsenratings herangezogen werden, wenn direkte Interaktionsbeobachtungen nicht oder nur sehr eingeschränkt möglich sind (z. B. im Rahmen ambulanter Einzeltherapien).

4.1 Zwei Erweiterungsmodule der OPD-KJ-2-Achse Beziehung: Situationskreis und selbstbezüglicher Kreis des Untersuchers

Judith Noske

Die OPD-KJ-2-Beziehungsachse macht nie eine absolute Aussage über das zu beurteilende Kind, sondern das Ergebnis des Ratings ist immer eine Aussage über die Beziehung zwischen dem Kind und seinem Gegenüber, also eine Aussage über ein Verhältnis. Als Untersucherin oder Untersucher ist man entweder Beteiligter oder Beobachter und gestaltet die Beziehung durch das eigene So-Sein, seine Persönlichkeit und seine aktuellen Befindlichkeiten mit. Intersubjektivität setzt sich aus dem einen und dem anderen Beziehungspartner zusammen und ist gleichzeitig mehr als die Summe ihrer Teile. Hinzu kommt ein nicht unwesentlicher Anteil, der weder beobachtbar noch objektiv beschreibbar ist, der der Beziehung aber eine Richtung gibt und im intersubjektiven Raum wahrgenommen werden kann (vgl. hierzu auch Kapitel 6.1: Der intersubjektive Raum).

Die Beziehungsachse versucht, das intersubjektive Geschehen auf unterschiedlichen Ebenen mittels der verschiedenen Beziehungskreise zu erfassen. Hierzu stehen bisher die aktiven und reaktiven Beobachtungskreise, der aktive und reaktive Resonanzkreis des Untersuchers und der selbstbezügliche Kreis des Kindes zur Verfügung. Zwei Beziehungsaspekte, die die intersubjektive Dynamik nicht unwesentlich mitbestimmen, werden dabei nicht berücksichtigt: das in einer bestimmten Atmosphäre Erfahrbare, aber noch nicht klar Fass- und Zuordenbare, und das, was die Untersucherin oder der Untersucher mit in die Interaktion einbringt.

Um diese Aspekte mit erfassen zu können, haben wir zwei weitere Kreise entwickelt:
– den Situationskreis,
– den selbstbezüglichen Kreis des Untersuchers

Diese beiden Erweiterungsmodule der OPD-KJ-2-Achse Beziehung sollen nachfolgend genauer erläutert und definiert werden.

Situationskreis

Der Situationskreis nähert sich der bewussten und unbewussten Beziehungssituation über den intuitiven Wahrnehmungsmodus an. In dem, was atmosphärisch zwischen zwei Personen spürbar ist, findet nicht nur das Bewusste und Beschreibbare seinen Niederschlag, sondern auch Induktionen, Resonanzwirkungen und Regulationen, die dem Bewusstsein oft nicht zugänglich, aber als Stimmung wahrnehmbar sind. Diese Stimmung bestimmt in einem hohen Ausmaß unsere Wahrnehmung und unsere Beziehungsgestaltung. Hierzu finden sich unterschiedliche Konzepte aus unterschiedlichen therapeutischen Richtungen: der intersubjektive Raum (Stolorow, Orange u. Atwood, 2015), das bipersonale Feld (Ferro, 2003), das gemeinsame Unbewusste (Jung, 1968), das Konzept der Now-Moments (Stern, 2005), der Begriff der Reverie (Bion, 1992), die Gruppenmentalität (Bion, 2001).

Die Stimmung im intersubjektiven Raum ermöglicht eine Form der »Teilhabe« an psychischen Dynamiken, die an vorsprachliche Bereiche jenseits der Subjekt-/Objektdifferenzierung rührt. Es ist jener Bereich, der neben dem »Ich« und dem »Ich-Du« an ein »Wir« erinnert. Er betont die Wichtigkeit der Offenheit dem Unbestimmbaren gegenüber sowie der Anerkennung von Wechselwirkungen, die über das individuelle psychische System hinausreichen. Im intersubjektiven Raum können Einfälle, Phantasien und plötzliche unvorhersehbare Ereignisse auftreten, die »neu« sind und Reifungsimpulse anstoßen. Gerade in der Kinder- und Jugendpsychiatrie, wo die psychiatrischen Problematiken schwer zu benennen und zuzuordnen sind, ist das Ernstnehmen des »Eindrucks«, der schwelenden Stimmungen in der jeweiligen Situation in Bezug auf diagnostische und prognostische »Ahnungen« wichtig. Den therapeutischen Prozess kann man als Arbeiten an einer gemeinsamen Matrix verstehen, aus der heraus weitere Entwicklungsschritte vollzogen, aber auch Entwicklungshemmungen fixiert werden können.

In der Praxis kennen wir:
- das Gefühl der Fremdheit und Verwirrtheit, das eine beginnende Entrückung anzeigt, oft schon lange, bevor klare psychopathologische Symptome eines Ich-Zerfalls diagnostizierbar sind (Präcox-Gefühl);
- die Lähmung und Schwere, die plötzlich den therapeutischen Raum befällt. Die Zeit steht still, die Stunden hören nicht auf. Gegenwart, Vergangenheit und Zukunft kollabieren in einem Punkt, der sich lähmend ausbreitet und sich nicht mehr nur intrapsychisch lokalisieren lässt;

- Gespräche, in denen wir plötzlich umflutet sind von einem Gefühl der Geborgenheit und Nähe, einem symbiotischen Einssein, einem Sumpf, der keine Unterscheidung zulässt;
- dass dann wieder alles klar und eindeutig ist, wahrscheinlich auch wenig emotional. Klar und deutlich liegt ein Ziel im Raum, das von beiden Seiten verfolgt wird und auf das die Interaktion fraglos und selbstverständlich hin ausgerichtet ist;
- dass ein diffuses Gefühl von Angst den therapeutischen Raum bestimmt. Irgendetwas wirkt bedrohlich, unheimlich – und man weiß nicht, warum;
- die absolute Gleichgültigkeit, in der es zu keiner Begegnung kommt. Es passt einfach nicht, es passiert einfach nichts, und keiner hat daran eine Schuld.

Diese Aspekte zu erfassen ist Sinn des Situationskreises.

Praktisches Vorgehen und Beschreibung der Items

Der Situationskreis wird in der Ratingsituation als Erstes ausgefüllt, noch bevor es zu einer differenzierten Betrachtung der einzelnen Beziehungsebenen kommt. Dabei wird spontan und möglichst intuitiv die Stimmung erfasst, die sich atmosphärisch zwischen den Interaktionspartnern eingestellt hat. Wie bei den anderen Kreisen der OPD-KJ-2-Achse Beziehung werden

Situationskreis

1 Spontanität, Ungezwungenheit, Freiheit

2 Entfaltung, Zufriedenheit, Verständnis

3 Liebe, Zuneigung, wohlwollende Nähe

4 Strebsamkeit, Forscherdrang, Neugierde

5 Eindeutigkeit, Starrheit, Enge

6 Bedrohung, Angst, Unsicherheit

7 Hass, Zerstörung, feindliche Distanz

8 Gleichgültigkeit, Leere, Lähmung

Abbildung 25

jeweils acht Items eingeschätzt, die sich inhaltlich am SASB-Modell orientieren (vgl. Abbildung 25). Die nachfolgenden Itembeschreibungen beziehen sich jeweils auf eine hohe Ausprägung (4).

S1.1: Spontaneität, Ungezwungenheit, Freiheit

In der Untersuchungssituation besteht eine Atmosphäre der Spontaneität. Hier herrschen kein Druck und kein Zwang. Es fällt leicht, bei sich zu sein und gleichzeitig den Anderen sein zu lassen. Die freie, unvermittelte Äußerung prägt die Begegnung.

S1.2: Entfaltung, Zufriedenheit, Verständnis

Die Stimmung in der Untersuchungssituation lädt ein, sich zu entfalten. Man ist im Einklang mit sich und der Situation, wobei ein Gefühl der Zufriedenheit und des Angenommenseins einen ungehemmten Selbstausdruck ermöglicht.

S1.3: Liebe, Zuneigung, wohlwollende Nähe

Hier herrschen starke Gefühle der Hingezogenheit und der Zuneigung. Herzlichkeit und Wohlwollen bestimmen den Kontakt. Man fühlt eine unbestimmte Verbundenheit und Nähe.

S1.4: Strebsamkeit, Forscherdrang, Neugier

Es ist eine Atmosphäre des konstruktiven Tatendrangs und der Neugier spürbar. Zielgerichtet, erwartungsvoll und mit freudiger Eifrigkeit wendet man sich einem gemeinsamen Thema zu.

S1.5: Eindeutigkeit, Starrheit, Enge

Der intersubjektive Raum ist bestimmt durch ein Gefühl der Eindeutigkeit und der Unbeweglichkeit. Es gibt keinen Handlungsspielraum, alles scheint eindeutig. Je nach Kontext kann daraus ein Gefühl der Enge und Auswegslosigkeit, aber auch der Entscheidungskraft und Klarheit resultieren.

S1.6: Bedrohung, Angst, Unsicherheit

Ein oft unbestimmtes Gefühl der Bedrohung liegt in der Luft. Man spürt eine unruhige Erregung, eine diffuse Anspannung, der man mit einer ängstlichen »Alertness«, einer angestrengten Aufmerksamkeit begegnet.

S1.7: Hass, Zerstörung, feindliche Distanz

Eine affektiv besetzte, leidenschaftliche Abneigung beziehungsweise eine feindliche Gesinnung sind spürbar. Hier herrscht eine Gegnerschaft, die nicht auf Aussöhnung abzielt, sondern die darauf aus ist, Abstand herzustellen. Das kann zum Angriff auf alles, was im intersubjektiven Raum entstehen könnte, und zu dessen Vernichtung führen.

S1.8: Gleichgültigkeit, Leere, Lähmung

Der intersubjektive Raum scheint leer und ohne Besetzung. Eine Teilnahmslosigkeit verhindert die Interaktion. Gleichgültig und uninteressiert bleibt jeder für sich. Die Indifferenz ist durch die Abwesenheit von Affekten gekennzeichnet, die in ein bedeutungsloses Nebeneinander mündet. Sie kann aber auch aus einem abwehrbedingten emotionalen Rückzug resultieren.

Beispiel: Beziehungssequenz mit Sophie, 16 Jahre

Sophies Augen funkeln vor Zorn und Angst. Ich spüre Verzweiflung, Angst und Ohnmacht. Im Raum breitet sich eine eigenartige Atmosphäre hoher emotionaler Intensität aus. Alles ist ganz dicht, eng. Sophie sagt etwas, ich sage etwas, wir schauen uns an, tief und direkt, ohne den Anderen aus dem Blick zu lassen. Ich nehme einen gewaltigen Hass und gleichzeitig eine grenzenlose Sehnsucht wahr. Im Raum ist eine Unerbittlichkeit, die keine Bewegung, kein Ausweichen zulässt. Es gibt keine Leerräume, keine Banalitäten, kein Schweigen oder Zögern, kein Ruhen. Es ist viel Druck und wenig Freiraum zwischen uns. Und trotzdem spüre ich, dass wir auf einander eingestimmt sind. Da ist Zuneigung spürbar

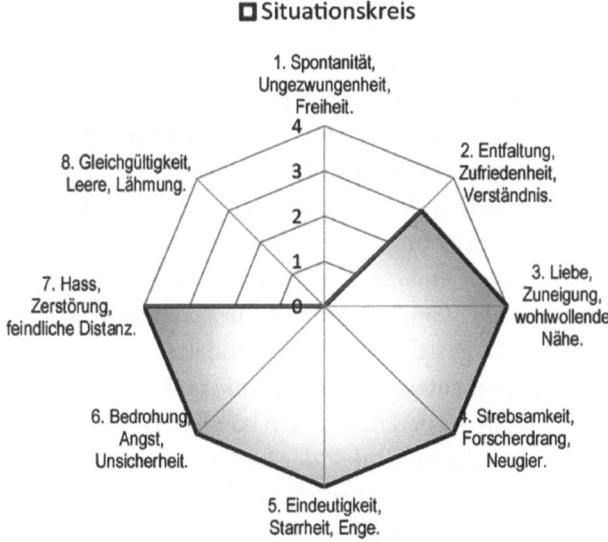

Abbildung 26

und eine Neugier demgegenüber, was auch sein könnte, etwas, das beruhigt. Es gibt neben dem Gefühl der Spannung eine kaum beschreibbare Übereinkunft und Stimmigkeit in der Situation (vgl. Abbildung 26).

Sophie verlor ihre Mutter vor fünf Jahren. Es ist, als hätten sich der Zorn und die Verzweiflung, die Ohnmacht und die Sehnsucht angesichts des Todes der Mutter zwischen uns konstelliert, die Gegenwart einer Mutter, die liebend und hassend, nährend und fressend alles in sich aufnimmt. Das Eigene hat keinen Platz, weder das von Sophie noch meines. Angesichts der gewaltigen Macht des Schicksals ist unsere Begegnung von Angst überschattet. Dennoch spüre ich etwas Kräftiges und eine auf die Zukunft ausgerichtete Neugier.

Praktische Relevanz und Anwendungsmöglichkeiten des Situationskreises

Offenhalten des therapeutischen Raums: Der Situationskreis unterstützt den Untersucher, die Untersucherin dabei, die Aufmerksamkeit vor der analytischen Zerlegung der Beziehungssequenz in einzelne Kreiselemente zunächst auf eine ganzheitliche Gestalterfassung zu richten, in der auch unbewusste Dynamiken eingebunden sind.

Vorwegnahme des weiteren Therapieverlaufs: Es wäre zu überprüfen, ob analog der Bedeutung von Initialträumen in analytischen Therapien im Situationskreis nicht schon die Möglichkeiten des weiteren Behandlungsverlaufs vorgezeichnet sind. Wir machten zum Beispiel die Erfahrung, dass eine große initiale Fläche des Situationskreises im Quadranten rechts unten (»Strebsamkeit, Forscherdrang, Neugier«) häufig mit einem positiven Therapieergebnis korrelierte (vgl. auch Kapitel 6.1: Der intersubjektive Raum).

Aufmerksam machen auf mögliche dissoziierte Aspekte: Werden über den Situationskreis Aspekte wahrgenommen, die sich auf keiner der anderen (bewusster zugänglichen) Ebenen finden lassen, kann das auf unbewusstes oder präverbales Material im Beziehungsraum hinweisen.

Möglichkeit der Darstellung von »moments of meeting« (Stern, 2005): Intensive Momente von Begegnung, die Wandlungsimpulse in sich tragen, können mithilfe des Situationskreises dargestellt werden. Es handelt sich um seltene, hoch wirksame »Gegenwartsmomente« (Now-Moments) in therapeutischen Verläufen, die nicht gemacht, nur vorbereitet werden können. Der Situationskreis kann die Aufmerksamkeit der behandelnden/untersuchenden Person für solche Momente fördern, was zum einen die Wahrscheinlichkeit des Auftretens erhöht und zum anderen diese »moments of meeting« abbildbar und weiteren Untersuchungen zugänglich macht.

Darstellung der primären Dyade in der Säuglingsbeobachtung: Der Situationskreis stellt ein geeignetes Beobachtungsraster dar, um die frühe Dyade in der Säuglingsbeobachtung jenseits einer klaren Selbst-/Objekt-differenzierung zu beschreiben.

Selbstbezüglicher Kreis des Untersuchers

Unsere Persönlichkeitsstruktur beeinflusst, wie wir arbeiten. Sie bestimmt, wie wir unsere Patienten erleben und verstehen und wie wir mit ihnen in Verbindung sind. Oder anders ausgedrückt: Aus der Beziehung, die der Therapeut zu seinen eigenen bewussten und unbewussten Anteilen hat, gestaltet er die Beziehung zu seinen Patientinnen und Patienten. Die Qualität der Selbstbezüglichkeit des Therapeuten bestimmt seine eigene innerpsychische Homöostase und Selbstregulation, also das, was er sieht, und das, was er abwehrt. Wir möchten daher in der differenzierenden Beschreibung der einzelnen Ebenen, die in der Begegnung zwischen Kind und Therapeut eine Rolle spielen, die selbstbezüglichen Anteile des Therapeuten oder der Therapeutin nicht unberücksichtigt lassen. Denn es spielt eine Rolle, in welchem Verhältnis der Therapeut zu sich selbst ist, während er mit dem Kind im Kontakt ist.

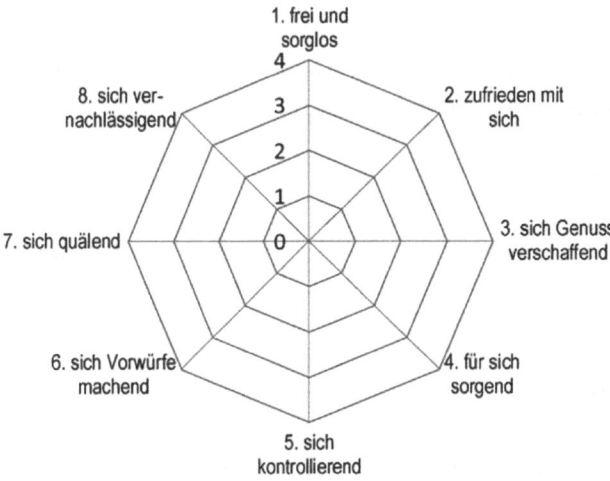

◼ Selbstbezüglich: Untersucher*in behandelt sich selbst ...

Abbildung 27

Beschreibung der Items

Die Itembezeichnungen des selbstbezüglichen Kreises des Untersuchers sind zwar identisch mit denen des selbstbezüglichen Kreises eines Kindes oder Jugendlichen (vgl. Abbildung 27), beim Rating ist allerdings zu berücksichtigen, dass es sich für den Therapeuten oder die Untersucherin um eine professionelle Interaktion handelt, in der ein etwas anderes Verhalten zu erwarten ist, als es in einem privaten Kontakt üblich wäre. Daher werden nachfolgend die Items des selbstbezüglichen Kreises spezifisch für die Perspektive der untersuchenden Person beschrieben. Wie üblich, beziehen sich die Itembeschreibungen jeweils auf eine hohe Ausprägung.

C3.1 frei und sorglos
Die untersuchende Person fühlt sich frei, aus verschiedenen Möglichkeiten zu wählen, andere außer Acht zu lassen. Sie lässt spontane Äußerungen ohne größere Hemmungen und Bedenken in die Untersuchungssituation einfließen.

C3.2 zufrieden mit sich
Die untersuchende Person ist im Einklang mit sich. Sie scheint ausgeglichen. Sie findet schnell zu positiv getönten Gefühlsäußerungen, ist in der therapeutischen Situation mit sich zufrieden, freut sich an der Interaktion und ist nicht leicht zu enttäuschen.

C3.3 sich Genuss verschaffend
Die untersuchende Person hat selbst Freude an der Arbeit. Sie versucht, die Behandlungssituation so zu gestalten, dass Spaß und Begeisterung im therapeutischen Kontakt gefördert werden.

C3.4 für sich sorgend
Der Aspekt des Achtens auf eigene Grenzen und Bedürfnisse ist hier Thema. Dieses Item wird hoch eingeschätzt, wenn es der untersuchenden Person in der therapeutischen Situation gut gelingt, ihr psychohygienisches Gleichgewicht zu sichern.

C3.5 sich kontrollierend
Dieses Item wird hoch eingeschätzt, wenn sich die untersuchende Person in der Situation stark kontrolliert. Sie achtet streng darauf, Normen und Regeln einzuhalten, und versucht, das Richtige zu tun. Sie bemüht sich,

ihre Impulse, Affekte und Handlungen in der therapeutischen Situation zu begrenzen und zu regulieren.

C3.6 sich Vorwürfe machend

Dieses Item wird hoch eingeschätzt, wenn die untersuchende Person sich kritisch selbst beobachtet und ihre Verhaltensweisen und Äußerungen negativ konnotiert. Hier kann es zum Selbstzweifel der untersuchenden Person und zum Infragestellen der Sinnhaftigkeit ihrer Arbeit kommen. Ein strenges Über-Ich und das Thema der Schuld spielen hier eine Rolle.

C3.7 sich quälend

Dieses Item wird hoch eingeschätzt, wenn die untersuchende Person in der therapeutischen Situation aufgrund von deutlichen Selbstentwertungen und Unzufriedenheit immer wieder über ihre Grenzen geht und sich in einer aggressiven Selbstmissachtung verbraucht. Dabei wird der Ärger gegen die eigene Person gerichtet.

C3.8 sich vernachlässigend

Dieses Item wird hoch eingeschätzt, wenn die untersuchende Person eigene Bedürfnisse aus Gleichgültigkeit sich selbst gegenüber missachtet und sich nicht darum kümmert, wie sie sich fühlt und wie es ihr geht. Sie gefährdet sich durch mangelnde Vorsicht und Überarbeitung.

Beispiel: Beziehungssequenz mit Sophie, 16 Jahre

Als Sophie zur Akutbegutachtung kommt, ist es schon spät, und ich merke, dass ich müde bin. Die vielen Patientenkontakte des Tages haben mich durchlässig gemacht. Ich nehme viel auf, ohne sagen zu können, ob es mich freut, ärgert oder ob es mir Angst macht. Ich schwinge mit, ohne dass ich die Affekte zu nah an mich persönlich heranlasse und ohne dass ich viel bewirken will. Dies spiegelt sich in den relativ geringen Ausprägungen aller Items des selbstbezüglichen Kreises der untersuchenden Person wider (vgl. Abbildung 28). Das »Ausklammern« von persönlichen Bezügen wie auch das Abspalten der dazugehörigen Affekte hilft mir, vorübergehend trotz der Erschöpfung weiter zu funktionieren.

Praktische Relevanz und Anwendungsmöglichkeiten des selbstbezüglichen Kreises des Untersuchers

Bewusste Reflexion der eigenen Anteile: Das Ausfüllen des Kreises verlangt eine gewisse Bereitschaft zur »Selbstenthüllung«. Es ist aber aus unserer

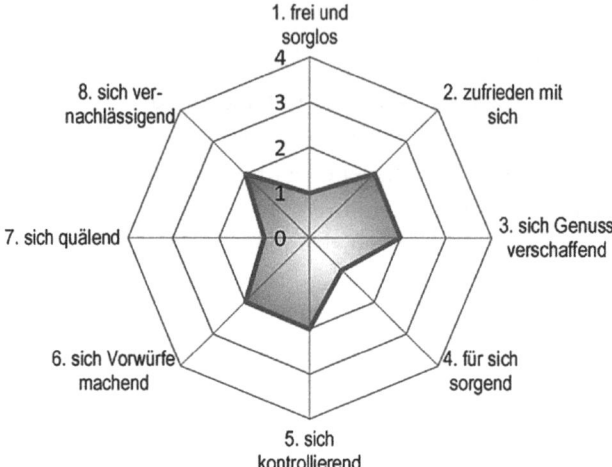

■ Selbstbezüglich: Untersucher*in behandelt sich selbst …

Abbildung 28

Erfahrung erstaunlich, wie selbstverständlich dieser Kreis ausgefüllt wird und mit welcher Offenheit es möglich ist, die eigenen Anteile mittels des selbstbezüglichen Kreises des Therapeuten auch im Team zu besprechen. Wir verstehen das im Sinne einer Psychohygiene und als Wunsch der Therapeutin oder des Therapeuten, Irritationen durch eigene Anteile in der Beziehung zum Patienten zu reflektieren und korrigieren.

Selbstbezüglicher Kreis des Untersuchers vor und nach der Beziehungssequenz: Ein zweimaliges Ausfüllen des selbstbezüglichen Kreises vor und nach der Beziehungsepisode lässt die Frage zu: »Was ist von mir nach der Begegnung mit dem Patienten übrig geblieben?« Die Hypothese, dass gerade strukturell schwerer gestörte Patienten sich in den Therapeuten »hineinsetzen« und so dessen Selbstbezüglichkeit auch noch für eine längere Zeit verändern können, konnte in einer Untersuchung in der KJPP Hinterbrühl bestätigt werden. Auch scheint es wahrscheinlich, dass intensive Momente einer Begegnung (vgl. Now-Moments nach Stern, 2005), in denen sich Entwicklungs- und Veränderungsimpulse im therapeutischen Prozess konstellieren, im selbstbezüglichen Kreis des Therapeuten wie des Patienten ihren Niederschlag finden und so zu Veränderungen im therapeutischen Prozess beitragen.

4.2 Anwendung der OPD-KJ-2-Beziehungsachse im Säuglings- und Kleinkindalter

Florian Juen, Jenny Kaiser

Die OPD-KJ-2 (Arbeitskreis OPD-KJ-2, 2013) bietet uns eine Möglichkeit zur objektiven und standardisierten Darstellung und Beurteilung psychodynamischer Zusammenhänge, die unserem Erleben und Verhalten zugrunde liegen. Auch wenn die vier Achsen zunächst einzeln angeführt und beurteilt werden, sollte uns in der Anwendung immer bewusst sein, dass eine Trennung in erster Linie der Strukturierung, Fokussierung und Komplexitätsreduktion unserer aus der Beobachtung gewonnenen und abgeleiteten Informationen dient, um ein möglichst hohes Maß an Objektivität und Reliabilität zu erreichen. Dieses Vorgehen erscheint zunächst womöglich artifiziell, denn die auf den Achsen beurteilten Bereiche sind eigentlich nicht voneinander zu trennen. Nur in ihrer Gesamtheit ermöglichen sie ein umfassendes Verständnis der Psychodynamik eines Kindes oder Jugendlichen (oder auch Erwachsenen). Dennoch möchten wir in diesem Kapitel diskutieren, inwiefern sich die isolierte Anwendung der Beziehungsachse für Dyaden mit Säuglingen und Kleinkindern eignet, um die dort ablaufenden Interaktionsprozesse und -inszenierungen systematisch abzubilden. Eine Einschätzung der Konfliktdynamik und des Integrationsniveaus der psychischen Struktur entsprechend dem OPD-KJ-2-Manual erscheint uns für das Alter von null bis drei Jahren dagegen wenig sinnvoll.

Bereits im ersten OPD-KJ-Manual wurde die Anwendung der Beziehungsachse als Informationsquelle als umso bedeutsamer erachtet, je jünger die Kinder sind. Dort heißt es: »Im Gegensatz zum Erwachsenen berichten Kinder und oft auch Jugendliche weniger über sich selbst und ihre Beziehungsprobleme, sondern neigen vielmehr dazu, diese Beziehungsprobleme handelnd in die Beziehung zum Untersucher einzubringen« (Arbeitskreis OPD-KJ, 2003, S. 63). Säuglingen und Kleinkindern steht nur eingeschränkt ein psychischer Innenraum als intrapsychische regulatorische Hilfe zur Verfügung, und es steht die interaktive Ebene im Kontakt mit der Bezugsperson im Vordergrund, welche das Erleben, die Regulation und das Entwicklungsfeld maßgeblich beeinflusst. Die Ich-Funktionen entstehen und wirken zunächst insbesondere in diesem interaktiven Gefüge (Struktur-bildung). Dieser Aspekt legt den Einsatz der Beziehungsachse als Instru-ment zur differenzierten Beschreibung des Interaktionsverhaltens, welches im Austausch zweier Personen miteinander entsteht, auch für das Säug-lings- und Kleinkindalter nahe. Insbesondere die Zusammenschau unter-schiedlicher Kreise (aktiv, reaktiv) sollte uns einen systematischen Zugang zum interaktiven Geschehen und zu dessen entsprechender Darstellung liefern können. Den Möglichkeiten und Grenzen des Einsatzes der Bezie-hungsachse bei Säuglingen und Kleinkindern möchten wir in diesem Bei-trag nachgehen – und ebenso die Leserinnen und Leser zum weiteren Aus-probieren ermutigen.

Psychische und psychosomatische Entwicklungsprozesse sind wesent-lich in Beziehungskontexte eingebettet. Dementsprechend müssen wir ins-besondere der frühen Entwicklung des Säuglings- und Kleinkindalters ein etwas anderes Krankheitskonzept zugrunde legen, als dies bei älteren Kin-dern, Jugendlichen und Erwachsenen der Fall ist. Gängige Diagnosesysteme (so auch die OPD-KJ-2) haben trotz objektbeziehungstheoretischer und intersubjektiver Einflüsse einen eher individuumszentrierten Fokus, der uns für die ersten Lebensjahre ungeeignet erscheint. Das komplexe Bezie-hungs- und Interaktionsgeschehen zwischen Säugling oder Kleinkind und Bezugsperson(en) erfordert eine spezifische Zugangsweise, die mehr auf die Interaktionen als Inszenierungsfeld fokussiert. Dieses Grundsatzthema der Psychopathologie des Kleinkindalters umschreibt Daniel Stern (1998, S. 11) folgendermaßen: »Der neue, bislang unbekannte Patient ist keine Person, sondern eine – allerdings asymmetrische – Beziehung.« Ähnlich hinterfragen Gergely und Watson (1996), ob eine intrinsische Störung des Säuglings- oder Kleinkindalters unabhängig von einer gestörten Eltern-Kind-Beziehung angesichts der starken Abhängigkeit der emotionalen Ent-wicklung des Kindes überhaupt bestehen könne. Emde (2003) schreibt: »Den Fokus auf ein Syndrom des Kindes zu legen steht im Widerspruch zu den entwicklungspsychologischen Tatsachen und der klinischen Erfahrung« (eigene Übers.). Der Säugling an sich ist also klinisch gesehen nicht auf-fällig, der Patient und Symptomträger ist die Beziehung zwischen Säugling und Bezugsperson.

Nun steht mit der Beziehungsachse der OPD-KJ-2 ein Instrument zur Verfügung, das eben darauf abzielt, die Dynamik der Beziehung zu erfassen. So ist auch bereits im ersten Manual der OPD-KJ zu lesen: »Die ersten 18 Monate stellen eine Zeit dar, die von rasanten Veränderungen des Selbst und der Beziehung geprägt ist [...]. Es ist davon auszugehen, dass sich im Rahmen dieser Entwicklungen eine immer differenziertere subjektive Innenwelt des Kindes mit frühen Formen von Repräsentation und Fantasien heranbildet, jedoch ist der unmittelbare Zugang zu dieser Innenwelt durch Sprache sowie spielerisches und zeichnerisches Gestalten noch nicht eröffnet, so, dass das subjektive Erleben des Kindes vom Untersucher nur indirekt mittels Identifikation erschlossen werden kann. Ein solcher Zugang ist zwar klinisch bedeutsam, entzieht sich aber weitgehend der Objektivierung, sodass eine auf das Individuum bezogene Operationalisierung (Konflikt, Struktur, Krankheitserleben) in dieser Altersstufe nicht möglich ist. Die Einschätzung der dyadischen und triadischen Eltern-Kind-Beziehung mithilfe der Beziehungsachse ist dagegen möglich und klinisch relevant« (Arbeitskreis OPD-KJ, 2003, S. 222).

Und weiter an anderer Stelle: »Der Zeitraum von 0–2 Jahren soll nicht zur Grundlage einer Gesamtbeurteilung im Rahmen der Achsen gemacht werden. In dieser Altersstufe spielen neben den individuellen Faktoren des Kindes vor allem Beziehungsaspekte mit Elternfiguren und anderen verlässlichen Personen eine fundamentale Rolle. Diese Lebensphase ist durch rasante Veränderungen des Selbst und der Beziehungen geprägt« (S. 39). Es wäre sicher eine schöne und spannende Herausforderung, ein eigenes Instrument der psychodynamischen Einschätzung der frühen Altersstufe in einer gesonderten Arbeitsgruppe zu entwickeln (eine Art »OPD des Säuglings- und Kleinkindalters«), dies erscheint aber als aufwendiges Zukunftsprojekt, welches aus den bereits genannten Gründen wohl völlig neu konzeptualisiert werden müsste.

In der psychotherapeutischen Arbeit mit Säuglingen und Kleinkindern geht es zunächst darum, ein Verständnis für die aktualisierte Beziehungsproblematik zu erreichen. Die enge Verknüpfung des regulativen Verhaltens der Eltern mit deren eigener infantiler (intrapsychisch repräsentierter) Vergangenheit soll über einen Verständnisprozess gelockert und die elterlichen Handlungen (vor allem bezogen auf das Kleinkind) sollen davon unabhängiger werden, sodass die Beziehung im dyadischen (aber auch triadischen) Kontext entlastet wird. Selma Freiberg spricht diesbezüglich sehr anschaulich von »ghosts in the nursery«, die aus dem Kinderzimmer verbannt werden sollten: »In every nursery there are ghosts. They are visitors from the unremembered past of the parents, the uninvited guests at the christening. Under all favorable circumstances the unfriendly and unbidden spirits are banished from the nursery and return to their subterranean dwelling place« (Fraiberg, Adelson u. Shapiro, 1975, S. 387).

In der psychodiagnostischen Untersuchungssituation ergibt sich meist ein dominantes Beziehungsthema (Stern, 1998). Dieses Thema zeigt sich darin, dass es in der repräsentationalen Welt der Eltern viel Raum und Zeit in Anspruch nimmt und in hohem Maße verhaltens- und erlebensrelevant ist. Es kann sich an unbewusste intrapsychische Konflikte der Eltern anlehnen oder Ausdruck der Bewältigung schwerer familiärer Krisen oder Traumata sein (Fraiberg, 1982). Diese Ebenen lassen sich vermutlich gut über die Psychodynamik der Eltern erfassen, wofür die OPD für das Erwachsenenalter (Arbeitskreis OPD, 2014) ein geeignetes Instrument darstellt. Für das klinische Verständnis ist es dabei wesentlich, zwischen manifestem Verhalten und latenten (unbewussten) Einstellungen zu unterscheiden. Der manifeste Austausch ist das, was wir im Hier und Jetzt in unmittelbaren Handlungen und Verhaltensweisen sowie im Wechselspiel der beiden (oder auch mehrerer) Interaktionspartner beobachten und beschreiben können. Dies erscheint maßgeblich vom jeweiligen intrapsychischen Hintergrund beeinflusst (etwa psychische Verfassung, eigene Erfahrungen). Ist dieser Hintergrund spannungs- und konfliktreich oder eben vulnerabel dafür, kann sich dies auf die Möglichkeiten der Eltern auswirken, das Baby zu lesen, zu beruhigen oder zu stimulieren, und die notwendige situationsspezifische Passung beeinflussen. Die inadäquate Co-Regulationsfähigkeit der Eltern führt über den Weg der Störungen in der Beziehung möglicherweise zu einer Regulationsstörung (der Mutter-Kind-Dyade) (Papoušek, Schieche, Wurmser u. Barth, 2004).

Nun gibt es unseres Erachtens allerdings auch einen Übergangsraum zwischen manifestem Verhalten und latentem Hintergrund. Auf der manifesten Ebene geht es um konkrete Handlungen, die beispielsweise das Umsetzen von Einschlafplänen und Ähnliches beinhalten. Die latente Ebene wiederum umfasst eher die Psychodynamik der Mutter (oder der Eltern). Dazwischen liegt aber eine Ebene des »Wie«, die eine bedeutsame Rolle spielt. Man kann es vielleicht mit einem Tanz vergleichen: Die Schritte technisch umzusetzen mag gelingen, sodass ein Tanz entsteht, der zwar korrekt ausgeführt wird, aber bei dem dennoch etwas fehlt. Diesem »Wie« wenden wir uns hier im Hinblick auf die frühen Eltern-Kind-Interaktionen zu, weil wir glauben, dass die Beziehungskreise der OPD-KJ-2 uns einerseits ein Handwerkszeug bieten, diese Ebene systematisch abzubilden, und andererseits aber auch eine Ergänzung zu bestehenden Systemen darstellen.

Bedeutung der Beziehungsdiagnostik in der frühen Kindheit

In der psychiatrischen, psychosomatischen und psychotherapeutischen Diagnostik existieren zur Einschätzung von Auffälligkeiten mit Symptomcharakter zahlreiche Klassifikationsinstrumente (Emde, 2003; Remschmidt, 2012; Zero to Three, 2005). Es zeigt sich aber auch, dass die Anwendung nosologischer Klassifikationssysteme immer ungenauer und unbefriedigender wird, je jünger die zu beurteilenden Kinder sind. Dies liegt einerseits an der geringen Spezifität von Symptomen und Syndromen, vor allem aber auch an den vorrangig am Individuum ausgerichteten Konzepten von Krankheit und Störung, die besonders in den frühen Lebensjahren nicht zielführend erscheinen. Eine Übersicht über bestehende Instrumente, welche diesem Aspekt Rechnung zu tragen versuchen, findet sich zum Beispiel bei Cierpka (2012). Es wird deutlich, dass diese Instrumente sehr auf die konkrete Handlungsebene fokussieren. Auch das wohl bekannteste Klassifikationssystem für das Säuglings- und Kleinkindalter, das Zero to Three – DC:0–3R (2005), mittlerweile als DC:0–5 (Zero to Three, 2016) vorgelegt, verfolgt einen Beziehungsfokus und schließt auf Achse 2 ein Beziehungsrating explizit mit ein. Dabei werden allerdings in erster Linie die Funktionalität der Beziehung (mit der Parent Infant Global Assessment Scale – PIR-GAS) sowie die Kategorisierung der Probleme in den Vordergrund gerückt und nicht die darin ablaufenden (Mikro-)Prozesse zwischen zwei Interaktionspartnern.

Beziehungsdiagnostik mit der OPD-KJ-2-Beziehungsachse

Auch Säuglinge und Kleinkinder gestalten Beziehungen, indem sie aktiv Beziehungssignale aussenden (aktiv – objektgerichtet) und reaktiv Beziehungsangebote des Gegenübers verarbeiten (reaktiv – subjektgerichtet). Es spannt sich eine Matrix aus Affiliation (horizontal) und Kontrolle (vertikal) auf, wodurch wir uns bereits im bekannten SASB-Kreismodell befinden, welches der Beziehungsachse zugrunde liegt. Um eine dyadische Beziehungssequenz gut beschreiben und darstellen zu können, werden vier Kreise benötigt, zwei für jeden Interaktionspartner (jeweils aktiv und reaktiv). Wenn ich selbst einer der Interaktionspartner bin, kann (auch) die Resonanz der untersuchenden Person geratet werden. Wir möchten die letztgenannte Konstellation hier allerdings vernachlässigen und uns auf die Beobachtung des interaktiven Geschehens zwischen Interaktionspartner und Kind beschränken. Die Resonanz der untersuchenden Person würde die Übertragungs-/Gegenübertragungsimpulse und -reaktionen des Untersuchers oder der Untersucherin abzubilden versuchen, was uns aber bei Interaktionen mit Säuglingen und Kleinkindern (zumindest zu objektivierbaren diagnostischen Zwecken) nicht zielführend erscheint.

Wir schlagen vor, die Kinder in (dyadischen) Interaktionen mit vertrauten Bezugspersonen auf den vier Kreisen der Ebene A (Kind aktiv: Items A1.1–A1.8, Bezugsperson reaktiv: Items A2.1–A2.8, Bezugsperson aktiv: Items A1.1–A1.8, Kind reaktiv: Items A2.1–A2.8) zu betrachten und dabei »verhaltensnäher« in der Beobachtung zu bleiben, als wir es bei älteren Kinder und Jugendlichen tun würden.

Wahl des Beobachtungsausschnitts und Einschätzung der Items

Führen wir ein Beziehungsrating bei älteren Kindern oder Jugendlichen durch, erscheint es sinnvoll, den Zeitrahmen der Beobachtung ausreichend lang zu wählen, um die mögliche Vielfalt, Variation und Differenziertheit der darin zur Inszenierung gebrachten Repräsentanzen und Muster erkennen zu können. Dazu stehen meist ein Erstgespräch oder auch mehrere ausführliche (Spiel-)Sequenzen zur Verfügung, die es uns ermöglichen, Hypothesen zu bilden. Solche Beobachtungszeiträume von 30–60 Minuten und länger sind bei Säuglingen und Kleinkindern schon allein aufgrund deren Wach-Schlaf-Regulation, deren Aufmerksamkeitsspanne und raschen Ermüdens nicht praktikabel. Stattdessen empfiehlt sich eine Zusammenschau mehrerer kurzer Sequenzen zu unterschiedlichen Zeitpunkten, um einerseits Parallelen zu erkennen, aber andererseits auch einen Einblick zu bekommen in die Variationen der Beziehungsgestaltung mit unterschiedlichen Bezugspersonen: beispielsweise eine drei- bis fünfminütige Spielsequenz mit der Mutter sowie eine drei- bis fünfminütige Spielsequenz mit dem Vater. Es ist auch möglich, Still-Face-Aufnahmen (Tronick, Als, Adamson, Wise u. Brazelton, 1978) einzuschätzen und so das Verhalten des Kindes darauf systematisch abzubilden (und auch die Kontraste, die sich zwischen den Situationen möglicherweise ergeben).

Auch wenn die rein technische Anwendung der Beziehungskreise vergleichbar erscheint, wird der Blickwinkel im Vergleich zu älteren Kindern und Jugendlichen also deutlich enger gewählt. Man begibt sich mehr auf eine Mikroebene der Betrachtung. Darüber hinaus sollte man sich auch die Bedeutung der einzelnen Items für diesen Altersbereich gesondert vor Augen führen und sich alternativer Ankerbeispiele bedienen, die nicht einfach aus einer anderen Altersstufe abgeleitet sind. Viel stärker stoßen wir hier auf Probleme mit den Operationalisierungen. Wir müssen vermehrt in Kreisquadranten denken und uns von den Benennungen der Einzelitems noch mehr distanzieren. Wie bereits an anderer Stelle in diesem Buch (siehe Kapitel 3: Anleitung zum Rating) ausführlich beschrieben, liegt ein Problem der Itembezeichnungen darin, dass sich feste Assoziationen daran knüpfen können, die Rückschlüsse auf Gerichtetheit und Intentionalität nahelegen, was wir aber gerade nicht wollen. Im Säuglings- und Kleinkindalter sollten wir davon in besonderem Maße Abstand nehmen und uns darauf konzentrieren, Räume und Begrenzungen (vertikale Achse des Kreises) sowie affektive Färbungen der jeweiligen Situation (horizontale Achse des Kreises) zu erfassen und zu beschreiben. Nachfolgend werden die einzelnen Items der OPD-KJ-2-Beziehungsachse vor diesem Hintergrund (ergänzend zu Kapitel 3) für Beziehungsbeobachtungen bei Säuglingen und Kleinkindern beschrieben.

Ebene A: Dyaden: objektgerichtet (aktiv)

A1.1 gewähren lassend (Raum gebend)
Dem Gegenüber Raum geben, die Situation zu gestalten.
Botschaft: »Zeige mir, was du machen möchtest.«
Beispiel: Ein Baby liegt ruhig und aufmerksam, mit großen Augen und Blickkontakt zum Gegenüber im Maxi Cosi.

A1.2 interessiert zugewandt
Das Gegenüber einladen, sich aktiv einzubringen.
Botschaft: »Mir gefällt es, wenn du dich aktiv einbringst.«
Beispiel: Ein Kleinkind sitzt am Boden und lächelt die Mutter freudig und mit aktiven Gesten an, damit diese fortfährt mit dem Kuckuck-Da-Spiel.

A1.3 liebevoll behandelnd
Dem Gegenüber zeigen, dass man es mag und gern mit ihm zusammen ist.
Botschaft: »Ich fühle mich wohl mit dir.«
Beispiel: Ein Baby legt den Kopf auf den Schoß des Vaters und sucht Körperkontakt.

A1.4 freundlich anleitend
Dem Gegenüber zeigen, was man gern möchte, dass es tut.

Botschaft: »Mach bitte das, was ich gern von dir hätte.«
Beispiel: Ein Kleinkind zeigt gestikulierend und lautierend auf einen Gegenstand, den es offenbar haben möchte.

A1.5 bestimmend, kontrollierend

Dem Gegenüber zeigen, was es tun soll.
Botschaft: »Mach das, was ich von dir verlange.«
Beispiel: Ein Baby streckt die Arme aus und möchte hochgenommen werden.

A1.6 vorwurfsvoll entwertend

Das Gegenüber mit Nachdruck dazu bringen, zu tun, was man will.
Botschaft: »Mach gefälligst, was ich dir sage.«
Beispiel: Ein Kleinkind zerrt quengelnd am Bein der Mutter und will sie dazu bringen, mit ihm zum Spielen zu kommen.

A1.7 aggressiv, feindselig behandelnd

Dem Gegenüber zeigen, dass man gerade nicht gern mit ihm zusammen ist.
Botschaft: »Ich mag nicht, dass du da bist.«
Beispiel: Ein Kleinkind haut den Vater und ruft: »Geh weg!«

A1.8 desinteressiert abgewandt

Dem Gegenüber zeigen, dass einem gleichgültig ist, was dieses macht.
Botschaft: »Mach doch, was du willst, aber lass mich damit in Ruhe.«
Beispiel: Ein Baby dreht den Kopf weg und bleibt abgewandt im Maxi Cosi liegen.

Ebene A: Dyaden: subjektgerichtet (reaktiv)

A2.1 eigenen Handlungsimpulsen folgend

Dem Gegenüber zu verstehen geben, dass man seine eigenen Handlungen/Impulse verfolgen möchte.
Botschaft: »Ich mache das, was ich möchte.«
Beispiel: Ein Kleinkind baut weiter an seinem Turm aus Bauklötzen, während der Vater ihm ein Auto anbietet.

A2.2 offen und unbefangen

Im Kontakt mit dem Gegenüber freudig die eigenen Impulse verfolgen.
Botschaft: »Ich möchte meine Ideen verfolgen. Du kannst gern dabei sein.«
Beispiel: Ein Kleinkind sitzt am Boden und fährt ein Auto hin und her. Als

die Mutter ihm ein Buch zeigt, schaut es kurz lächelnd hin, fährt dann aber das Auto weiter hin und her.

A2.3 freudig im Kontakt

Dem Gegenüber zeigen, dass man den Kontakt gerade sehr genießt.
Botschaft: »Ich bin gern hier mit dir zusammen.«
Beispiel: Ein Baby erwidert das Lächeln der Mutter.

A2.4 vertrauensvoll und angepasst

Dem Gegenüber zeigen, dass man gerade gern vom ihm angeleitet wird.
Botschaft: »Ich mag, was du mir anbietest.«
Beispiel: Ein Kleinkind sitzt auf dem Schoß des Vaters und schaut interessiert auf das Buch, welches dieser ihm gerade vorliest und zeigt.

A2.5 fremden Handlungsimpulsen sich fügend

Den Vorschlägen/Aufforderungen des Gegenübers folgen.
Botschaft: »Ich mache, was du von mir möchtest.«
Beispiel: Die Mutter sagt zum Kind: »Gib mir bitte das Buch«, und das Kind gibt es ihr.

A2.6 unzufrieden gefügig

Dem Gegenüber zeigen, dass man nur widerwillig macht, was es verlangt.
Botschaft: »Ich folge, weil ich muss, und nicht, weil ich mag.«
Beispiel: Der Vater möchte, dass sein Sohn ihm die Gabel gibt, weil er dessen Hantieren damit zu gefährlich findet. Der Sohn gibt sie ihm widerwillig.

A2.7 wütend, ängstlich im Kontakt

Dem Gegenüber zeigen, dass man sich unwohl dabei fühlt, mit ihm zusammen zu sein.
Botschaft: »Ich bin nicht gern mit dir zusammen. Du nervst mich.«
Beispiel: Ein Kleinkind haut den Vater, als dieser versucht, ihm die Jacke anzuziehen.

A2.8 missmutig sich verschließend

Dem Gegenüber zeigen, dass einem gleichgültig ist, was dieses macht.
Botschaft: »Mich interessiert nicht, was du tust.«
Beispiel: Ein Kleinkind sitzt beim Essen, dreht widerwillig den Kopf weg und klopft mit den Händen auf den Tisch, als es einen Löffel angeboten bekommt.

Zusammenschau der Kreise

Wie oben bereits erwähnt, können die Interaktionen mit Säuglingen und Kleinkindern gut mit einem gemeinsamen Tanz verglichen werden. Um diesen Vergleich auch hier zu bemühen, stehen wir mit den Einzelkreisen der OPD-KJ-2-Beziehungseinschätzung, die das aktive und reaktive Beziehungsverhalten der jeweiligen Interaktionspartner abbilden, in etwa bei einer Beschreibung der einzelnen Bewegungen der beiden Tänzer. Dies umfasst technische und auch emotionale Komponenten, zum Beispiel: »Setze das Bein entschlossen nach vorn«, »Tritt langsam und bedächtig einen Schritt nach hinten« und Ähnliches. Natürlich bekommen wir an dieser Stelle bereits die Idee eines Musters; den Tanz und die gemeinsame Abstimmung (z.B. Führen und Folgen, Rhythmizität und Passung) sehen wir dadurch aber noch nicht – genauso, wie man von einem Notenblatt den Klang eines Musikstücks nur erahnen kann. Ähnlich ist es nun bei unserer Dyade aus Bezugsperson und Säugling/Kleinkind, die nur in ihrer Bezogenheit aufeinander gesehen und verstanden werden kann. Beziehung wird gemeinsam gestaltet, insofern ist es wichtig, zumindest die vier Kreise, die wir eben beschrieben haben, in der Zusammenschau zu betrachten. Eine besondere Herausforderung in diesem frühen Alter sind die hochgradige Zustandsabhängigkeit, der Variantenreichtum und die Flexibilität des Beziehungsverhaltens sowie die große Irritierbarkeit der Prozesse. Insofern steckt ein großes Potenzial der Anwendung der Beziehungsachse im Säuglings- und Kleinkindalter darin, maladaptive Muster in der Zusammenschau mehrerer Beziehungssequenzen systematisch zu erfassen und zu verstehen. Hierfür möchten wir nachfolgend ein Beispiel geben. Zur Illustration stehen die Werte und Ausprägungen der einzelnen Items beispielhaft in Klammern.

Betrachten wir zunächst eine Sequenz aus dem fünfminütigen Spiel einer Mutter mit ihrer sechs Monate alten Tochter: Zu Beginn wirkt das Mädchen aufmerksam und schaut die Mutter ruhig (A1.1, Wert 2) und dann mit offenen Augen und leicht geöffnetem Mund an (A1.2, Wert 2). Die Mutter wendet sich dem Mädchen zu, wartet kurz ab (B1.1, Wert 2), öffnet Mund und Augen weit (B2.4, Wert 4), dabei bewegt sie die Hand und krabbelt der Kleinen mit den Fingern wiederholt spielerisch über den Bauch (B.1.4, Wert 3). Das Mädchen kichert und reagiert sichtlich erfreut über das Spiel (A2.4, Wert 3). In den kurzen Pausen blickt es in freudiger Erwartung auf die Mutter, um sie zu animieren, weiterzumachen (A1.4, Wert 3). Es lächelt die Mutter intensiv an (A1.3, Wert 3). Diese lächelt zurück (B2.3, Wert 3). Nach einigen Wiederholungen dieser Sequenz wendet das Mädchen den Blick ab, dreht den Kopf zur Seite (A2.8, Wert 2). Sie beginnt, die Hände von sich zu strecken und das Gesicht zu verziehen (A1.8, Wert 3).

Diese Grundsequenz könnte nun unterschiedlich weitergehen:

Option A (vgl. Abbildung 29)

Die Mutter nimmt ihre eigenen Hände und ihren Oberkörper zurück und scheint abzuwarten, was das Baby macht (B2.5, Wert 3), dabei spricht sie ruhig und sanft den Satz: »Jetzt hast du keine Lust mehr, hmm« (B1.2, Wert 3). Die Mutter blickt kurz zur Seite, weil sie ein Geräusch gehört hat (B1.1, Wert 2), dreht den Kopf aber gleich wieder zurück (B1.2, Wert 3). Das Baby führt seine Faust in Richtung Mund und lutscht daran, bis es langsam, etwas unsicher wirkend, den Blick der Mutter zuwendet und sie mit halboffenen Augen ansieht (A2.3, Wert 2), weiterhin mit den Händen am Mund (A2.6, Wert 2). Dann dreht es den Kopf wieder weg (A1.7, Wert 1). Die Mutter sagt einfühlsam: »Jetzt bist du wohl müde, es ist anstrengend für dich« (B2.2, Wert 3), um dem Baby dann sanft über die Stirn zu streicheln (B1.3, Wert 2). Das Mädchen zeigt zunächst wenig Muskeltonus und wirkt entspannt (A2.5,

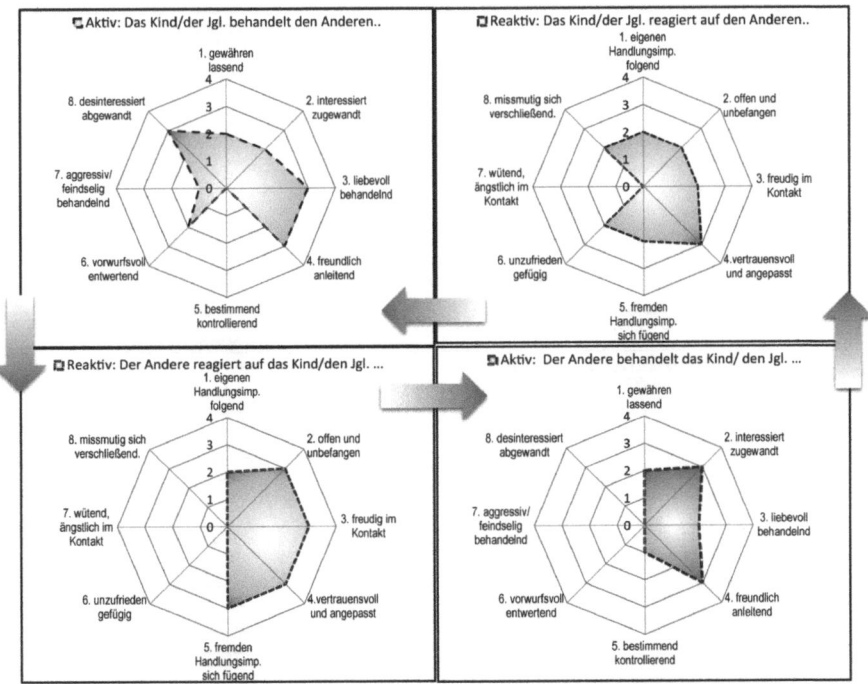

Abbildung 29

Wert 1). Es beginnt dann, sich leicht abzuwenden (A2.1, Wert 2), fängt dann an, sich zu bewegen und den Kopf von links nach rechts zu drehen (A.1.6, Wert 2). Die Mutter nimmt die Hand von der Stirn (B2.4, Wert 2) und beginnt, sich wieder intensiver dem Mädchen zuzuwenden. Dieses blickt mit hochgezogenen Augenbrauen zurück (A2.2, Wert 2).

Option B (vgl. Abbildung 30)

Die Mutter wartet zunächst kurz ab und lächelt (B2.2, Wert 2), beugt sich dann nach vorn und intensiviert das Spiel, indem sie die spielerischen Bewegungen mit den Fingern noch schneller ausführt (B2.1, Wert 3). Das Baby bleibt abgewandt (A2.1, Wert 2), schaut aber gelegentlich kurz zur Mutter (A2.2, Wert 2) und lächelt (A2.3, Wert 1), dabei sagt diese: »Wird es dir jetzt langweilig?« (B1.5, Wert 2). Das Baby dreht sich unruhig von links nach rechts und wendet den Kopf noch weiter ab (A2.7, Wert 2). Dann streckt es die Arme ablehnend Richtung Mutter (A1.7, Wert 2) und verzieht dabei, mit dem Blick zur Mutter, sein Gesicht (A1.6, Wert 3). Diese schaut verärgert (A2.7, Wert 2). Die Mutter nimmt die Hände des Babys und beginnt,

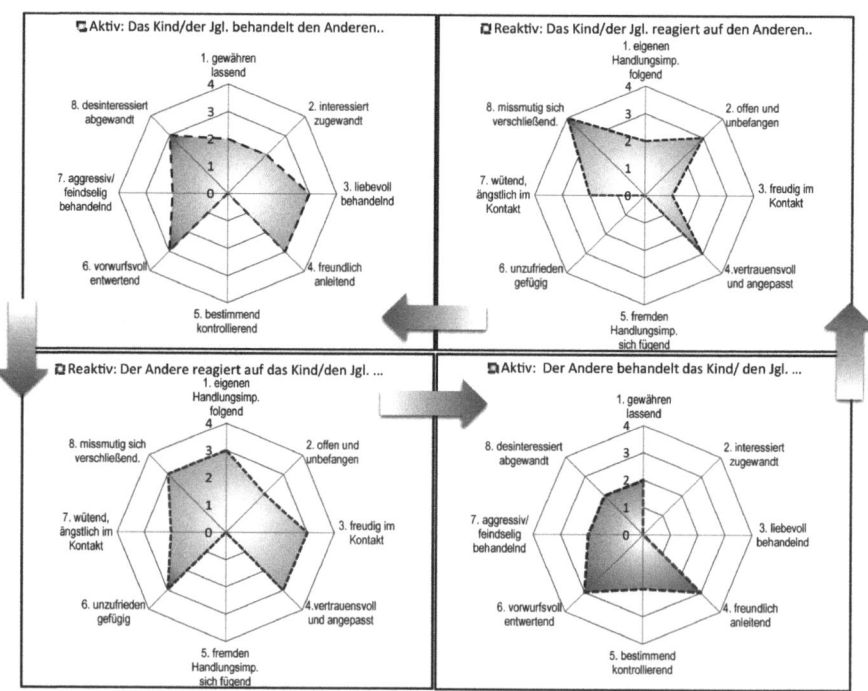

Abbildung 30

sie hin und her zu bewegen (B.2.6, Wert 2). Sie sagt dabei: »Nein, so geht das aber nicht, du musst mich machen lassen, sonst funktioniert das Spiel nicht« (B.1.7, Wert 2). Das Baby wird immer unruhiger und beginnt zu weinen (A.2.8, Wert 4).

In freien Worten würde man sagen, es handelt sich bei Option A um einen abgestimmten Dialog mit zustandsgerechten Abstimmungen aufseiten der Mutter. Die Grundstimmung ist positiv, es besteht ein dyadisches Wechselspiel aus Aktion und Reaktion, in welchem die Mutter das Kind ausbalanciert und welches sich zu einem gemeinsamen Ganzen zusammenfügt (Engelskreis). Option B dagegen vermittelt ein Aneinander-Vorbeihandeln. Es erfolgt keine zustandsgerechte Abstimmung, sondern es kommt eher zu einem subtilen Kampf darum, wer sich durchsetzen darf. Die Passung ist nicht ausreichend gegeben. Dies führt zu zunehmendem Unmut beim Baby (Teufelskreis).

Schlussbemerkung

Nun stellt sich abschließend die Frage nach dem Mehrwert dieser Betrachtungsweise für das weitere therapeutische Vorgehen. Im Bereich der Eltern-Säuglings-Kleinkind-Beratung und -Therapie ist es von großer Bedeutung, die interaktiven Inszenierungen zu verstehen. Mit den Beziehungskreisen der OPD-KJ-2 wird anders als bei anderen Zugängen der Fokus nicht auf die Funktionalität, sondern eher auf die Variabilität und Flexibilität des Verhaltens gelegt. Es lässt sich objektiv darstellen, was zwischen den Interaktionspartnern geschieht, und macht darüber hinaus unterschiedliche Beziehungssequenzen rasch und auf anschauliche Weise vergleichbar. Dies erscheint für diagnostische, aber auch therapeutische Fragestellungen wichtig, um Ressourcen im familiären und sozialen Umfeld eines Säuglings und Kleinkindes erkennen zu können. Die Kreise ermöglichen das Erkennen und Visualisieren von Beziehungsthemen und -mustern und können auch, ebenso wie bei älteren Kindern, den Verlauf und die Veränderungen während einer Behandlung gut abbilden.

4.3 Berichtete Beziehungsepisoden

Carola Cropp, Karin Zajec, Bastian Claaßen

Nicht immer ist es uns im Rahmen der psychodynamischen Diagnostik möglich, unsere Patienten außerhalb der therapeutischen Beziehung in ihrem Umgang mit anderen Personen zu beobachten. Um solche Sequenzen trotzdem mit der OPD-KJ-2-Achse Beziehung zu erfassen, können alternativ auch vom Patienten, von der Patientin berichtete Beziehungssequenzen als Grundlage des Ratings verwendet werden. In diesem Kapitel wollen wir exemplarisch zwei Interviewleitfäden vorstellen, die zu diesem Zweck eingesetzt werden können.

Beziehungsepisodeninterview (Luborsky, 1990)

Der erste Leitfaden ist das sogenannte Beziehungsepisodeninterview, das von Luborsky und Mitarbeitenden entwickelt worden ist und auch als Grundlage zur Formulierung eines zentralen Beziehungskonflikt-Themas (ZBKT) verwendet werden kann. In diesem Interview wird die Patientin, der Patient aufgefordert, in standardisierter Form verschiedene Sequenzen aus gegenwärtigen oder vergangenen Beziehungen zu beschreiben. Hierzu kann folgende Instruktion genutzt werden (vgl. Luborsky, 1990):

»Bitte erzähle mir einige Ereignisse oder Vorfälle, die mit anderen Personen zu tun hatten. Jedes Ereignis sollte einen spezifischen Vorfall darstellen. Einige sollten aus der Gegenwart, andere aus der Vergangenheit stammen.

Für jede Episode erzähle mir bitte (1), wann sie geschah, (2) mit welcher Person sie sich ereignete, (3) was die andere Person sagte oder dachte, was du sagtest oder dachtest und (4) was am Ende geschah. Erzähle mir bitte mehrere solcher Ereignisse.«

Der Vorteil dieser Instruktion liegt eindeutig in ihrer Kürze und der damit verbundenen Möglichkeit, sie ohne Schwierigkeiten in diagnostische Gespräche mit der Patientin oder dem Patienten zu integrieren. Insbesondere jüngere Kinder oder Patienten mit strukturellen Einschränkungen können allerdings Probleme haben, die Anweisung dieser sehr allgemein gefassten Instruktion adäquat zu befolgen. In solchen Fällen ist es ratsam, einen ausführlicheren Interviewleitfaden zu verwenden, der das Kind oder den Jugendlichen deutlich expliziter bei der Beschreibung der Beziehungssequenzen unterstützt.

Interviewleitfaden (Pokieser, Fliedl, Zajec u. Singer, 2019)

In der Abteilung für Kinder- und Jugendpsychiatrie und Psychotherapie, Landesklinikum Baden-Mödling, Standort Hinterbrühl, wurde im Rahmen eines Forschungsprojekts ein solcher ausführlicherer Interviewleitfaden entwickelt. Der nachfolgend abgedruckte Leitfaden enthält Fragen aus verschiedenen bereits bestehenden klinischen Interviews: Die zehn Primärfragen des Interviewleitfadens basieren auf dem OPD-KJ-2-Interviewleitfaden (Arbeitskreis OPD-KJ-2, 2016), in Kombination mit einigen Fragen des Child Attachment Interviews (Shmueli-Goetz, Target, Fonagy u. Datta, 2008). Darüber hinaus werden innerhalb des Interviews Beziehungsepisoden (Luborsky, 1998) mit wichtigen Bezugspersonen aus der Familie, der Peergroup (Freundeskreis) und aus dem Schul-, Ausbildungs- und Arbeitskontext erfragt.

Kontaktaufnahme und Eröffnung des Interviews: »Ich werde dir ein paar Fragen über dich stellen, zu deinen Eltern und zu deinen Freunden, um zu erfahren, wie die Dinge aus deiner Sicht ablaufen.«
1. Welche drei Wörter fallen dir ein, die dich am ehesten beschreiben könnten? Bitte nenne Beispiele.
   – *Alternative:* Was findest du gut/nicht so gut an dir?
2. Hast du einen bestimmten Freund/eine Freundin oder einen Freundeskreis, der dir viel bedeutet? Bitte beschreibe diese(n).
3. Kannst du dich an eine Situation erinnern, in der du mit einem Freund oder einer Freundin gestritten hast? Bitte beschreibe diese Situation.
   – *Selbsterleben* (z. B.: Wie war das für dich? Was hättest du gern gemacht?)
   – *Affektkonstellationen* (z. B.: Wie hast du dich dabei gefühlt? Wie hat sich dein Freund/deine Freundin dabei gefühlt?)
   – *Reaktion/Handeln und Erleben* (z. B.: Wie ist es dir dabei gegangen? Was hast du gemacht, um … zu erreichen oder zu fühlen/nicht mehr zu fühlen?)
   – *Fremderleben, wie ist das Objekt verbildlicht* (z. B.: Wie war das für dein Gegenüber?)
   – *Gewünschte Beziehung* (z. B.: Was wäre besser gewesen?)

4. Kannst du dich an eine Situation erinnern, in der dir ein Freund oder eine Freundin eine Freude gemacht hat (z. B. aufheitern, ein Geschenk machen)? Bitte beschreibe diese Situation.
   - *Selbsterleben* (z. B.: Wie war das für dich? Was hättest du gern gemacht?)
   - *Affektkonstellationen* (z. B.: Wie hast du dich dabei gefühlt? Wie hat sich dein Freund/deine Freundin dabei gefühlt?)
   - *Reaktion/Handeln und Erleben* (z. B.: Wie ist es dir dabei gegangen? Was hast du gemacht, um … zu erreichen oder zu fühlen/nicht mehr zu fühlen?)
   - *Fremderleben, wie ist das Objekt verbildlicht* (z. B.: Wie war das für dein Gegenüber?)
   - *Gewünschte Beziehung* (z. B.: Was wäre besser gewesen?)
5. Kannst du mir etwas über die Menschen in deiner Familie erzählen? Wie ist das bei dir zu Hause? *(Alternativ, bei fremduntergebrachten Kindern oder Jugendlichen: Wie ist das in deiner Gruppe/deiner WG?)*
6. Hat dich jemand aus deiner Familie, eine ältere Schwester, ein älterer Bruder oder ein Erwachsener schon einmal geärgert oder verletzt? Bitte beschreibe diese Situation.
   - *Selbsterleben* (z. B.: Wie war das für dich? Was hättest du gern gemacht?)
   - *Affektkonstellationen* (z. B.: Wie hast du dich dabei gefühlt? Wie hat sich dein Gegenüber dabei gefühlt?)
   - *Reaktion/Handeln und Erleben* (z. B.: Wie ist es dir dabei gegangen? Was hast du gemacht, um … zu erreichen oder zu fühlen/nicht mehr zu fühlen?)
   - *Fremderleben, wie ist das Objekt verbildlicht* (z. B.: Wie war das für dein Gegenüber?)
   - *Gewünschte Beziehung* (z. B.: Was wäre besser gewesen?)
7. Kannst du dich an eine Situation erinnern, in der dir jemand aus deiner Familie einmal eine Freude gemacht hat? Bitte beschreibe diese Situation.
   - *Selbsterleben* (z. B.: Wie war das für dich? Was hättest du gern gemacht?)
   - *Affektkonstellationen* (z. B.: Wie hast du dich dabei gefühlt? Wie hat sich dein Gegenüber dabei gefühlt?)
   - *Reaktion/Handeln und Erleben* (z. B.: Wie ist es dir dabei gegangen? Was hast du gemacht, um … zu erreichen oder zu fühlen/nicht mehr zu fühlen?)
   - *Fremderleben, wie ist das Objekt verbildlicht* (z. B.: Wie war das für dein Gegenüber?)
   - *Gewünschte Beziehung* (z. B.: Was wäre besser gewesen?)

Carola Cropp, Karin Zajec, Bastian Claaßen

8. Warst du schon einmal für längere Zeit von deinen Eltern (oder nur Mutter/Vater bzw. Pflegefamilie) getrennt? Bitte erzähle mir etwas darüber.
   - *Wie hast du dich gefühlt?*
   - *Wie haben sich deine Eltern gefühlt?*
   - *Wie kannst du das Wiedersehen beschreiben?*
9. Kannst du etwas über deine Schule/Klasse, Arbeit oder Lehre erzählen?
10. Stell dir vor, du hättest drei Wünsche frei, wenn du erwachsen bist – welche wären das?

5 Verbindungen zwischen der Beziehungsachse und den anderen Achsen der OPD-KJ-2

Carola Cropp, Bastian Claaßen

Alle vier Achsen der OPD-KJ-2 (Beziehung, Struktur, Konflikt und Behandlungsvoraussetzungen) sind konzeptionell aufeinander bezogen (Arbeitskreis OPD-KJ-2, 2013). Jede einzelne Achse kann als Modul für sich allein in der Diagnostik angewendet werden, für das psychodynamische Verständnis eines Störungsbildes bietet sich allerdings eine integrierende, achsenübergreifende diagnostische Gesamtsicht an. Das folgende Kapitel beschäftigt sich nun aus der Perspektive der Beziehungsachse mit der Frage, welchen Einfluss Konflikt, Struktur und Behandlungsvoraussetzungen auf beobachtete Beziehungssequenzen haben können und welche Informationen umgekehrt aus den Ratings der Beziehungsachse für die drei anderen Achsen gezogen werden können.

Einfluss von Konflikt und Struktur auf die Beziehungsgestaltung

Konflikt, Struktur und Beziehung sind in der OPD-KJ-2 keine voneinander unabhängigen Konstrukte. So wird in der theoretischen Konzeption der Achsen im OPD-KJ-2-Manual darauf hingewiesen, dass Konflikte durch das ihnen zugrunde liegende Integrationsniveau der Struktur bestimmt werden und sich in charakteristischen Beziehungsepisoden abbilden (Arbeitskreis OPD-KJ-2, 2013).

Vom Blickwinkel der Beziehungsachse ausgehend ist bei Patienten mit höherem Strukturniveau zum einen zu erwarten, dass sich die intrapsychischen Konflikte in charakteristischer Weise in den Beziehungsepisoden abbilden (im Sinne eines stabilen Musters, auch mit verschiedenen Interaktionspartnern). Zum anderen ist bei diesen Patienten in der Regel damit zu rechnen, dass sich in der Beziehungsgestaltung die typischen Dynamiken von Reziprozität und Komplementarität abbilden, wie sie in Kapitel 2 beschrieben wurden (Korrespondenz auf der Affiliationsdimension und Reziprozität auf der Kontrolldimension), wobei es konfliktbedingt zu bestimmten unflexiblen Verhaltensspielräumen kommen kann (z. B. dem Aussparen tabuisierter Verhaltensweisen oder dem Dominieren bestimmter Beziehungsthemen). Bei Patienten mit niedrigem Strukturniveau ist hingegen eher damit zu rechnen, dass ihre strukturellen Einschränkungen maßgeblich das Beziehungsgeschehen beeinflussen beziehungsweise stören. Es treten schneller Entgleisungen in der Interaktion auf, verbunden mit plötzlichen oder heftigen negativen affektiven Reaktionen (z. B. Wut oder Entwertung), die sich nicht direkt auf das Beziehungsangebot des Gegenübers beziehen lassen, wo also die typischen Muster von Reziprozität und Komplementarität außer Kraft gesetzt sind. Hintergründe können etwa strukturelle Einschränkungen in der ganzheitlichen Objektwahrnehmung, in der Selbst-Objekt-Differenzierung, der Affekttoleranz oder der Impulssteuerung sein. Die Berücksichtigung von Strukturniveau und intrapsychischen Konflikten kann somit dabei helfen, die sich im Rating der Beziehungsachse abbildende Beziehungsdynamik leichter zu verstehen und zu interpretieren.

Einfluss der Behandlungsvoraussetzungen auf die Beziehungsgestaltung

Auch die Berücksichtigung der Achse Behandlungsvoraussetzungen kann – insbesondere bei der Beurteilung von therapeutischen Interaktionssequenzen – wichtige Informationen zum Verständnis des beobachteten Beziehungsverhaltens liefern. Hat ein Patient, eine Patientin zum Beispiel eine geringe Veränderungs- oder Psychotherapiemotivation, einen geringen Leidensdruck oder einen hohen Krankheitsgewinn, ist ein desinteressiertes Sichabwenden oder ein Entwerten des Therapeuten anders zu bewerten, als wenn die genannten Behandlungsvoraussetzungen grundsätzlich günstig eingeschätzt werden. Während im ersten Fall die Kontextvariable (ein ungewolltes Gespräch mit dem Therapeuten) einen großen Einfluss auf das Verhalten des Patienten haben wird, ist im zweiten Fall eher davon auszugehen, dass es andere Gründe gibt, weshalb sich der Patient oder die Patientin in dieser Art und Weise verhält. Dies kann sich auch im Situationskreis der Beziehungsachse abbilden (vgl. Kapitel 4.1: Zwei Erweiterungsmodule der OPD-KJ-2-Achse Beziehung).

Ergeben sich aus den Beziehungsachsenratings hilfreiche Informationen für die Ratings der anderen OPD-KJ-2-Achsen?

Da die Einschätzung von Struktur und Konflikt in der Regel das Ergebnis einer ausführlichen Beziehungsdiagnostik ist, können auch die Ratings der OPD-KJ-2-Achse Beziehung einige Hinweise auf das Strukturniveau und die Konfliktdynamik eines Patienten geben. Konfliktdynamiken und strukturelle Störungen führen aus unserer Erfahrung oft zu typischen Mustern in den Ratings der Beziehungsachse, die diagnostisch genutzt werden können. Wichtig zu betonen ist allerdings, dass das Rating der Beziehungsachse natürlich nicht eine ausführliche Konflikt- und Strukturdiagnostik ersetzen kann. Wie typische Muster in der Beziehungsgestaltung konkret aussehen können, soll im weiteren Verlauf an zwei Fallvignetten skizziert werden. Eine ausführlichere Darstellung verschiedener prototypischer Beziehungsmuster sowie Anregungen, wie die Ergebnisse der Beziehungsachse für eine Fokusbildung in der Behandlungsplanung genutzt werden können, finden sich zudem in einem Beitrag des aktuellen Fallbuchs zur OPD-KJ-2 (Cropp u. Claaßen, 2020).

Auch von den Behandlungsvoraussetzungen können einige Aspekte in einer Beziehungssequenz zu erkennen sein, beispielsweise die Fähigkeit eines Patienten, sich auf ein Arbeitsbündnis mit dem Therapeuten einzulassen, oder der Krankheitsgewinn, der aus bestimmten Symptomen resultiert (wenn z. B. die Therapeutin oder der Therapeut schnell die Verantwortung für das Geschehen übernimmt oder gehemmt ist, Anforderungen an den Patienten zu stellen). Des Weiteren hat sich ein initial affektiv positiv eingeschätzter Situationskreis (selbst wenn sich die positive Affektivität nicht in der Beziehungsgestaltung selbst niederschlägt) als prognostisch günstig für den folgenden Behandlungsverlauf erwiesen.

Typische Beziehungsmuster bei Patienten mit konfliktbedingten und strukturellen Störungen: Zwei Fallbeispiele

Zur Veranschaulichung sollen abschließend nun noch typische Charakteristika der Beziehungsgestaltung von Patientinnen und Patienten mit konfliktbedingten und strukturellen Störungen beschrieben und jeweils anhand eines Fallbeispiels illustriert werden.[1]

---

1 Die beiden Fallbeispiele sind dem oben genannten Beitrag aus dem Fallbuch zur OPD-KJ-2 (Cropp u. Claaßen, 2020) entnommen.

Carola Cropp, Bastian Claaßen

1. Konfliktbedingte Störungen

Die Beziehungssequenzen von Patienten mit konfliktbedingten Störungen zeichnen sich in der Regel dadurch aus, dass es eine hohe Übereinstimmung zwischen intrapsychischem Erleben (selbstbezüglicher Kreis des Patienten) und interpersonellem Verhalten (subjekt- und objektgerichteter Kreis des Patienten) gibt. Auch die untersuchende Person reagiert und agiert meist sehr in Übereinstimmung mit der Dynamik des Patienten. Letzteres könnte ein Hinweis darauf sein, dass sich der Untersucher oder die Untersucherin vom Patienten in dessen konflikthafte Dynamik verwickeln lässt. In den Beziehungskreisen bleiben oft bestimmte Verhaltensweisen reaktionsbildend komplett ausgespart (z. B. aggressive Impulse), oder die konflikthaften Themen bestimmen sehr die Interaktion (z. B. Versorgung oder Kontrolle).

Fallbeispiel: Jennifer, 15 Jahre

Jennifer berichtet im Erstkontakt, dass sie seit einem Schulwechsel vor ca. drei Jahren unter »Schlafproblemen, Schulproblemen und Depressionen« leide. Sie fühle sich häufig körperlich erschöpft, antriebs- und motivationslos, was sich bis zur Antriebsblockierung steigern könne. Dann komme sie »nicht mehr aus dem Bett«. Zum Teil fühle sie sich allein und einsam, obwohl sie wisse, dass Freunde und Familie für sie da seien. Erst am Ende der Diagnostikphase wird deutlich, wie belastend sich die Trennung der Eltern (kurz vor dem Schulwechsel) und die Sorge um die depressive Mutter auf Jennifer ausgewirkt haben (was Jennifer zuvor verdrängt hatte). Auf der *Konfliktachse* bildet sich in erster Linie der Konflikt Unterwerfung versus Kontrolle (passiver Modus) ab, wofür ein ausgesprochen gefügiges und kontrolliertes Auftreten spricht. Jennifer bringt kaum eigene Ideen ein und ist sehr bemüht, es dem Therapeuten recht zu machen. In zweiter Linie deutet sich der Konflikt Selbstversorgen versus Versorgtwerden (eher aktiver Modus) an, da hinter dem sehr bescheidenen und selbstgenügsamen Auftreten Versorgungswünsche und Trauer (zum Teil auch Wut) um das, was sie nicht bekommen hat, spürbar werden. Auf der *Strukturachse* sind die Dimensionen Identität, Interpersonalität sowie Bindung als gut bis eingeschränkt und die Dimension Steuerung als eingeschränkt integriert einzuschätzen.

Beziehungssequenz: Jennifer begrüßt den Therapeuten etwas unsicher, aber offen und freundlich lächelnd. Sie beschreibt nach Aufforderung ruhig und bemüht die Schwierigkeiten, wegen derer sie in die Therapie kommt. Hintergründe für ihre Probleme könne sie allerdings nicht benennen, dazu habe sie keine Ideen. Trotz eines gewissen Leidensdrucks strahlt Jennifer eine den Therapeuten beeindruckende Gemütlichkeit und Sanftmütigkeit aus. Die Gegenübertragungsgefühle sind initial geprägt von wohlwollender Sympathie und Interesse. Erst im Verlauf des Gesprächs stellen sich eine gewisse Skepsis und ein mit der passiven Haltung der Jugendlichen verbundener Ärger ein: Andere (auch der Therapeut) könnten sich um ihre Probleme Gedanken machen, anstatt selbst aktiv zu werden und die Dinge in die Hand zu nehmen. Auf entsprechende konfrontative (und aktivierende) Fragen des Therapeuten zu ihrer passiven Haltung reagiert Jennifer erneut gelassen und freundlich-dankbar, was interessanterweise nicht zu mehr Ärger in der Gegenübertragung führt, sondern diesen eher wieder zum Verschwinden bringt. Am Ende des Gesprächs entsteht beim Therapeuten lediglich ein leichtes Desinteresse (Gefühl, das Gespräch beenden zu wollen).

Die Szene bildet sich in den Beziehungskreisen der OPD-KJ-2 wie folgt ab:
Objektgerichteter Kreis Patientin – subjektgerichteter Kreis Untersucher: Jennifer macht dem Untersucher ein ausschließlich positives Beziehungsangebot, auf das der Untersucher wiederum sehr positiv reagiert (vgl. Abbildung 31).

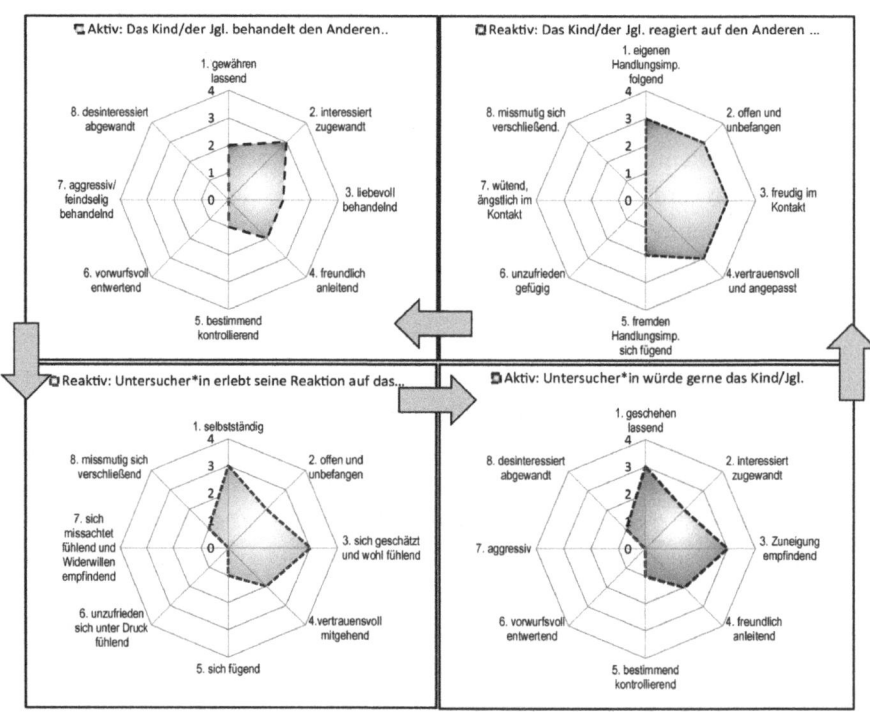

Abbildung 31

Objektgerichteter Kreis Untersucher – subjektgerichteter Kreis Patientin: Im größten Teil des Gesprächs begegnet der Untersucher Jennifer mit positiver Affektivität und Interesse. Erst am Ende finden sich leichte Tendenzen, die Interaktion zu kontrollieren und sich desinteressiert abzuwenden. Jennifers Reaktion auf das Beziehungsangebot des Untersuchers ist durchgängig von positiven Affekten bestimmt (vgl. Abbildung 31).

Selbstbezügliche Kreise: Jennifers Umgang mit sich selbst ist ausschließlich von positiven Affekten geprägt. Der selbstbezügliche Kreis des Untersuchers ist ebenfalls von einer positiven Affektivität dominiert. Lediglich leichte Tendenzen, sich zu kontrollieren, sich Vorwürfe zu machen und sich zu quälen, weisen auf eine gewisse Unstimmigkeit hin (vgl. Abbildung 32).

 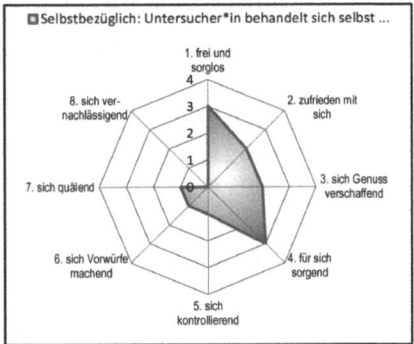

Abbildung 32

2. Strukturelle Störungen

Die Beziehungskreise von Patienten mit strukturellen Störungen sind meist von hohen Werten auf der negativen Affiliationsseite geprägt. Der Patient macht der untersuchenden Person ein von negativen Affekten bestimmtes Beziehungsangebot, was aufseiten der untersuchenden Person ähnlich heftige negative Affekte auslöst. Selbst wenn der Untersucher oder die Untersucherin sich um ein positiveres Beziehungsangebot bemüht, reagiert der Patient wieder mit Wut, Entwertung oder Abwendung. Auch im selbstbezüglichen Kreis des Patienten finden sich meist hohe Werte im negativen Affiliationsbereich. Die Interaktion kann geprägt sein von plötzlichen und unerwarteten Affektdurchbrüchen seitens des Patienten. Der selbstbezügliche Kreis der untersuchenden Person weist oft eine extrem kleine Fläche auf, was als Ausdruck starker Regulationsbemühungen der untersuchenden Person verstanden werden kann.

Fallbeispiel: Marvin, 18 Jahre

Die stationäre Aufnahme von Marvin erfolgt aufgrund einer schweren depressiven Symptomatik, begleitet von massiven Ängsten, sozialer Isolierung sowie ausgeprägten Kontakt- und Interaktionsstörungen mit aggressiven Impulsdurchbrüchen. Marvins Lebensgeschichte ist geprägt von schwerer Deprivation und körperlicher sowie psychischer Gewalt durch Mutter und Stiefvater. Hinzu kamen häufige Ortswechsel, die ihm auch eine soziale Einbindung außerhalb der Familie verunmöglichten. Auf der *Konfliktachse* ist keine klare Konfliktdynamik erkennbar, am ehesten ist von einem Konflikt Nähe versus Distanz im aktiven Modus auszugehen (beständiges Bestreben nach Distanz und Unabhängigkeit, bei aber im Therapieverlauf spürbarer Sehnsucht nach Nähe und Beziehung, die gleichzeitig Angst auslöst). Auf der *Strukturachse* sind die Dimensionen Steuerung und Interpersonalität als gering bis desintegriert und die Dimensionen Identität und Bindung als gering integriert einzuschätzen.

Beziehungssequenz: Marvin erscheint hoch angespannt und nervös zum Gespräch, was sich auch in motorischer Unruhe äußert. Dem Untersucher fällt auf, dass Marvin kaum Blickkontakt mit ihm aufnehmen kann. Auch die körperliche Haltung drückt aus, dass er jeden Moment aufspringen und das Gespräch verlassen könnte. Das initiale Gegenübertragungsgefühl ist zunächst von Sorge und Anteilnahme geprägt. Es entsteht das innere Bild eines verlorenen, bedürftigen Kindes, begleitet von Impulsen, sich um ihn kümmern zu wollen. Marvin berichtet von seiner Symptomatik und dem Wunsch, wieder seinen Alltag bewältigen zu können. Als der Untersucher allerdings die starke Anspannung des Patienten anspricht, kippt die Stimmung sofort. Marvin reagiert ärgerlich und wütend: Ob der Untersucher denke, er würde jeden Moment um sich schlagen? In der Gegenübertragung stellen sich ebenso schlagartig eine große Sorge und Vorsicht ein, begleitet von der Befürchtung, in der Tat körperlich angegriffen zu werden, gefolgt von starken Distanzierungsimpulsen. Vom Untersucher initiierte Klärungsangebote kann Marvin nicht aufgreifen, er bleibt aggressiv-angespannt. Beim Untersucher entsteht das Gefühl, Marvins Affektregulation gänzlich übernehmen zu müssen, um eine weitere Eskalation zu verhindern.

Die Szene bildet sich in den Beziehungskreisen der OPD-KJ-2 wie folgt ab:
Objektgerichteter Kreis Patient – subjektgerichteter Kreis Untersucher: Marvin begegnet dem Untersucher zunächst passiv-interessiert, nach Kippen der Situation primär aggressiv/feindselig und kontrollierend. Der Untersucher reagiert auf Marvins Beziehungsangebot anfangs mit Interesse und leicht positivem Affekt, nach Kippen der Situation bestimmen dann aber heftige negative Gefühle sein reaktives Erleben (vgl. Abbildung 33).

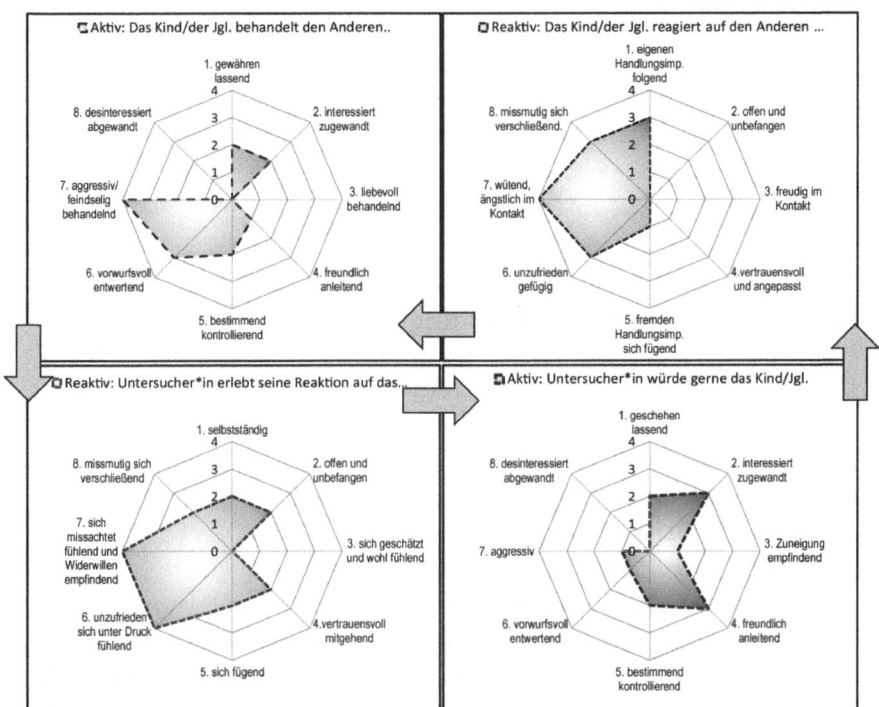

Abbildung 33

Objektgerichteter Kreis Untersucher – subjektgerichteter Kreis Patient: Der Untersucher begegnet Marvin zunächst passiv-interessiert. Im weiteren Verlauf des Gesprächs übernimmt er zunehmend die Steuerung, bemüht sich aber trotzdem um ein positives Beziehungsangebot. Marvins Reaktion auf

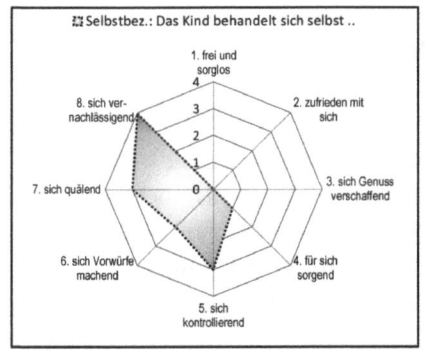

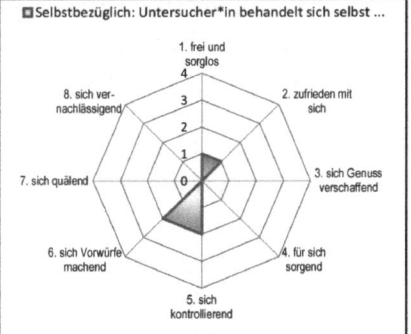

Abbildung 34

das Beziehungsangebot des Untersuchers ist ausschließlich von negativen Affekten bestimmt (vgl. Abbildung 33).

Selbstbezügliche Kreise: In Marvins Umgang mit sich selbst dominieren starke negative Affekte. Der selbstbezügliche Kreis des Untersuchers weist eine kaum existente Fläche auf (vgl. Abbildung 34).

Folgerungen für die Behandlungsplanung

Die beiden Fallbeispiele illustrieren, dass die Ratings der OPD-KJ-2-Achse Beziehung Hinweise darauf geben können, ob das interpersonelle Geschehen mehr von einer intrapsychischen Konfliktdynamik oder von strukturellen Defiziten bestimmt wird. Daraus kann dann auch eine entsprechende Fokussetzung in der Behandlungsplanung abgeleitet werden:

1. Bei Überwiegen einer Konfliktdynamik ist ein konfliktbezogener Beziehungswunsch gleichzeitig verbunden mit der Befürchtung, vom Gegenüber diesbezüglich enttäuscht zu werden. Die negative Beziehungserwartung führt zu Beziehungsdynamiken, in denen sich die befürchtete Reaktion des Gegenübers im Sinne einer sich selbst erfüllenden Prophezeiung ständig wiederholt. In der Behandlung sollte es somit unter anderem darum gehen, repetitive, dysfunktionale Beziehungsmuster zu erkennen, bewusst zu machen und durch das Angebot einer neuen Beziehungserfahrung aufzulösen. Dabei kann die Orientierung an den Kreismodellen der OPD-KJ-2-Beziehungsachse hilfreich sein (vgl. Tress et al., 1996; Kapitel 6.2: Modell des zyklisch-maladaptiven Beziehungsmusters).

2. Im Gegensatz dazu fehlen Patientinnen und Patienten mit überwiegend strukturellen Störungen wichtige Fähigkeiten zur Selbst- und Beziehungsregulation. Unerträgliche innere Zustände werden externalisiert und dominieren das Beziehungsgeschehen. Heftige dysfunktionale Affekte wie Erregung, Verzweiflung, Panik, Leere und Erstarrung bestimmen als Folge die Interaktion. Daher sollte in der Behandlung zunächst die Entwicklung struktureller Fähigkeiten als Basis für eine funktionierende Selbst- und Beziehungsregulation im Vordergrund stehen. Dem Therapeuten kommt hierbei eine deutlich aktivere Rolle zu, inklusive der Übernahme von Hilfs-Ich-Funktionen (vgl. Rudolf, 2014). Strukturelle Veränderungen des Patienten bilden sich im Verlauf möglicherweise in veränderten (großflächigeren) selbstbezüglichen Kreisen des Therapeuten, der Therapeutin ab (vgl. Kapitel 4.1: Zwei Erweiterungsmodule der OPD-KJ-2-Achse Beziehung).

| Carola Cropp, Bastian Claaßen

6 Praktische Anwendung der Beziehungsachse im Kontext verschiedener theoretischer Konstrukte

Im Gegensatz zu den anderen Achsen der OPD-KJ-2 lässt sich aus dem Rating der Beziehungsachse nicht direkt ein diagnostischer Befund ableiten. Das macht die Anwendung natürlich anspruchsvoller, es ergeben sich aber gleichzeitig auch vielfältige Möglichkeiten des Einsatzes in der klinischen Praxis. In den folgenden Kapiteln stellen wir exemplarisch drei Anwendungsmöglichkeiten der Beziehungsachse im Kontext verschiedener theoretischer Konstrukte dar. Die Anwendung wird jeweils anhand von klinischem Fallmaterial illustriert. Die von uns gewählten Anwendungsbeispiele nehmen Bezug auf die Theorie des intersubjektiven Raums (Kapitel 6.1), auf das Modell des zyklisch-maladaptiven Beziehungsmusters (Kapitel 6.2) und das Konzept der gewollten und vermiedenen Beziehung nach Henry Ezriel (Kapitel 6.3).

6.1 Der Intersubjektive Raum

Judith Noske

»Jeder Mensch in jeder beliebigen Zweierbeziehung ist Teil eines interpersonalen Feldes und nicht eine losgelöste, alleinstehende Größe und wird dabei in Prozesse einbezogen, die das Feld sowohl beeinflussen als auch durch das Feld beeinflusst werden« (Sullivan, 1980, S. 16).

Vorbemerkungen

Die Berücksichtigung eines gemeinsamen Beziehungswissens, welches mehr ist als das, was die jeweiligen Beziehungspartner in den intersubjektiven Raum einbringen, sowie die Bedeutung der Subjektivität der Therapeutin oder des Therapeuten im therapeutischen Prozess finden sich in den letzten dreißig Jahren in unterschiedlichen Konzepten intersubjektivistischer Strömungen. Intersubjektivität setzt sich auseinander mit dem »Zwischen«, mit der Dynamik zwischen zwei Subjekten. Es geht mehr um das »Wie« des Zusammenseins als um das »Was« eines tatsächlichen Handelns. Intersubjektivität hat mit Gemeinsamkeit zu tun. Sie ist bedeutsam sowohl für die Entwicklung eines Selbstgefühls als auch für die Entwicklung von Beziehungsfähigkeit. Intersubjektivität ist erlebbar über den Prozess der Abstimmung, der gleichzeitig das Gefühl von Bezogenheit und von Andersartigkeit ermöglicht: »Ich weiß, dass du weißt, wie mir zumute ist« (Köhler, 1988, mündliche Mitteilung). Intersubjektivität, Identität, Kollektivität und Separation stehen dabei in einem Ergänzungsverhältnis.

Aus psychotherapeutischer Sicht beinhaltet eine Beziehung Übertragung und Gegenübertragung, meint aber auch das Spezifische einer Begegnung. Sanders (2002) betont das der Affektresonanz zugrunde liegende »rhythmische Prinzip«, das in der Säuglingsforschung Bedeutung hat (vgl. auch Kapitel 4.2: Anwendung der OPD-KJ-2-Beziehungsachse im Säuglings- und Kleinkindalter). Die rhythmische Erfahrung wird hier als Grundmodell für die gemeinsame Erzeugung von Wirklichkeit gesehen. »Durch den Wechsel von Vereinigung und Trennung entsteht allmählich ein Gefühl von Zeit und Raum, von innerem und äußerem Raum« (Adametz, 2000, S. 187). Es entsteht ein gemeinsames Bezugssystem, über das sich Innerpsychisches erfahren, vergleichen und unterscheiden lässt. Erleben und Verhalten stehen so in einem Kontinuum von Aktion, Reaktion und Interaktion.

In der Beziehungsachse der OPD-KJ-2 findet dieses rhythmische Prinzip von Interaktion Berücksichtigung:
- im Wechsel des Aufmerksamkeitsfokus (aktiver und reaktiver Pol),
- im Aufbau der Achsen (Affiliationsachse, Kontrollachse) sowie
- im Zusammenspiel zwischen unterschiedlichen Beziehungsebenen (Beobachtungsebene, Resonanzebene, Selbstbezüglichkeit).

Die Beziehungsachse der OPD-KJ-2 zeichnet Prozesse des Sicheinlassens und Verbindens, des Sichtrennens, der Beeinflussung und Kontrolle sowie der Anerkennung des Anderen nach. Anerkennung öffnet den Raum für neue Möglichkeiten, während Verstrickung ihn einengt. Anerkennung fördert das Seinlassen-Können, während Verstrickung zum Agieren treibt. Ersteres bringt Beruhigung, macht weit, während Letzteres Druck macht und zu einem Gefühl der Enge führt. Es zahlt sich aus, speziell auf diese Gegenübertragungsgefühle zu achten. Die Beziehungsachse kann hier mit ihren grafischen Darstellungsmöglichkeiten die Reflexion des intersubjektiven Raums unterstützen. In diesem Kapitel wollen wir die Beziehungsachse als bildhafte Darstellung des intersubjektiven Raums verstehen, in dem die Wechselwirkungen zwischen intrapsychischen und interpersonalen Dynamiken ihren Ausdruck finden. Dies soll anhand von klinischem Fallmaterial veranschaulicht werden.

Wir fragen mit der Beziehungsachse, in welchen Beziehungsräumen wir uns mit unseren jungen Patienten bewegen. Unsere Arbeit mit Kindern und Jugendlichen ist ein In-Begegnung-Sein, ist bestimmt durch das Zusammentreffen von Menschen mit spezifischen inneren Welten, die ihre psychische Struktur, ihre Konfliktlandschaften und ihre persönlichen Beziehungsgeschichten mit in den Behandlungsraum bringen und aufeinander übertragen. Es gibt das menschliche Bedürfnis, in die emotionale Welt des Anderen hineinzukommen, Gefühle zu teilen, sich zu verstricken; aber auch das Bedürfnis, sich zu unterscheiden, einzigartig zu sein. Es »gibt zwei sehr verschiedene, aber jeweils wiederum wesentliche Verhältnisse, nämlich Sich-Vertragen oder Gegnerschaft, Frieden oder Krieg« (Lauth, 1992, S. 225). Personen sind füreinander im Verhältnis von Aufruf und Antwort da. Der Aufgerufene schafft »durch die Art seiner freien Antwort eine einmalige geschichtliche Situation« (S. 225).

Die Beziehungsachse ermöglicht es, in einem einfachen Modell unterschiedliche Beziehungsqualitäten gleichzeitig abzubilden und dabei auch Ambivalenzen auszudrücken. Die Qualität der affektiven Besetzung sehen wir auf der Affiliationsachse, die der Interdependenz auf der Kontrollachse. Die Regulation zwischenmenschlicher Beziehungen hängt aber nicht nur von der jeweiligen Position auf den beiden Dimensionen Affiliation (Liebe versus Hass) und Interdependenz (Kontrolle versus Unterwerfung, Autonomie versus Abhängigkeit) ab, sondern auch davon, ob der Aufmerksamkeitsfokus mehr auf sich selbst gerichtet ist oder ob er sich mehr auf Andere bezieht. Das Gelingen einer Begegnung ist von einem passenden »Matching«, einer wechselseitigen Abstimmung abhängig, bei der zwei miteinander interagierende Personen ihr Verhalten gegenseitig beeinflussen. In Beziehungssequenzen, die als harmonisch empfunden werden, besteht gewöhnlich eine Komplementarität, das heißt, die Beziehungsmuster sind ähnlich in Bezug auf die Zuneigungsdimension (Affiliation) und reziprok in Hinblick auf die Kontrolldimension (Interdependenz). So führt zum Beispiel dominant-feindseliges Verhalten zu submissiv-feindseligen Reaktionen und freundliche Unterordnung zu wohlwollend-direktivem Verhalten. Komplementarität scheint die Interaktionspartner am ehesten zu befriedigen. Es besteht aber auch die Gefahr, dass dabei unflexible, wenig authentische, der inneren Situation nicht entsprechende Beziehungsmuster aufrechterhalten werden. Wie das Kind für seine Entwicklung nicht nur ein gutes Matching, sondern auch ein ausreichendes »Dismatching« braucht, die Mutter nicht perfekt, sondern nur »gut genug« sein soll (vgl. Winnicott, 1953), so braucht es auch ein gewisses Ausmaß an konflikthafter Spannung, damit diese als Motor die Entwicklung vorantreiben kann.

Eine Herausforderung bei der Interpretation der Beziehungsachse ist, dass wir daraus nicht direkt, wie bei den anderen Achsen der OPD-KJ-2, eine diagnostische Aussage über das Kind ablesen können. Wir erhalten ein »Bild«, das erst einer Interpretation bedarf. Eine weitere Schwierigkeit in der Objektivierung des »Beziehungsachsenbefundes« ist, dass eine Beziehungssequenz ein einmaliges Ereignis ist, das nicht leicht verglichen und verallgemeinert werden kann. Analysiert man aber den intersubjektiven Raum ein und derselben Beziehungsepisode, indem man die unterschiedlichen Beziehungsebenen – also den Situationskreis, die Verhaltensbeobachtung des Kindes/Jugendlichen in Bezug auf sein Gegenüber, die Resonanz des Untersuchers und den selbstbezüglichen Kreis von Kind und Untersucher in der Zusammenschau betrachtet[1], so können Aussagen über Verhältnisse gemacht werden, die bestimmte Interpretationen nahelegen.

Die Beziehungsachse als Bild des intersubjektiven Raums

Zur Überprüfung der Hypothese, dass die Beziehungsachse der OPD-KJ-2 geeignet ist, den intersubjektiven Raum innerhalb von Beziehungssequenzen abzubilden, wurden im Rahmen eines Studienprojekts in der KJPP Hinterbrühl von den Mitarbeitenden bei 13 Patientinnen und Patienten über den Zeitraum eines Jahres alle zwei Wochen in spezifischen, zuvor vereinbarten Situationen Beziehungskreise geratet. Dabei wurden die einzelnen Kreise einer Beziehungssequenz zunächst jeder für sich geratet. In der Auswertung wurden dann die Größen der verschiedenen Kreisflächen zueinander in Beziehung gesetzt, und es wurden Verhältnisse ermittelt. So konnten Hypothesen über inter- und intrapsychische Dynamiken (oppositionelle Beziehungsmuster, Ambivalenzen, Konflikte, Spaltungen, Verschmelzungen, Einseitigkeiten) und deren Wechselwirkungen formuliert und mit dem therapeutischen Prozess verglichen werden. Einige Ergebnisse dieser Studie sollen nun berichtet werden.

Fallbeispiel: Anna, 14, Jahre

Anna wurde wegen einer Zwangserkrankung mit mutistischer Symptomatik in der KJPP Hinterbrühl aufgenommen und nach fünfmonatiger erfolgloser Behandlung ohne die Möglichkeit einer diagnostischen Klärung und ohne Besserung der Symptomatik wieder nach Hause entlassen. Selten hat uns eine Patientin so ratlos zurückgelassen und uns so befremdet wie Anna. Deutlich waren eine mutistische Symptomatik, die nur schwer einzuordnen war, sowie eine tief im Körper steckende Starre, die rasch wechselten. In diesem Wechsel lag eine Unbezogenheit, eine scheinbare Autonomie, die jede Ursachenzuschreibung verstummen ließ.

Zur sozialen Situation: Annas Mutter hatte kurz vor der stationären Aufnahme Annas ein weiteres Baby bekommen und lebte mit ihrem Lebenspartner und

---

1 Als zusätzliche Module haben wir in diesem Buch den selbstbezüglichen Kreis des Untersuchers und den Situationskreis (als die Ebene des impliziten Beziehungswissens, das nicht so leicht dem einen oder dem anderen Partner zugeordnet werden kann) eingeführt (siehe Kapitel 4.1: Zwei Erweiterungsmodule der OPD-KJ-2-Achse Beziehung). Vorsprachliche, oft unbewusste Stimmungen formen den ersten Eindruck und prägen die Art der Begegnung. Der Situationskreis sollte daher als Erstes ausgefüllt werden, bevor es zu einer differenzierten Betrachtung der übrigen Beziehungskreise kommt.

Anna in einem Haushalt. Die Beziehung zwischen Anna und der Mutter war sehr schwierig. Die Mutter beschrieb, sie habe »ein komisches Kind«, sie kenne sich mit Anna nicht aus. Anna mache sie ohnmächtig, und wenn sie, die Mutter, wütend werde, müsse sie Anna zurücklassen, allein lassen, weil sie es nicht mit ihr aushalte. Das war als kleines Baby schon so, wie es auch jetzt immer wieder sei. Anna lebte zeitweise bei ihrem Vater oder der Großmutter. Sie war immer dort, wo es gerade am wenigsten schwierig war. Dann wieder trieb sie ziellos und doch suchend umher. Anna hatte seit jeher jede Anforderung ignoriert, Aufgaben nie gemacht. Sie schrieb nicht, obwohl sie gut lesen konnte, sprach kaum, obwohl ihre Sprache differenziert war. Sie rechnete nicht trotz guten logischen Verständnisses, gestaltete nichts, tat fast gar nichts. Die meiste Zeit stand sie da, oft in Türen, zwischen Räumen. Sie beobachtete angstvoll, auffordernd, ernst und verloren ihre Umgebung. Anna war nicht in Beziehung, obwohl sie sehr präsent war.

Es war kaum möglich, mit Anna in der Klinik einen Rahmen zu halten. Anna konnte nicht kommen und sie konnte nicht gehen. Sie lähmte ohnmächtig sich wie auch das gesamte Behandlungsteam. Nur im Kontakt mit einer Betreuerin schien Anna wie ausgewechselt: Sie redete, lachte und freute sich. Sie suchte die Betreuerin überall. Die symbiotische Sehnsucht war in dieser Beziehung übergroß, der Abschied von dieser Betreuerin kaum möglich. Die Situation wurde zunehmend destruktiv.

Am Beispiel von Anna sollen nun einige Möglichkeiten der Interpretation von Ratings der OPD-KJ-2-Achse Beziehung – unter Berücksichtigung einer intersubjektiven Perspektive – aufgezeigt werden.

Vergleich zwischen Situationskreis und den anderen Beziehungskreisen

Im Situationskreis kann das Eingang finden, was in der realen Begegnung weder die Handlungsebene noch die reflexiv-verbale Ebene erreicht und so auch nicht durch die anderen Kreisebenen erfassbar ist. Es handelt sich hier um ein intuitives Wahrnehmen von etwas, das als implizites Beziehungswissen beschrieben wird. Es ist atmosphärisch einfach da und kann als Ahnung sowohl diagnostische als auch prognostische Impulse geben.

Abbildung 35 zeigt das Rating einer zufällig ausgewählten Beziehungsepisode mit Anna, die stellvertretend für viele andere Beziehungsepisoden mit fast identischen Kreisbildern steht. Die hohe affektive Ambivalenz des Situationskreises ist weder in den Beobachtungskreisen noch auf der Resonanzebene zu finden. Die hohen Kontrollwerte könnten als Ausdruck der Unterdrückung ambivalenter Gefühle verstanden werden. Diese finden

Situation	Was willst du? (Zielorientiert)
Situations-kommentar:	Wöchentlicher Gesprächsversuch über Medikamente
Thema:	Medikation
Erregung Kind:	Anspannung, Unruhe
Fokus Kind:	Reaktiver Modus
Erregung Behandler:	Aufmerksamkeit, Interesse
Fokus Behandler:	Aktiver Modus

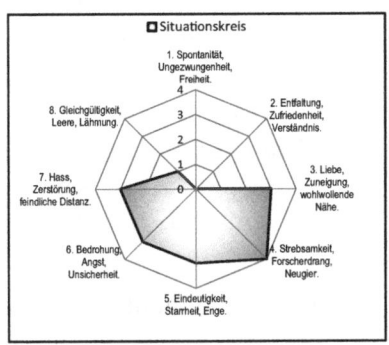

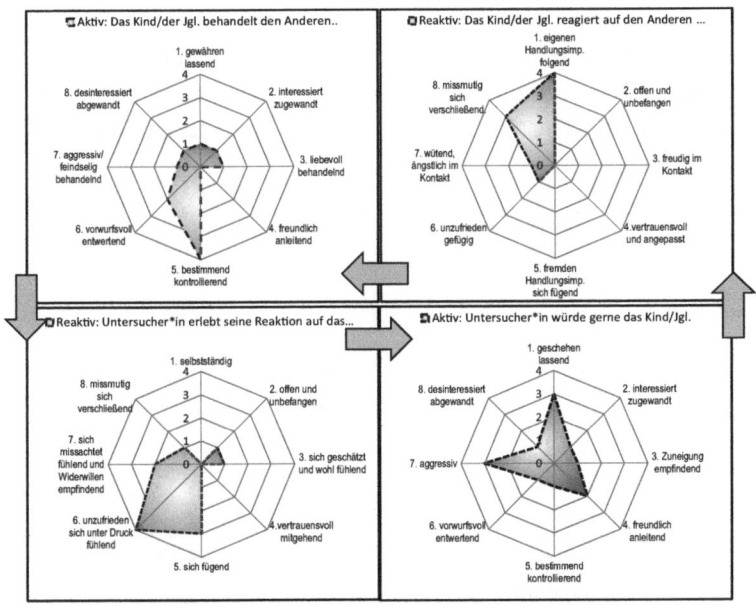

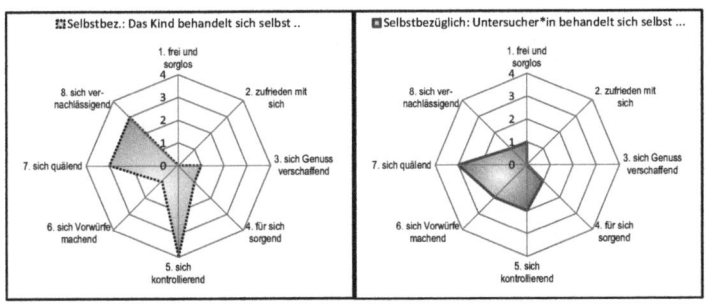

Abbildung 35

sich nur im Situationskreis, nicht aber auf der Beobachtungsebene wieder. Deutlich mehr negativen Affekt finden wir in den selbstbezüglichen Kreisen von Anna und dem Untersucher. Der Untersucher reagiert mit Entwertung auf Anna und scheint auch mit sich selbst nicht gut im Kontakt zu sein. Anna wird als sehr rigide und kontrolliert erlebt. Sie dürfte sich quälen. Statt allerdings über Vorwurf oder Unzufriedenheit ihr Unbehagen auszudrücken, wendet sie sich vom Gegenüber ab (hohe Werte bei Gleichgültigkeit und Vernachlässigung).

Beziehungsbeobachtung als Ausdruck der Psychodynamik

Anna leidet an einer Zwangserkrankung mit mutistischer Symptomatik (siehe Anamnese). Sie zeigte sich während des Aufenthalts hoch kontrolliert, was in allen Kreisen durch den großen Ausschlag der Kontrollwerte deutlich wird. Die affektive Schwingungsfähigkeit und Reagibilität scheint bei

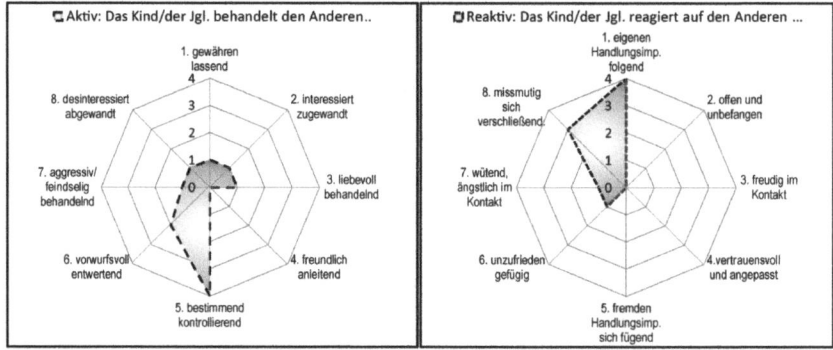

Die Kontrolle wird ein wenig durchbrochen

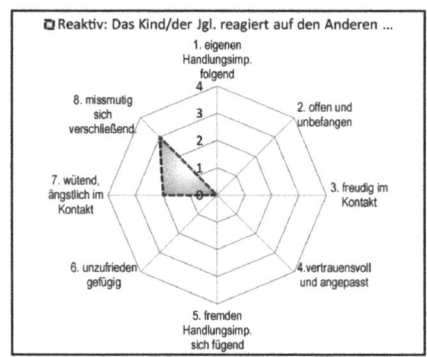

Abbildung 36

so gut wie allen Beziehungskreisen des ersten Aufenthalts in hohem Ausmaß eingeschränkt. Es sehen fast alle Kreise der einzelnen Teammitglieder ähnlich aus. Nur in einem Kreis wird die Kontrolle ein wenig durchbrochen (siehe Abbildung 36). Hier reagiert Anna kurz wütend auf ihr Gegenüber (Kind – reaktiv rechts), was sich aber gleich wieder in Gleichgültigkeit auflöst.

Komplementarität und Interdependenz in Beobachtungs- und Resonanzkreisen als Ausdruck von Wechselseitigkeit

Ein harmonisches Miteinander ist auf ein »affective attunement« (Stern, Hofer, Haft u. Dore, 1987) angewiesen (Abstimmung ähnlicher Gefühlsqualität bei Wechselseitigkeit in der Kontrolldimension). So ist eine Interaktion stimmig, wenn beide Beziehungspartner sich sympathisch sind (positiver Affekt) und der eine bestimmt (Kontrollachse aktiv), während der andere sich fügt (Kontrollachse passiv).

Sehen wir uns die Sequenz einer Interaktion mit Anna genauer an und untersuchen sie in Bezug auf Wechselseitigkeit und Wir-Gefühl (vgl.

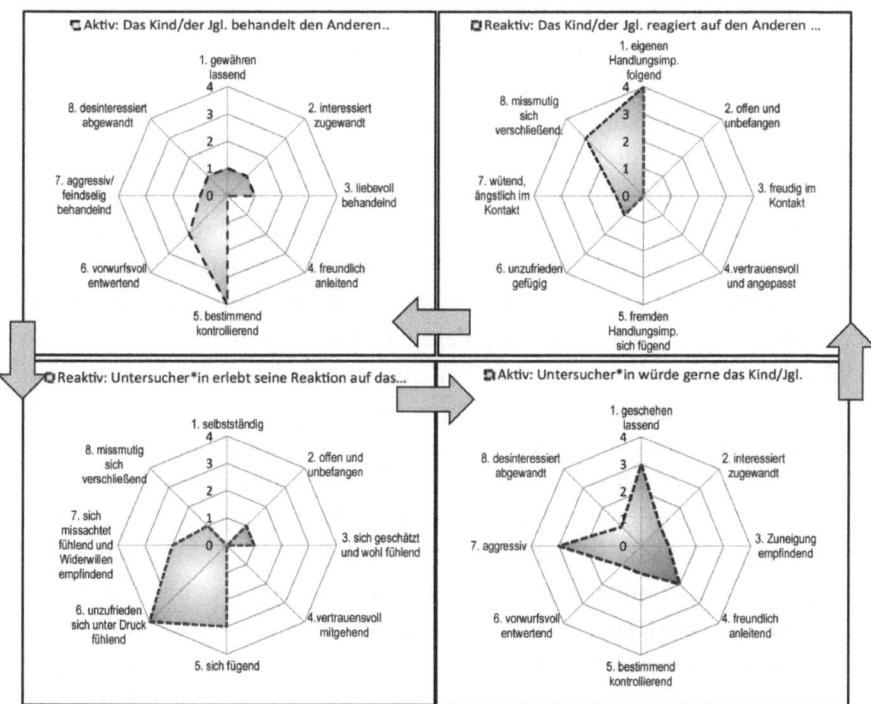

Abbildung 37

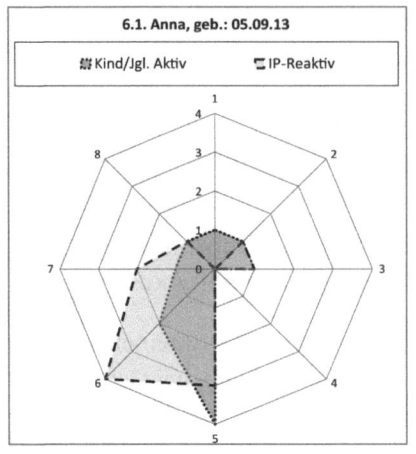
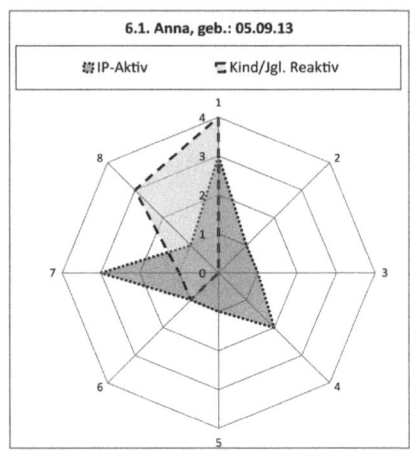

Abbildung 38

Abbildung 37): Anna verhält sich sehr kontrollierend. Sie zeigt dabei kaum einen Affekt (aktiver Kreis Patientin). Die Untersucherin reagiert auf Anna, indem sie sich ohnmächtig und von Anna feindlich bestimmt fühlt (reaktiver Resonanzkreis Therapeutin). Sich einerseits Anna ärgerlich fügend, versucht sie dennoch, die Patientin wohlwollend zu einer Mitarbeit zu bewegen (aktiver Resonanzkreis Therapeutin). Anna reagiert darauf jedoch erneut mit feindseliger Unabhängigkeit (reaktiver Kreis Patientin).

Projiziert man die Beziehungsflächen dieser Kreise aufeinander, also die Fläche des aktiven Beobachtungskreises des reaktiven Resonanzkreises, des aktiven Resonanzkreises und des reaktiven Beobachtungskreises, entsprechend dem einmal nach außen und dann nach innen gerichteten Aufmerksamkeitsfokus der Interaktionspartner, entsteht eine gemeinsame Fläche im Sinne einer »gemeinsamen Begegnungsfläche«. Bei einer gelungenen Wechselseitigkeit in der Interaktion entstehen größere Flächen. Kommt es zu keiner Passung, bleibt die Überschneidungsfläche klein. Besonders kleine gemeinsame Flächen hatten in unserer Untersuchung Kinder mit einer schweren Bindungsstörung, so auch Anna (vgl. Abbildung 38).

Wir haben über den gesamten stationären Aufenthalt die »gemeinsamen Begegnungsflächen« zwischen Anna und dem Team als Ausdruck von Wechselseitigkeit miteinander verglichen. Bei Anna gab es über die meiste Zeit in den Beziehungssequenzen mit verschiedenen Mitarbeitenden kaum eine gemeinsame Fläche. Erst gegen Ende des Aufenthalts fanden sich erstmals kleinere gemeinsame Flächen auch in der rechten Hälfte (vgl. Abbildung 39).

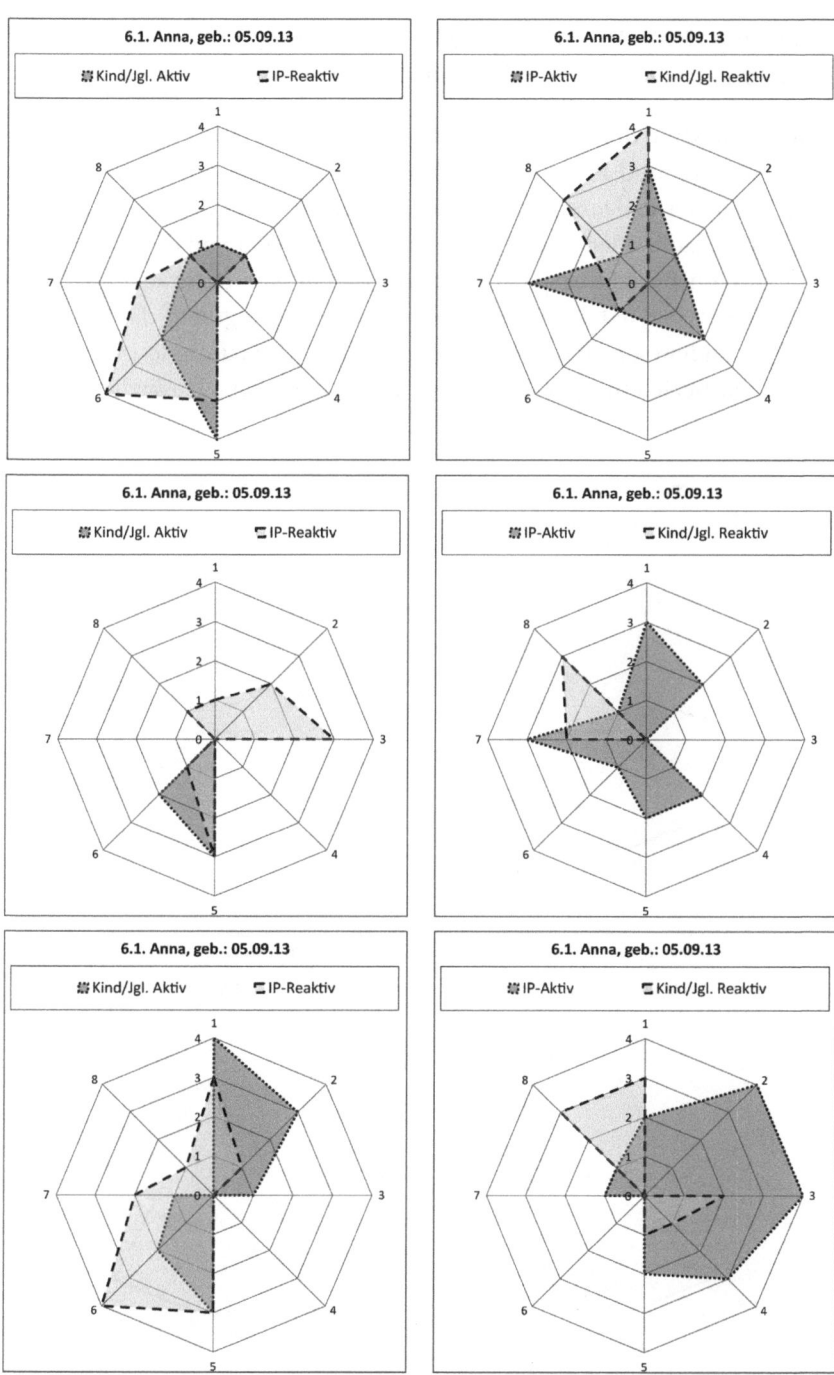

Abbildung 39

Ermittlung des tatsächlich geteilten Beziehungsraums und des aktuellen Möglichkeitsraums einer Begegnung

Durch Projektion der subjekt- und objektgerichteten Beziehungskreise der Beobachtungs- und Resonanzebene aufeinander kann die größte gemeinsame Fläche als der *tatsächlich geteilte Beziehungsraum* dargestellt werden. Die größte Fläche aller erhobenen Werte, die entweder von dem einen oder dem anderen Beziehungspartner in die Beziehung eingebracht wird, verstehen wir als den *aktuellen Möglichkeitsraum der Begegnung*, das heißt, die eine oder andere spezifische Beziehungsqualität wird zumindest von einem der beiden Beziehungspartner in den Kontakt gebracht. Zusätzlich hierzu

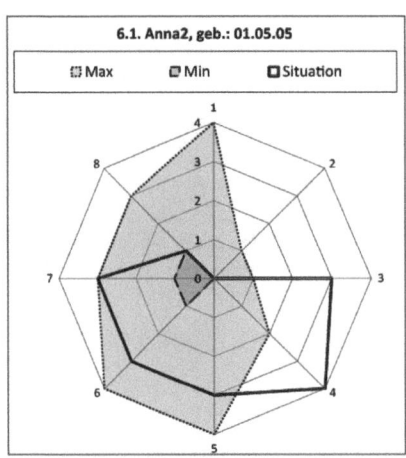
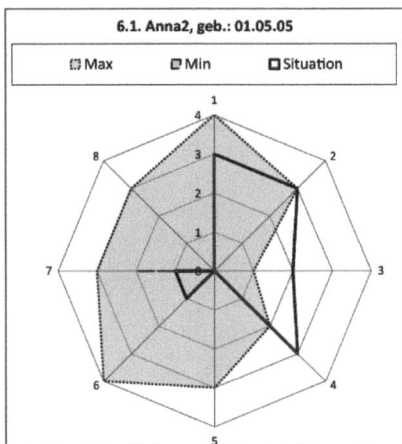
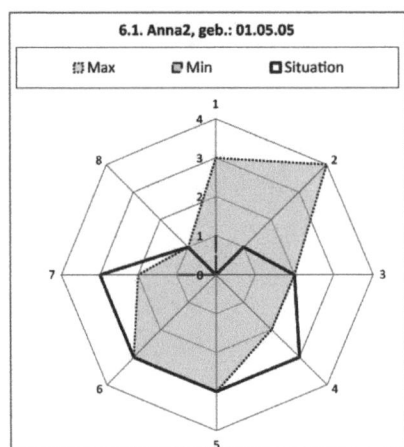
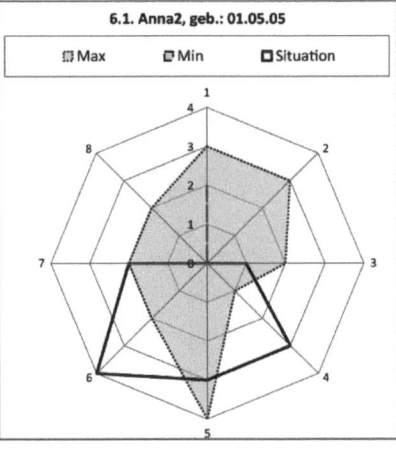

Abbildung 40

kann der Situationskreis, indem er über die Beobachtungs- und Resonanz-kreise gelegt wird, einen Hinweis darauf geben, was als Möglichkeit in der Beziehung spürbar, aber noch nicht gelebt vorhanden ist.

Bei Anna gibt es insgesamt nur eine sehr kleine gemeinsame Beziehungs-fläche. Bei Projektion der Flächen in den Situationskreis fällt zudem auf, dass der Situationskreis wiederholt außerhalb der aktuellen Beziehungsmöglich-keit liegt (siehe Abbildung 40).

Abbildung 41 zeigt, wie sich in der Beziehungsgestaltung mit Anna ein durch Kontrolle und negativen Affekt gekennzeichneter Beziehungsraum herstellt, wobei die tatsächliche Beziehung fast auf null kollabiert ist (größte gemeinsame Fläche: dunkelgraues Dreieck in der Grafik links oben), was sich auch in der sehr geringen Wechselseitigkeit ausdrückt (Kind aktiv – Resonanz Therapeutin reaktiv). Fast alle Kreise des ersten stationären Aufenthalts zeigten dieselben Merkmale. Wiederholt reichte zudem der Situationskreis über den aktuellen Möglichkeitsraum der Beziehung hinaus. Die Fläche im zweiten Quadranten des Situationskreises deutet auf eine positiv getönte Neugier hin, die trotz all der Schwere der Beziehungsgestaltung atmosphärisch spürbar war und im weiteren Verlauf von großer Relevanz sein sollte (bei einer insgesamt hochkomplexen Behandlung einer schwer bindungstraumatisierten Patientin konnte im zweiten Aufenthalt eine positive Entwicklung erreicht werden).

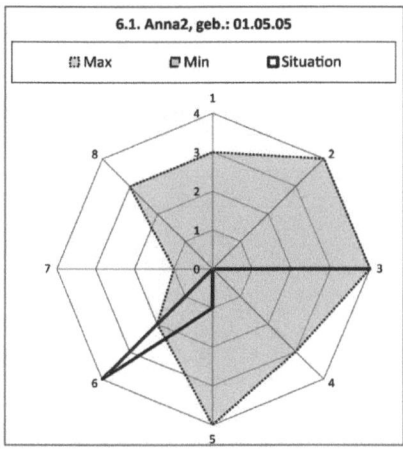

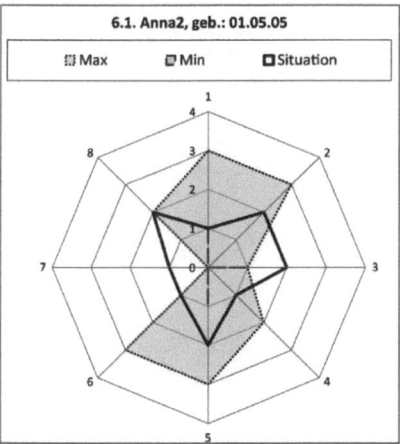

Als Vergleich zu diesem schwierigen Fall zeigt Abbildung 42 die entsprechenden Kreisprojektionen einer anderen Patientin. In den Beziehungssequenzen mit Elis ergab sich eine deutlich größere

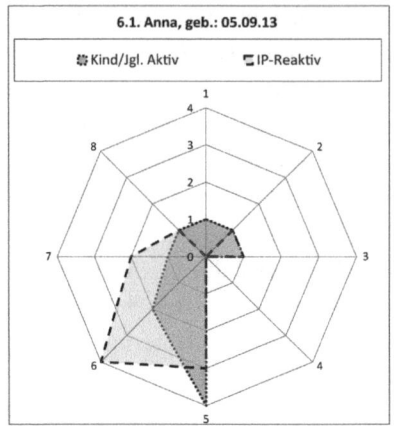
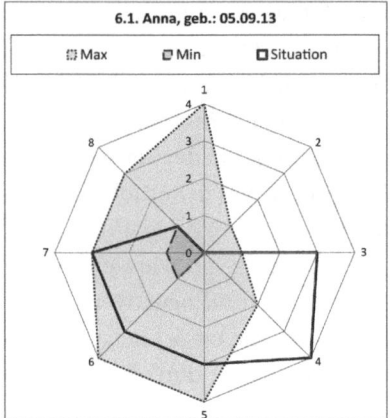

Abbildung 41

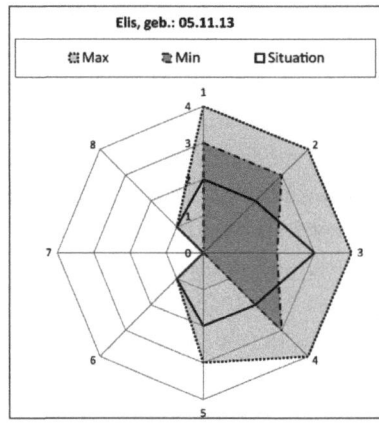
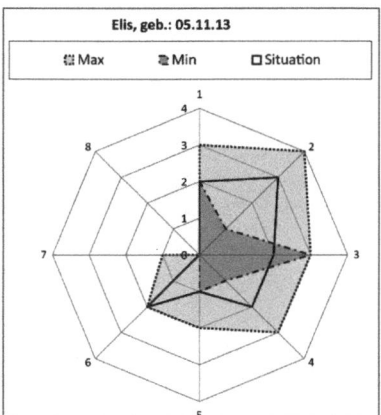

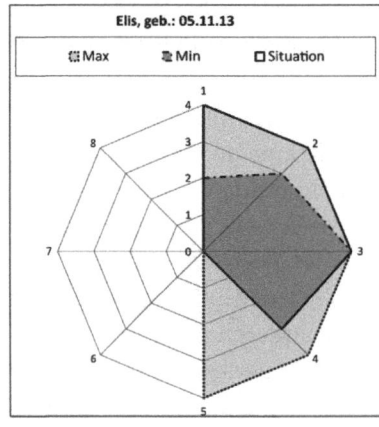
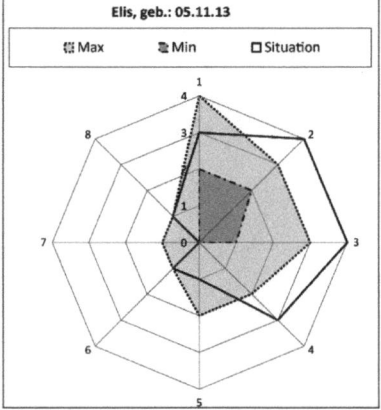

Abbildung 42

gemeinsame positiv getönte Beziehungsfläche. Der Situationskreis lag fast immer (bis auf den fünften Kreis in der Abbildung) innerhalb des möglichen Beziehungsraums. Elis warf während des gesamten Behandlungsverlaufs (im Gegensatz zu Anna) diagnostisch kaum Fragen auf. Sie war die meiste Zeit gut mit uns im Kontakt, offen und bemüht um Mitarbeit. Eine Ausnahmesituation bildete die Beziehungssequenz, die in Abbildung 42 im fünften Beziehungskreis dargestellt ist. Es ist die Darstellung der Beziehungsdynamik eines Reflexionsgesprächs nach einer Abgängigkeit, bei der Elis vieles im Dunkeln ließ. Wir warteten trotzdem ab, was Elis uns vielleicht später erzählen würde, und waren ohne viel Sorge.

Folgende Zusammenhänge konnten auch bei der Durchsicht von Beziehungssequenzen anderer Patientinnen und Patienten weitgehend bestätigt werden:

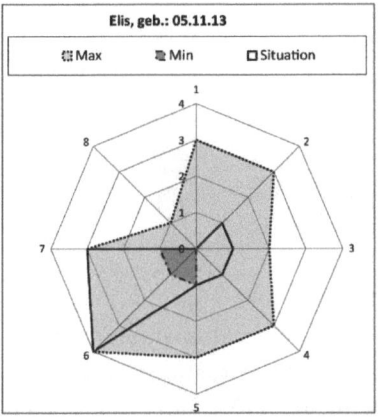

- Die Intensität oder Leere der Beziehungsdynamik spiegelt sich in der Größe der »größten gemeinsamen Fläche« wider.
- Ein außerhalb der Beziehung liegender Situationskreis scheint auf etwas hinzuweisen, das (noch) nicht beschreibbar ist, aber schon erahnt werden kann.

Stabilität oder Rigidität von Beziehungsmustern

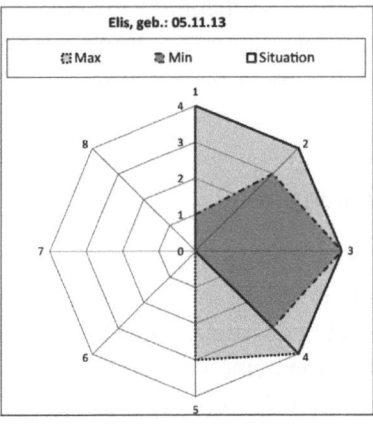

Um Hinweise auf die Stabilität oder Rigidität von Beziehungsmustern zu bekommen, können die Schwerpunkte der verschiedenen Kreise übereinander projiziert werden (vgl. Kapitel 8: Visualisierung der OPD-KJ-2-Beziehungsachsenbefunde mittels Excel). Hiermit lassen sich auch gut Spaltungstendenzen deutlich machen, die sich über Clusterbildungen der Schwerpunkte ausdrücken. Der Schwerpunkt eines Beziehungskreises

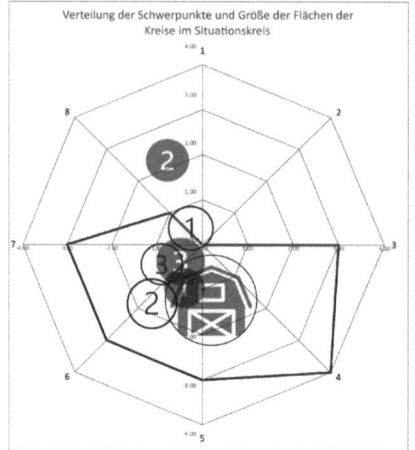
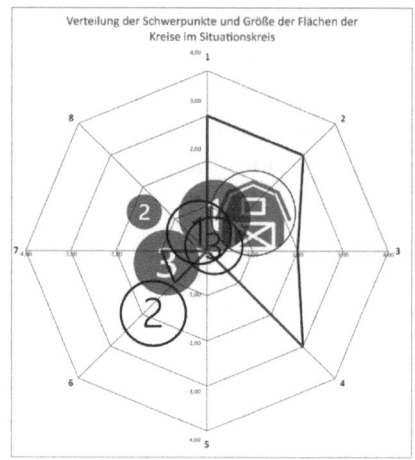

Abbildung 43

	Situation
①	Kind Aktiv
②	Kind Reaktiv
③	Kind SelbstBez
❶	IP Aktiv
❷	IP-Reaktiv
❸	IP-SelbstBez

macht eine Aussage über die gemittelte Beziehungsqualität eines Kreises. Unterschiedliche Kreise können durch das Nebeneinanderlegen ihrer Schwerpunkte gut miteinander verglichen werden. Die Schwerpunkte können sich um einen Punkt sammeln, können chaotisch streuen, aber auch Cluster bilden, die eben Hinweise auf Spaltungstendenzen geben.

Bei Anna lagen die errechneten Mittel der verschiedenen Beziehungskreise alle – bis auf den Situationskreis – im linken Quadranten. Der Mittelpunkt der Summe aller Situationskreise ergab allerdings Hinweise auf Veränderungspotenziale im Verlauf des therapeutischen Prozesses. So erwarteten wir bei einem Mittelpunkt im zweiten Quadranten (Verständnis, Zufriedenheit) und dritten Quadranten (Forschergeist, Neugier) perspektivisch einen positiven Behandlungsverlauf (vgl. Abbildung 43).

Analyse von Ähnlichkeiten und Abweichungen in Beziehungssequenzen

Es macht Sinn, die Beziehungsmuster eines Patienten im Kontakt mit verschiedenen Personen auf Ähnlichkeiten und Einzigartigkeiten hin zu untersuchen. Befunde, die aus der Reihe fallen, haben eine hohe Relevanz. So auch bei Anna: Annas mutistische Welt dürfte voller Kontrolle, Hass und Abwertung gewesen sein. Zur Veranschaulichung zeigt Abbildung 44 drei

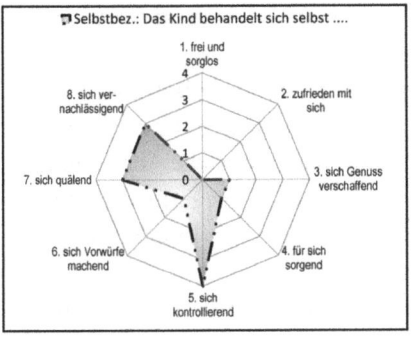

Abbildung 44

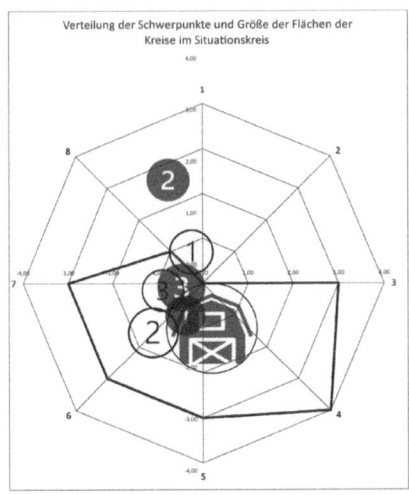 Situation	Situation

1	Kind Aktiv
2	Kind Reaktiv
3	Kind SelbstBez
1	IP Aktiv
2	IP-Reaktiv
3	IP-SelbstBez

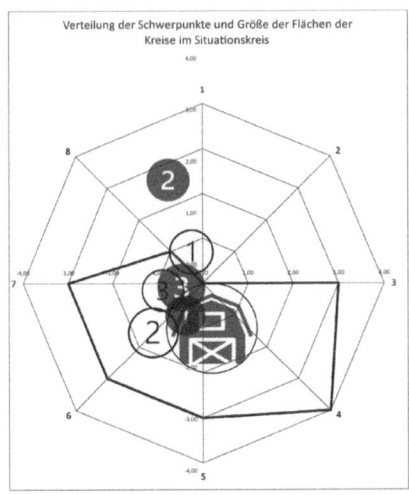

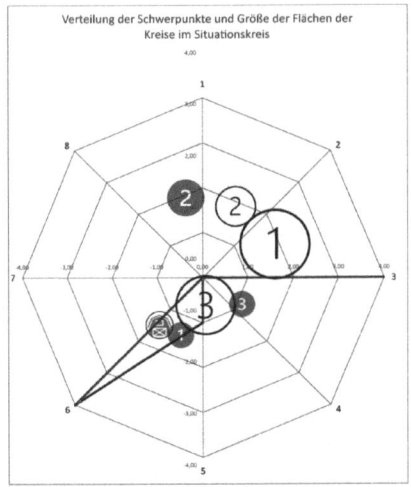

Abbildung 45

selbstbezügliche Kreise von Anna, die wieder stellvertretend für viele ähnliche Kreise im Behandlungsverlauf stehen.

Nur die Beziehungssequenzen zwischen Anna und einer Betreuerin fallen aus dem Rahmen. In diesen Beziehungssequenzen liegen die Mittelpunkte aller Kreisebenen ausschließlich in der rechten Hälfte (siehe Abbildung 45). Auch Annas selbstbezüglicher Kreis zeigt in diesen Begegnungen eine neugierige, positive Qualität. Dies ist ganz anders als in den Interaktionen mit anderen Beziehungspartnern.

Untersucht man jedoch den größten gemeinsamen Beziehungsraum in der Begegnung mit dieser Betreuerin, indem man alle Kreise übereinander projiziert, ist trotz eines sehr hohen Werts in der Dimension Zuneigung die Fläche der aktuell gelebten wechselseitigen Beziehung gleich null. Maximale Zuneigung (Affiliationsachse) ohne Nähe-Distanz-Regulierung (Kontrollachse) und ohne handelnde Impulse (diagonale Achsen) entsprechen einer symbiotischen Verschmelzung ohne dialogische Wechselseitigkeit. Die Fläche des Situationskreises entwickelt sich lediglich aus einer Zacke in Richtung Verachtung (siehe Abbildung 46). Das Thema der Entwertung als eine Möglichkeit, den symbiotischen Kollaps zu verhindern, sich abzugrenzen und ein Mindestmaß an Selbstbehauptung zu behalten, blieb bei Anna über weite Strecken des therapeutischen Prozesses bestehen.

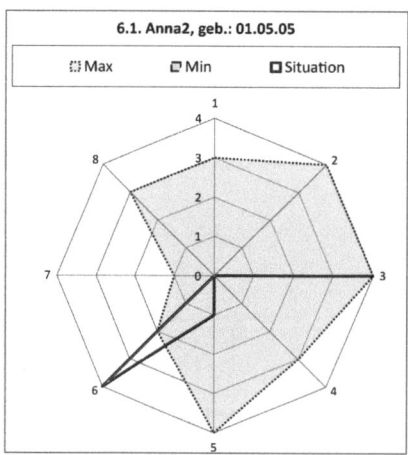 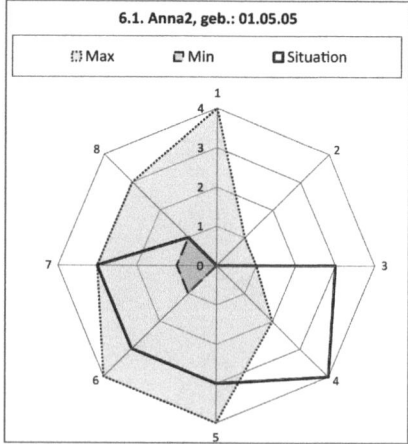

Abbildung 46

Wie ging es mit Anna weiter?

Ein halbes Jahr nach der Entlassung kam es zu einer erneuten stationären Aufnahme. Dieser zweite stationäre Aufenthalt verlief deutlich konstruktiver.

Das Team hatte in den gemeinsam reflektierten Beziehungsachsenratings des ersten Aufenthalts Annas Einsamkeit, Sehnsucht, Angst und Kontrolle erkannt. Ein emotionales Verständnis vonseiten des Teams wurde dadurch möglich. Es lag jetzt eher eine Traurigkeit als Ohnmacht in der Luft. Es war jetzt besser auszuhalten, Anna nicht erreichen zu können und nicht zu wissen, was in ihr vorging. Wir stritten nicht mehr im Team, ob Anna nur spiele, agiere, wirklich psychotisch sei oder nur unglücklich und fremd. Durch die Fallbesprechungen, in deren Zentrum die Beziehungskreise des letzten Aufenthalts standen, waren wir Anna zugewandter und an ihr, der Fremden, interessiert. Wir waren vorsichtiger im Umgang mit ihr geworden, weil wir von ihrer Scham wussten, und freuten uns, wenn Anna etwas über sich sagte. Anna freute sich dann ein wenig mit uns. Das drückte sich auch in den Beziehungskreisen aus, die wir weiterhin ausfüllten und die jetzt eine deutlich größere Fläche des geteilten Beziehungsraums zeigten, ein besseres »affective attunement«, eine Verschiebung der Fläche des selbstbezüglichen Kreises nach rechts sowie eine größere Variabilität und Flexibilität der Beziehungsgestaltung (ausgedrückt durch eine breitere Streuung der Mittelpunkte der Beziehungskreise).

Fazit

Entscheidend für einen gelungenen therapeutischen Prozess ist die Entwicklung eines intersubjektiven Beziehungsfelds. Die Beziehungsdynamik ist besonders bei jungen Menschen rasch wechselnd und fluktuierend. Der Wunsch nach dem Anderen, nach einem regressiven Gehaltenwerden, wechselt schnell mit dem Streben nach Unabhängigkeit oder der Vernichtung des Anderen. Der Therapeut wird dabei als Übertragungsperson, aber auch als reale Person angesprochen. Er soll verstehen und nicht verstehen, Grenzen setzen und das Ringen um Freiheit tolerieren. Er wird geliebt und gehasst, kontrolliert und losgelassen. Entwicklung umfasst intrapsychische, interpersonale und kollektive Aspekte, die der sich schützende und um Eigenständigkeit ringende Jugendliche mit uns prüfen will.

Wenn es stimmt, dass sich in den Kreismodellen der Beziehungsachse vieles zeigt, was im therapeutischen Raum zwischen uns und unseren Patienten stattfindet, dann wäre die Beziehungsachse nicht nur ein hervorragendes Instrument der Reflexion, sondern auch ein hilfreiches diagnostisches Instrument zur Beschreibung von wechselseitigen Prozessen, die wir in den Beziehungsdynamiken zwischen unseren Patienten und uns zu verstehen versuchen. Man kann sich natürlich kritisch fragen, ob die Beziehungsachse uns nur das sagt, was wir ohnehin schon wissen. Vielleicht. Aber fast wichtiger ist, dass sie uns fragen lässt. Damit wäre dann weniger die Tatsache, dass wir gleichzeitig Teilnehmende und Beobachtende sind, ein Problem für die Operationalisierung: Sondern dass wir als Beobachtende in anderer, weil bewussterer Weise Teilnehmende sein können, könnte den therapeutischen Prozess positiv beeinflussen und der Reflexion des intersubjektiven Raums mithilfe der Beziehungsachse einen zusätzlichen Wert geben.

6.2 Modell des zyklisch-maladaptiven Beziehungsmusters (CMP)

Bastian Claaßen, Carola Cropp

Eine weitere Möglichkeit der Anwendung der OPD-KJ-2-Achse Beziehung ist das Modell des zyklisch-maladaptiven Beziehungsmusters (CMP, vgl. Tress, 1993; Tress et al., 1996). Das Modell basiert wie die Beziehungskreise der OPD-KJ-2 auf der Strukturalen Analyse Sozialen Verhaltens (SASB, Benjamin, 1974) und setzt daher eine mit der OPD-KJ-2 vergleichbare Erhebungsmethode voraus. Das CMP verbindet die Ursachen starrer Beziehungsmuster (frühe Beziehungserfahrungen) mit den diese Muster aktuell aufrechterhaltenden Bedingungen (Beziehungserwartungen und Beziehungsverhalten des Patienten). Es eignet sich daher sowohl zur Beziehungsdiagnostik als auch zur Psychotherapieplanung und zur Veränderungsmessung. Laut Tress und Hildenbrand (1993) resultiert therapeutische Veränderung daraus, dass sich der Patient oder die Patientin zunehmend der dysfunktionalen Beziehungsmuster inklusive des eigenen Anteils an der Aufrechterhaltung derselben bewusst wird. Unterstützt werde der Veränderungsprozess zusätzlich durch korrigierende Beziehungserfahrungen innerhalb der therapeutischen Beziehung.

Grundlage für die Formulierung eines zyklisch-maladaptiven Beziehungsmusters (CMP) sind verschiedene Beziehungssequenzen einer Person, die jeweils in objektgerichteten, subjektgerichteten und selbstbezüglichen Beziehungskreisen geratet werden. Die Beziehungssequenzen können entweder direkt beobachtet werden (z. B. innerhalb der therapeutischen Beziehung) oder aus Schilderungen des Patienten beziehungsweise seiner Bezugspersonen stammen. Wichtig für die Bestimmung des CMP sind vier Informationsaspekte, von denen zwei interpersonell beobachtbar sind, zwei weitere hingegen intrapsychische Prozesse betreffen, die sich teilweise nur erschließen lassen (vgl. Abbildung 47).

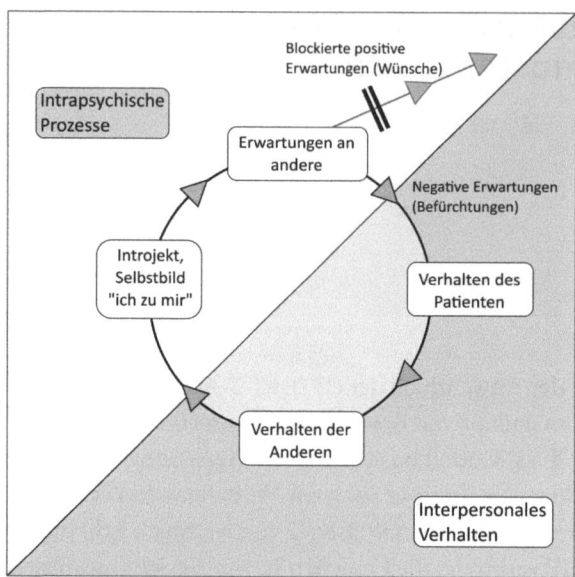

Abbildung 47

Die beiden interpersonell beobachtbaren Aspekte umfassen:
(a) das Verhalten des Patienten gegenüber anderen Personen,
(b) das Verhalten anderer Personen dem Patienten gegenüber.

Informationen hierzu können in der OPD-KJ-2 aus den subjekt- und objektgerichteten Beziehungskreisen des Patienten sowie der an den jeweiligen Beziehungssequenzen beteiligten Gegenüber entnommen werden. Sie sind daher relativ einfach zu ermitteln.

Die beiden intrapsychischen Prozesse betreffen:
(c) den Umgang des Patienten mit sich selbst und
(d) generalisierte Erwartungsstereotype bezüglich des Verhaltens anderer Personen dem Patienten gegenüber (blockierte Beziehungswünsche sowie negative Beziehungserwartungen und -befürchtungen).

Die Erfassung dieser Aspekte ist deutlich schwieriger, da die direkte Beobachtung als Datenquelle ausfällt und man sich nur auf die Schilderungen des Patienten oder der Patientin stützen kann. Durch Abwehrprozesse kann es bei diesen Schilderungen natürlich zu Verzerrungen kommen.

Der Umgang des Patienten mit sich selbst bildet sich im selbstbezüglichen Kreis der OPD-KJ-2-Beziehungsachse ab. Die generalisierten Erwartungsstereotype umfassen sowohl blockierte Beziehungswünsche als auch negative Beziehungserwartungen und -befürchtungen, die aus frühen Beziehungserfahrungen resultieren. Beide werden in der OPD-KJ-2-Achse Beziehung nicht explizit erfasst. Sie müssen daher zur Erstellung eines CMP zusätzlich erhoben werden. Dies kann erfolgen, indem bei der Schilderung von Beziehungsepisoden direkt danach gefragt wird (vgl. Kapitel 4.3: Berichtete Beziehungsepisoden). Im Fall der negativen Beziehungserwartungen können Patienten oft eine Antwort geben, da diese häufig bewusst oder bewusstseinsnah sind. Bezüglich der blockierten Beziehungswünsche kann eine Exploration hingegen schwieriger sein, insbesondere wenn diese stark abgewehrt werden. Gegebenenfalls ist es dann erforderlich, zunächst eine Hypothese aufzustellen, die indirekt aus dem therapeutischen Beziehungsgeschehen und dem Gegenübertragungserleben der Therapeutin oder des Therapeuten abgeleitet wird.

Komplementarität, Antithese und Komplexität

Wichtige Dynamiken in interaktionellen Prozessen zwischen zwei oder mehr Personen, die sowohl zum Verständnis eines CMP als auch für die therapeutischen Veränderungsprozesse genutzt werden können, sind die Phänomene der Komplementarität, der Antithese und der Komplexität (vgl. Tress et al., 1996).

Unter *Komplementarität* ist zu verstehen, dass die Aktion einer Person in der Regel eine Reaktion mit identischen Affiliations- und Interdependenzwerten zur Folge hat. Im Fall negativer Affiliationswerte kann dies allerdings einen destruktiven Teufelskreis in Gang setzen (auf Entwertung folgt Gegenentwertung etc.).

Mit dem Konstrukt der *Antithese* ist gemeint, dass die Aktion einer Person mit einer Reaktion, die gegensätzliche Affiliations- und Interdependenzwerte aufweist, beantwortet wird. Dadurch kann die Unterbrechung eines Teufelskreises eingeleitet werden. Es besteht allerdings gleichzeitig die Gefahr, dass sich die beziehungsinitiierende Person nicht ernst genommen fühlt und erst recht aggressiv reagiert oder die Beziehung abbricht (Shaurette-Prinzip, vgl. Tress, 1993). Im therapeutischen Kontext ist es daher laut Tress et al. (1996) oft effektiver, in Reaktion auf feindselige Verhaltensweisen von Patienten nicht komplett gegensätzlich zu reagieren, sondern eine Kombination aus einer nahezu komplementären Reaktion (mit noch negativen Affiliationswerten) und einem etwas positiveren Beziehungsangebot zu wählen.

Die *Komplexität* von Beziehungsverhalten entspricht den sogenannten Double-Bind-Botschaften. Darunter fallen zum Beispiel Aussagen, in denen widersprüchliche affektive Qualitäten gleichzeitig übermittelt werden.

Das innere Modell früher Bezugspersonen

In einer Erweiterung des CMP werden zusätzlich zu dem maladaptiven Zirkel auch dessen Entstehungsbedingungen (Erfahrungen mit den frühen Bezugspersonen) dargestellt (vgl. Tress et al., 1996). Dieses »innere Modell früher Bezugspersonen« (vgl. Abbildung 48) wirkt sich wie folgt auf die verschiedenen Aspekte des CMP aus:

- Das Verhalten der frühen Bezugspersonen gegenüber dem Patienten beeinflusst zum einen dessen Beziehungswünsche und -erwartungen. Im Fall negativer Beziehungserfahrungen führen diese oft zu stark wirksamen negativen Erwartungen und Befürchtungen (»Andere behandeln mich aktuell so, wie ich früher von meinen Bezugspersonen behandelt wurde«). Tress et al. (1996) bezeichnen diesen Prozess als »Internalisierung«. Die generalisierten Erwartungsstereotype spielen dann eine wichtige Rolle bei der Aufrechterhaltung des CMP, sie können quasi als »Motor der Beziehungspsychopathologie« (Tress et al., 1996) verstanden werden: Die blockierten Beziehungswünsche motivieren im Sinne einer Beziehungssehnsucht immer wieder dazu, Kontakt zu anderen Personen aufzunehmen und sich nicht völlig zu isolieren. Die negativen Beziehungserwartungen wirken sich allerdings auf die Art des gestalteten Kontakts aus und befördern nicht selten, dass das Gegenüber sich im Sinne einer sich selbst erfüllenden Prophezeiung erwartungskonform (frustrierend) verhält.
- Das Verhalten der Bezugspersonen kann sich zusätzlich auch direkt auf das Verhalten des Patienten auswirken, indem im Zuge einer »Identifikation« das Verhalten der frühen Bezugspersonen übernommen wird (»Ich verhalte mich so, wie sich früher meine Bezugspersonen verhalten haben«).
- Das im selbstbezüglichen Kreis erfasste Beziehungsverhalten bezeichnen Tress et al. (1996) schließlich als »Introjekt«. Es spiegele die generalisierte Erwartungshaltung anderer Menschen wider, die eine Person auf sich selbst anwende (»Ich behandele mich so, wie ich früher von meinen Bezugspersonen behandelt wurde«). Im Fall dysfunktionaler Beziehungsmuster stelle diese eine pathologische Beziehungserwartung dar, die sich aufrechterhaltend auf die Dysfunktionalität von Beziehungsmustern sowie auf die Symptomatik von Patienten (z. B. Selbstentwertungen bei depressiven Störungen) auswirke. Tress et al. (1996) halten die Bearbeitung des selbstbezüglichen Beziehungskreises für eine zentrale Aufgabe in psychotherapeutischen Behandlungen. Auch unsere klinischen Erfah-

rungen weisen darauf hin, dass das im selbstbezüglichen Kreis abgebildete Beziehungsverhalten am stabilsten und veränderungsresistentesten ist (siehe Fallbeispiel Linus in diesem Kapitel). Gleichzeitig geht auf Basis unserer Beobachtungen eine Flexibilisierung dieses Beziehungsverhaltens mit einer schnelleren Klärbarkeit von interpersonellen Konflikten im aktuellen Beziehungsgeschehen einher.

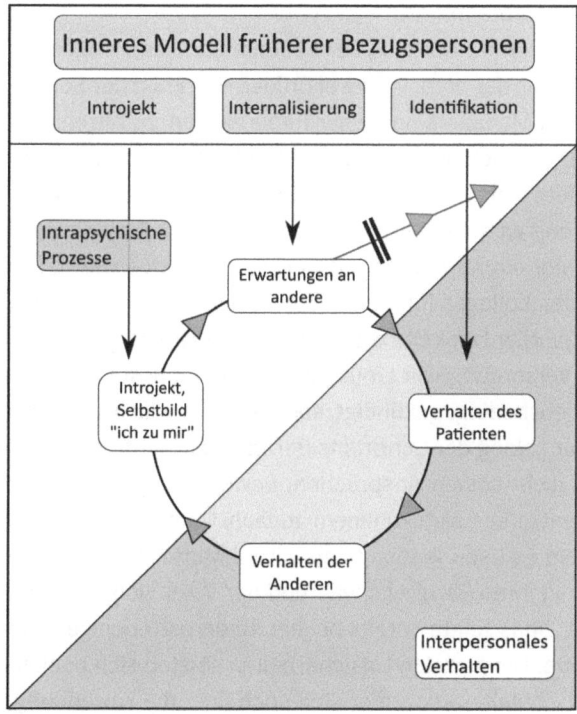

Abbildung 48

Fallbeispiel: Linus, 17 Jahre

Linus ist ein überdurchschnittlich begabter, schmächtiger Jugendlicher, der im ersten Kontakt etwas Ängstliches ausstrahlt; gleichzeitig umgibt ihn eine »Aura des Besonderen und Interessanten«. Er stellt sich aufgrund von schweren sozialen Ängsten – insbesondere Beschämungsängsten – und einer schweren depressiven Störung zur stationären Psychotherapie vor. Als besonders belastend beschreibt er Stimmungsschwankungen und Störungen in der Beziehungsgestaltung mit Gleichaltrigen und Erwachsenen. So befürchte er Beschämung, insbesondere Entwertungen und Demütigungen, durch andere. Gleichzeitig könne er anderen gegenüber ebenfalls sehr entwertend, abfällig und demütigend sein, was ihm hinterher leidtue und ihn beschäme. In Ausnahmezuständen komme es zu aggressiven verbalen Attacken oder auch zum Zerstören von Gegenständen. In der Schule sei ihm, auch aufgrund von häufigen Schulwechseln, die soziale Integration nicht geglückt. Er berichtet von Ausgrenzung und Mobbingerfahrungen. Nach längerem schulvermeidendem Verhalten sei er seit zwei Jahren gänzlich nicht mehr in der Lage gewesen, die Schule zu besuchen. Stattdessen habe er viel Zeit im Internet, mit PC-Spielen oder dem Konsum von Alkohol und Cannabis zugebracht.

Zum familiären Hintergrund und aus der Lebens- und Familiengeschichte war zu erfahren, dass Linus der erste von zwei Brüdern ist. Er ist der Sohn eines bei Geburt erfolgreichen Managers und einer fürsorglichen, zu Altruismus neigenden Lehrerin. Bei Linus' Geburt setzte die Mutter ihren Beruf zugunsten der Familie aus und widmete sich ganz der Betreuung ihres Kindes. Linus war ein sehr ängstliches und eng an seine Mutter gebundenes Kind. Als er zwei Jahre alt war, wurde dem Vater ein Karriereschritt in seiner Firma verwehrt, was zu Streit und Unmut mit den Kollegen führte. Bei der Geburt des zweiten Kindes (in Linus' drittem Lebensjahr) entwickelte die Mutter eine postpartale Depression, sodass der Vater die Versorgung von Linus übernehmen musste. Kurz darauf wurde dem Vater betriebsbedingt gekündigt, sodass die Familie in existenzielle Nöte geriet. Dem Vater gelang der Schritt ins Berufsleben seitdem nicht mehr. Die Firmen genügten nicht seinen Ansprüchen, Bewerbungsgespräche scheiterten. Das Ehepaar entschied sich zu einem zunächst befristeten familiären Rollenwechsel, bei dem es dann jedoch blieb. Linus' Mutter stieg erfolgreich vollberufstätig wieder in ihren Beruf ein, während der Vater sich um Haushalt und Kinder kümmerte. Linus zeigte bereits bei der Kindergarteneingewöhnung starke Trennungsängste. Die sozialen Unsicherheiten setzten sich auch in der Schule fort. Im Grundschulalter konnte er sich noch über die Zuwendung von Lehrern stabilisieren, ab der weiterführenden Schule geriet er jedoch zunehmend in die Außenseiterposition und erfuhr starke Ausgrenzung. Parallel hierzu kam es zwischen den Eltern zunehmend zu Konflikten, die geprägt waren von gegenseitigem Neid, Schuldvorwürfen und Entwertungen. Linus' Vater delegierte eigene Leistungsansprüche immer stärker auf seine Söhne. In der Folge kam es zwischen Linus und seinem Vater – insbesondere im Zuge des Schulversagens – zu heftigen Auseinandersetzungen.

Diagnostisch gingen wir nach OPD-KJ-2 (Arbeitskreis OPD-KJ-2, 2013) initial von dem Konflikt Unterwerfung versus Kontrolle sowie von einem Selbstwertkonflikt bei eingeschränkt bis gering integriertem Strukturniveau aus. Im therapeutischen Prozess zeigte sich allerdings zunehmend ein darunter liegender depressiver Grundkonflikt im Sinne des OPD-KJ-2-Konflikts Selbstversorgen versus Versorgtwerden.

Im Folgenden wird die Verwendung der Beziehungsachse zur Erstellung eines CMP anhand mehrerer Beziehungsepisoden, die zu Beginn der Behandlung aufgetreten sind, ausführlicher dargestellt, auch unter Zuhilfenahme grafischer Vergleiche der verschiedenen Sequenzen.

Erste diagnostische Beziehungssequenz: Oberarztvisite

Linus kritisiert die Behandlung und stellt die Rahmenbedingungen infrage. Er wolle an den Belastungswochenenden mehr Übernachtungen zu Hause zugesprochen bekommen, die von uns angeordneten Reflexionsgespräche mit den Bezugserziehern brächten ihm nichts, die anderen Jugendlichen seien alle nicht sein Fall, mit denen lohne sich der Kontakt gar nicht. Außerdem wolle er nicht mehr an der Theatergruppe teilnehmen. Auf die verwunderte Nachfrage des Oberarztes, dass er sich doch sehr für die Teilnahme an der Gruppe eingesetzt habe, antwortet Linus patzig: »Da habe ich mich halt geirrt. Das ist nichts für mich.« Vorschläge, zumindest noch ein bis zwei Termine wahrzunehmen, bevor er eine endgültige Entscheidung treffe, lehnt er vehement ab. Das sehr bestimmende, aggressive und vorwurfsvolle bis entwertende Auftreten löst beim Oberarzt in der Gegenübertragung das Gefühl, missachtet, entwertet und unter Druck gesetzt zu werden, aus. In ihm taucht der Gedanke auf: »Er kann ja auch gehen, wenn es ihm hier nicht gefällt!« Linus wird damit konfrontiert, dass er mit seinem Verhalten nicht nur die Behandlung, sondern auch die Mitarbeitenden des Teams entwerte. Linus reagiert zunächst weiterhin wütend. Daraufhin meldet der Oberarzt Linus zurück, dass wir so nicht mit uns umgehen ließen und dass er sich durch sein Verhalten auf eine mögliche Entlassung zubewege. Linus fordert erneut, von der Theatergruppe befreit zu werden. An dieser Stelle kippt aber die Stimmung. Linus wirkt plötzlich vorsichtiger, ängstlicher, und der initial fordernde Ton erhält einen hilflosen Unterton. Auf unsere Frage, wie es nun weitergehen könne, lässt sich miteinander vereinbaren, dass Linus zunächst mit dem Leiter der Theatergruppe ein klärendes Gespräch führt und wir dann gemeinsam entscheiden, ob er weiterhin an der Gruppe teilnehmen muss. Im Nachhinein teilt uns eine Kollegin des Pflege- und Erziehungsdienstes (PED) mit, dass Linus direkt nach seiner Visite auf sie zugekommen sei und ein Reflexionsgespräch eingefordert habe. Darin sei er sehr offen gewesen. Dadurch erfahren wir, dass Linus panische Angst vor der Theatergruppe hatte, dies aber aufgrund von Unsicherheit und Scham nicht sagen konnte.

In Abbildung 49 ist die entsprechende Beziehungssequenz kodiert. Linus begegnet dem Gegenüber vor allem »bestimmend/kontrollierend« (A1.5), »vorwurfsvoll entwertend« (A1.6) und »aggressiv-feindselig« (A1.7). Das löst beim Gegenüber vor allem »Unzufriedenheit/sich unter Druck fühlen« (B2.6), »sich missachtet fühlen und Widerwillen empfinden« (B2.7) aus mit einer deutlichen Tendenz zu »missmutig sich verschließend« (B2.8),

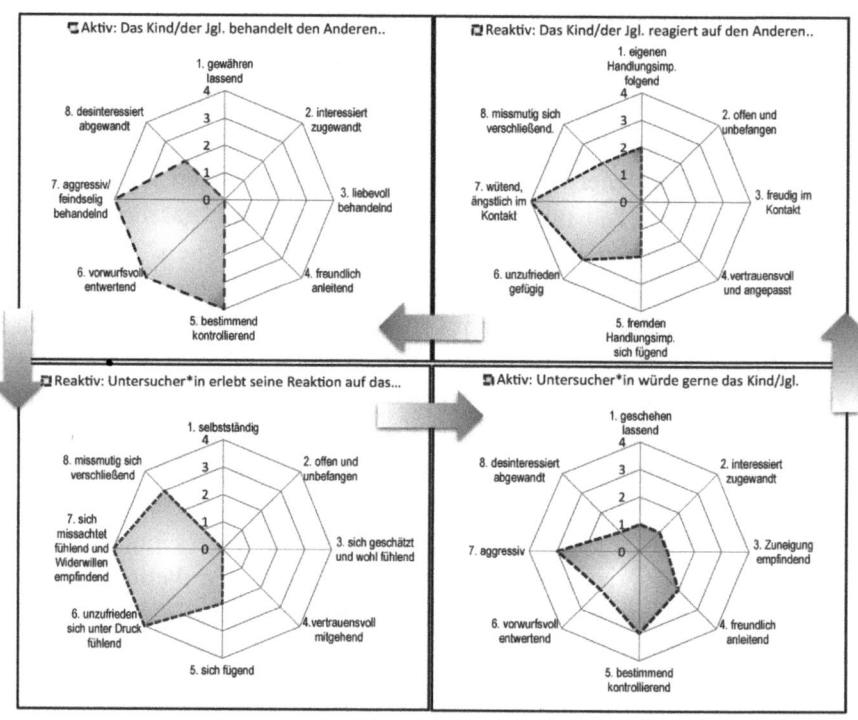

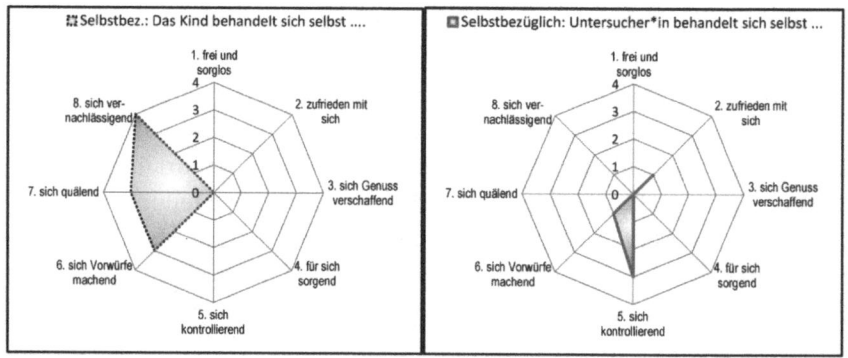

Abbildung 49

aber auch »sich fügend« (B2.5). Das Gegenüber begegnet Linus wiederum »freundlich anleitend« (B1.4) und initial »Zuneigung empfindend« (B1.3); im weiteren Verlauf des Gesprächs aber zunehmend »bestimmend/kontrollierend« (B1.5), »aggressiv« (B1.7) und etwas »vorwurfsvoll entwertend« (B1.6). Darauf reagiert Linus zunächst »wütend« (A2.7), später zunehmend »ängstlich« (ebenfalls A2.7) im Kontakt, »unzufrieden gefügig« (A2.6), »missmutig sich verschließend« (A2.8) und »sich Fremdem fügend« (A2.5). Mit sich selbst geht Linus »vernachlässigend« um (A3.8), er »quält sich« (A3.7) und »macht sich Vorwürfe« (A3.6).

Zweite diagnostische Beziehungssequenz: Gruppenpsychotherapie

Die Jugendlichen beschäftigen sich in der Gruppensitzung mit einem aktuellen Konflikt, der sich auf einen Streit um den Fernsehraum am vorherigen Abend bezieht. Ein Teil der Jugendlichen hatte den Fernsehraum dominiert, sich mit seinen Programmwünschen durchgesetzt, woraufhin der andere Teil der Jugendlichen im Nebenraum so laut die Musik aufdrehte, dass die »Fernsehgruppe« stark gestört wurde. Es kommt in der Gruppensitzung zu einem Schlagabtausch zwischen Linus und einer Mitpatientin. Linus macht sich über das Fernsehprogramm des gestrigen Abends lustig und entwertet darüber seine Mitpatienten. Dies melden ihm die anderen Gruppenmitglieder zurück und konfrontieren ihn mit seinem entwertenden, abschätzigen und hochnäsigen Ton und Verhalten. In der Folge entwertet und beleidigt Linus die anderen Jugendlichen noch stärker.

In Abbildung 50 ist die entsprechende Beziehungssequenz kodiert. Linus begegnet den anderen Jugendlichen »vorwurfsvoll entwertend« (A1.6), »aggressiv-feindselig« (A1.7), »bestimmend/kontrollierend« (A1.5) und »desinteressiert abgewandt« (A1.8). Die anderen Jugendlichen reagieren hierauf hauptsächlich »unzufrieden/sich unter Druck fühlend« (B2.6), sie fühlen sich »missachtet« und reagieren mit »Widerwillen« (B2.7), »missmutig sich verschließend« (B2.8). Sie begegnen Linus »desinteressiert abgewandt« (B1.8), »aggressiv-feindselig« (B1.7) und »vorwurfsvoll entwertend« (B1.6), worauf Linus »wütend« (A2.7) und »missmutig sich verschließend« (A2.8) reagiert. Mit sich selbst geht er wiederum »vernachlässigend« (A3.8) um, er »quält sich« (A3.7) und »macht sich Vorwürfe« (A3.6).

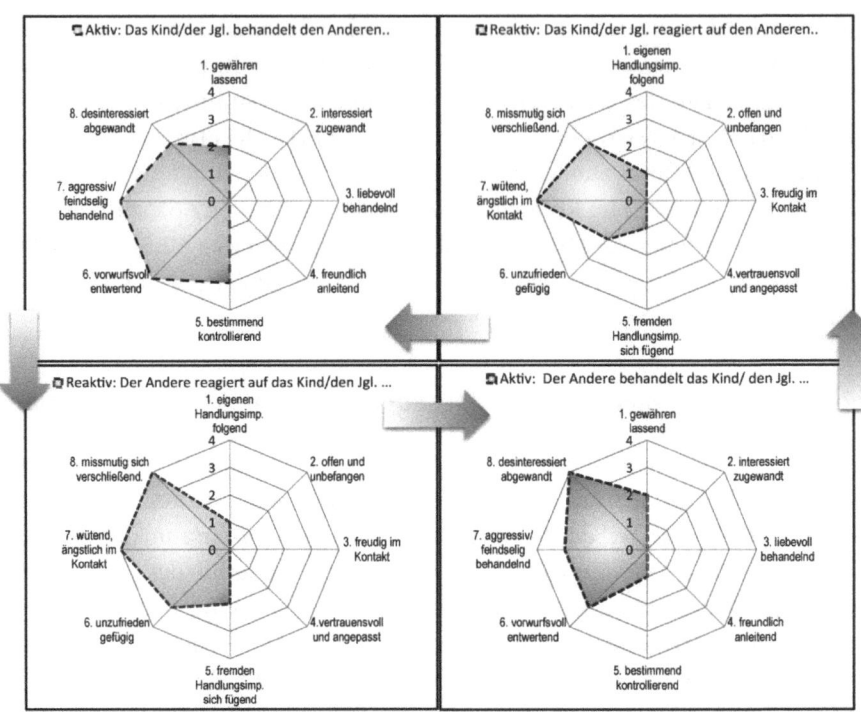

Abbildung 50

Dritte diagnostische Beziehungssequenz: Stationsleitergespräch

Abbildung 51 stellt die Beziehungssequenz eines Stationsleitergesprächs dar. Grund für das Gespräch war ein zuvor aufgetretener Konflikt mit einem Kollegen des Pflege- und Erziehungsdienstes (PED), nachdem dieser Linus gegenüber nach einem Regelverstoß eine pädagogische Konsequenz ausgesprochen hatte. Linus entwertete und beleidigte den Mitarbeiter, verhielt

| Bastian Claaßen, Carola Cropp

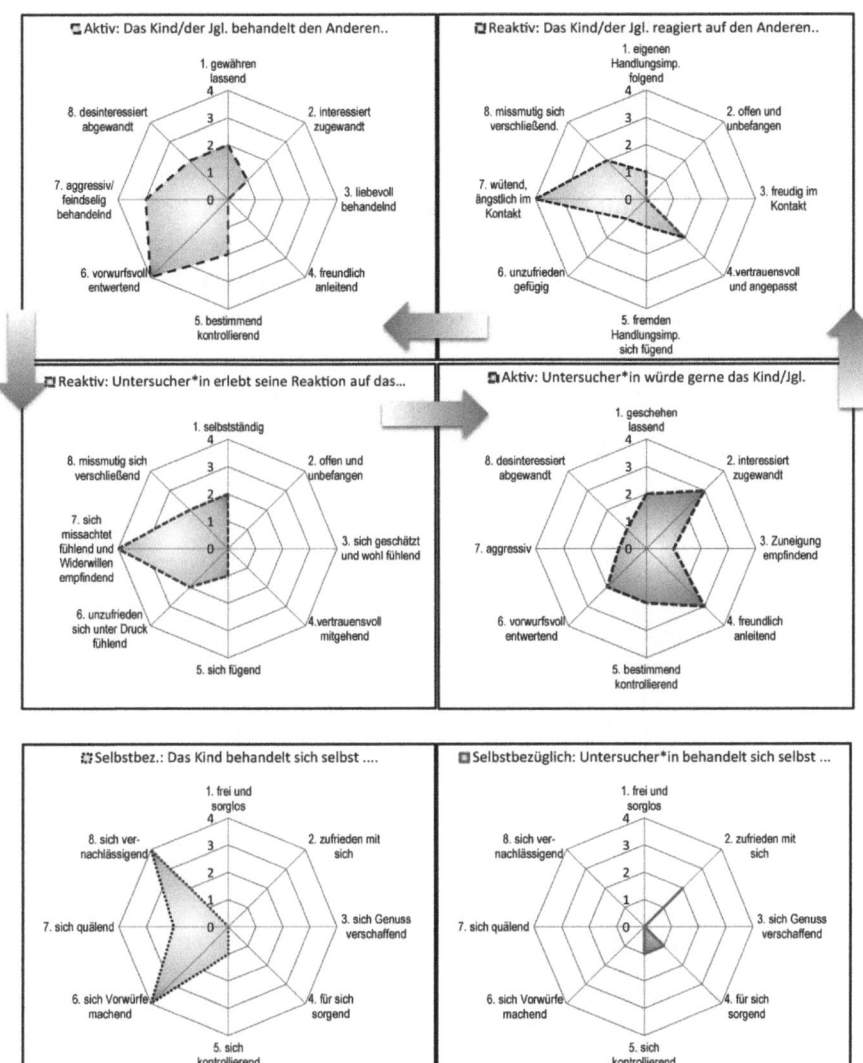

Abbildung 51

sich patzig. Im aktuellen Stationsleitergespräch wird Linus mit seinem Verhalten konfrontiert, und es wird eine disziplinarische Abstandsbeurlaubung angeordnet. Er soll sich zudem bei dem Kollegen entschuldigen. Linus reagiert mit Unverständnis. Die pädagogischen Entscheidungen des Teams seien inadäquat und übertrieben, die Stationsregeln nicht nachvollziehbar und nutzlos. Linus empört sich zudem über das Verhalten des Mitarbeiters. Dieser habe ihm gesagt, er könne ja gehen, wenn ihm die Regeln nicht passten.

Daher sehe er überhaupt nicht ein, weshalb er sich bei dem Mitarbeiter entschuldigen solle. Linus' Auftreten und Verhalten lösen beim Stationsleiter und bei dem begleitenden Erzieher zunächst Ärger und Resignation aus. Linus scheint nicht erreichbar. Gleichzeitig wird in der Empörung über den Mitarbeiter auch Linus' Kränkung und Enttäuschung sichtbar. Der Stationsleiter konfrontiert Linus mit dessen Verhalten im »Hier und Jetzt« und bemüht sich um eine Klärung der Konfliktsituation. Dabei zeigt er einerseits klar den Behandlungsrahmen auf, signalisiert aber auch Interesse an einer weiteren therapeutischen Zusammenarbeit und an einem besseren Verständnis solch

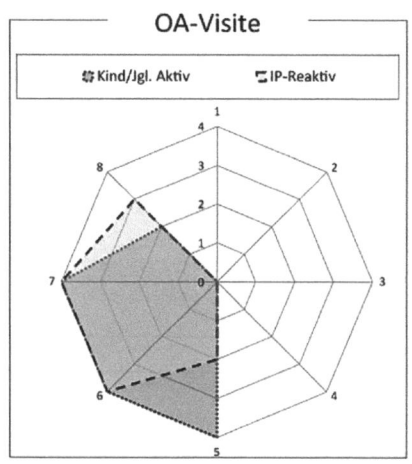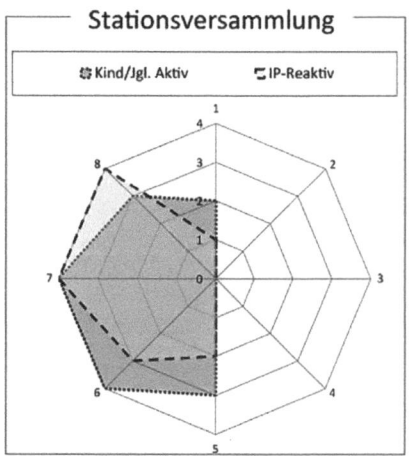

Abbildung 52

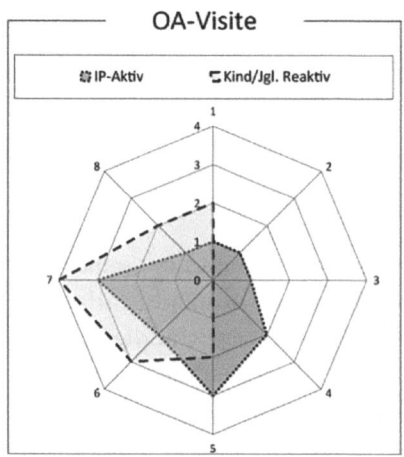

Abbildung 53

| Bastian Claaßen, Carola Cropp

eskalierender Situationen. Er bietet Linus Unterstützung dabei an, Wege des Ausstiegs aus solchen destruktiven Beziehungsdynamiken zu finden. Linus muss in den disziplinarischen Abstand fahren und sich bei dem Mitarbeiter entschuldigen. Gleichzeitig wird er ermutigt, auch seine Enttäuschung und seinen Ärger bezüglich des Verhaltens des Mitarbeiters ins Gespräch mit diesem zu bringen. Am Ende kippt die Stimmung. Linus zeigt sich kooperativer und entschuldigt sich sogar für sein Verhalten im Gespräch.

Die ersten drei Beziehungssequenzen stammen aus den ersten Wochen der stationären Behandlung und sind in den Abbildungen 52–54 noch einmal grafisch im Vergleich dargestellt.

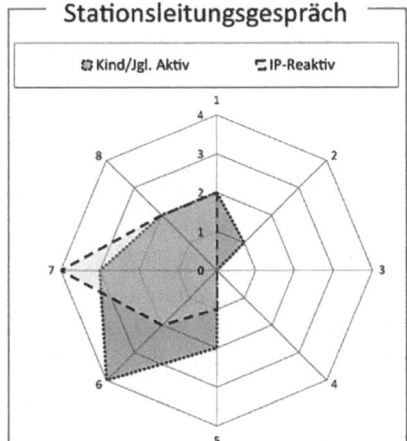

Aus Abbildung 52 ist erkennbar, dass Linus' Beziehungsangebot sich in den drei Sequenzen kaum unterscheidet. Es spannt sich fast ausschließlich in der linken Hälfte des Beziehungskreises (negative Affiliation) auf. Die Reaktionen der jeweiligen Gegenüber auf Linus' Beziehungsangebot sind komplementär und decken ähnliche Flächen im Beziehungskreis ab.

Etwas mehr Varianz ist in den Beziehungsangeboten der Gegenüber sichtbar (vgl. Abbildung 53). Während die Patientengruppe ein Linus' Verhalten komplementäres Beziehungsangebot macht und damit seine negativen Beziehungserwartungen bestätigt (Stationsversammlung), haben die Beziehungsangebote des Stationsleiters und des Oberarztes auch Ausschläge in die rechte Hälfte des Beziehungskreises (positive Affiliation). Im Stationsleitergespräch gelingt es Linus sogar ein wenig, selbst mit positiven Affiliationswerten zu reagieren (vertrauensvoll angepasst, A2.4). In

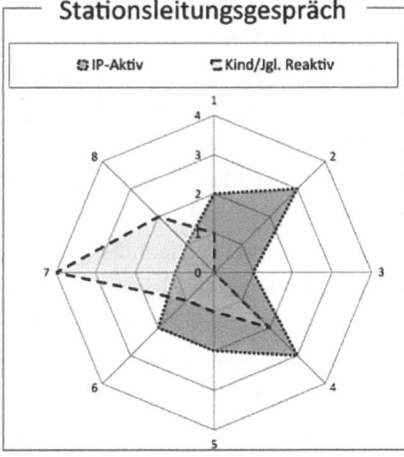

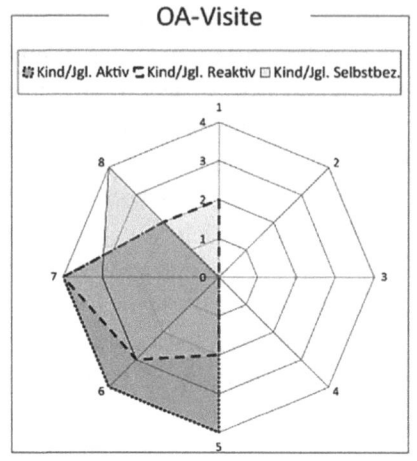
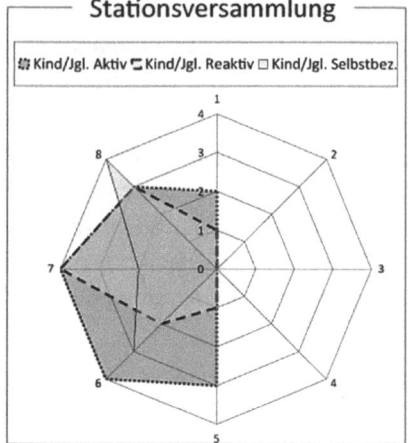

Abbildung 54

den beiden anderen Beziehungssequenzen bleibt er hingegen reaktiv in seinem (negativen) Beziehungsmuster verhaftet. Auch hier zeigt sich somit bei Linus ein relativ rigides Beziehungsverhalten.

Die Starrheit des Beziehungsverhaltens wird auch in Abbildung 54 noch einmal sehr deutlich, in der ausschließlich Linus' Beziehungsverhalten dargestellt ist. Sowohl das subjektgerichtete als auch das objektgerichtete Beziehungsverhalten von Linus und auch sein selbstbezüglicher Umgang spannen sich nahezu ausschließlich im Bereich der negativen Affiliation auf.

In dem aus diesen drei Beziehungssequenzen abgeleiteten CMP-Modell (Abbildung 55) stellt sich das zyklisch-maladaptive Beziehungsmuster von Linus wie folgt dar: Linus begegnet anderen »aggressiv-feindselig« (A1.7), »vorwurfsvoll entwertend« (A1.6), »bestimmend, kontrollierend« (A1.5) und »wütend« (A2.7) (Informationen aus dem objektgerichteten und subjektgerichteten Kreis des Jugendlichen). Das Gegenüber verhält sich daraufhin »aggressiv-feindselig« (B1.7), »wütend« (B2.7), »missmutig sich verschließend« (B2.8) und »unzufrieden gefügig« (B2.6) (Informationen aus dem objektgerichteten und subjektgerichteten Kreis des Gegenübers). Linus selbst »macht sich Vorwürfe« (A3.6), »quält sich« (A3.7) und »vernachlässigt sich« (A3.8) (Informationen aus dem selbstbezüglichen Kreis des Jugendlichen).

Aus dem Beziehungsgeschehen (unter Zuhilfenahme des Gegenübertragungserlebens) lassen sich für Linus folgende blockierte Beziehungswünsche sowie negative Beziehungserwartungen und -befürchtungen ableiten: »Ich wünsche mir, dass der Andere Interesse an mir hat (B1.2) und Zuneigung für mich empfindet (B1.3). Ich befürchte aber, dass der Andere

| Bastian Claaßen, Carola Cropp

Stationsleitungsgespräch

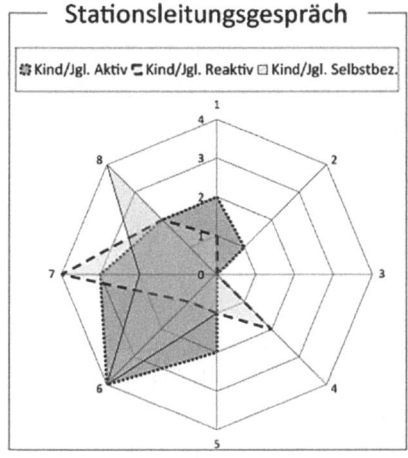

mich vorwurfsvoll entwertet (B1.6), mich aggressiv-feindselig behandelt (B1.7) oder Desinteresse zeigt und sich abwendet (B1.8).«

Als inneres Modell früher Bezugspersonen findet sich in der Biografie eine depressive Mutter, die Linus nach der Geburt des jüngeren Bruders im Stich lässt und vernachlässigt, sowie ein durch den eigenen beruflichen Abstieg narzisstisch gekränkter Vater, der seine Söhne als Selbstobjekte verwendet und Linus im Zusammenhang mit dem schulischen Versagen zuneh-

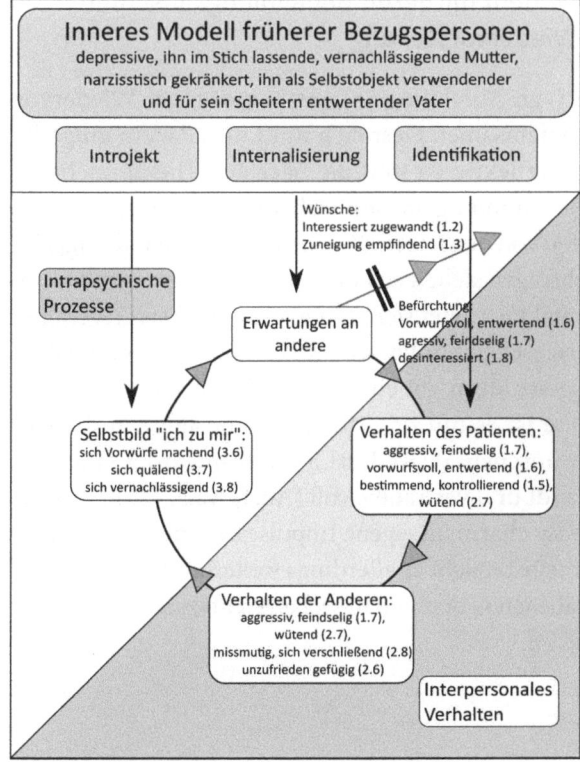

Abbildung 55

mend entwertet. In Abbildung 55 wird deutlich, dass sich Linus' negative Beziehungserwartungen (Internalisierung) und sein Umgang mit sich selbst (Introjekt) aus den Beziehungserfahrungen mit beiden Eltern zusammensetzen. Linus' Verhalten Anderen gegenüber (Identifikation) entspricht hingegen primär der Beziehungserfahrung mit seinem Vater.

Behandlungsverlauf

Im Folgenden werden zwei weitere Beziehungssequenzen aus dem mittleren und späteren Behandlungsverlauf beschrieben. Nach Darstellung der Veränderungen in der Beziehungsgestaltung über den Behandlungsverlauf fassen wir abschließend zusammen, welche therapeutischen Implikationen sich aus der initialen Beziehungsdiagnostik ergeben haben und wie diese im Therapieprozess umgesetzt werden konnten.

Beziehungssequenz aus dem mittleren Behandlungsabschnitt (nach drei Monaten): Wiedervorstellung

Die Beziehungssequenz (vgl. Abbildung 56) entstammt einer Wiedervorstellung, bei der es im gemeinsamen Gespräch mit Linus darum ging, die bisherige Behandlung zu reflektieren und die nächsten Therapieschritte gemeinsam zu planen. Die Stimmung im Gesprächsverlauf ist entspannt und gelöst. Linus berichtet offen von den letzten Wochen seiner Behandlung, gibt dabei Freiraum, um Nachfragen stellen zu können, und bringt eigene Ideen ein (A1.2, A1.4). Der Kontakt gestaltet sich sehr angenehm. Das Gegenüber fühlt sich von Linus wertgeschätzt, folgt seinen Überlegungen gern (B2.3, B2.4), kann aber auch eigene Ideen gut einbringen (B2.2). Auf interessiert-zugewandte Fragen (»Wie ist es mit der Therapieambivalenz und zuvor geäußerten Entlassungswünschen?«) (B1.2, B1.3, B1.4) antwortet Linus entspannt, ebenfalls zugewandt und vertrauensvoll (A2.4, A2.3, A2.2). Gleichzeitig setzt er immer wieder charmant eigene Impulse bei Themen, die ihm wichtig sind (A1.4). Sich selbst macht er allerdings weiterhin Vorwürfe und quält sich (»Eigentlich habe ich ja noch nicht viel erreicht«, »Ich arbeite viel zu wenig mit«) (A3.6, A3.7).

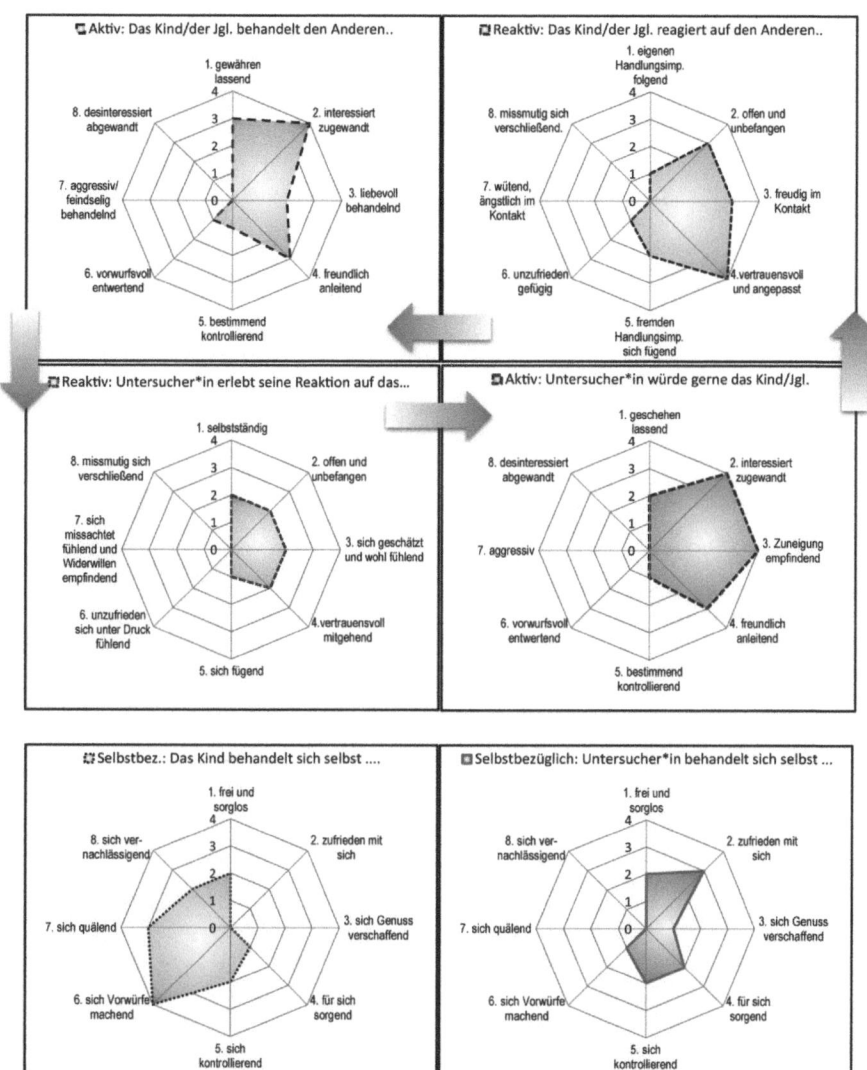

Abbildung 56

Beziehungssequenz aus dem letzten Behandlungsabschnitt (nach neun Monaten): letzte Wiedervorstellung vor der Entlassung

Atmosphäre und Gesprächsverlauf der letzten Wiedervorstellung vor der Entlassung (vgl. Abbildung 57) ähneln sehr der zuvor beschriebenen Wiedervorstellung. Linus berichtet interessiert und dem Team sehr zugewandt von seinen Therapiefortschritten, aber auch von den Schwierigkeiten, die er

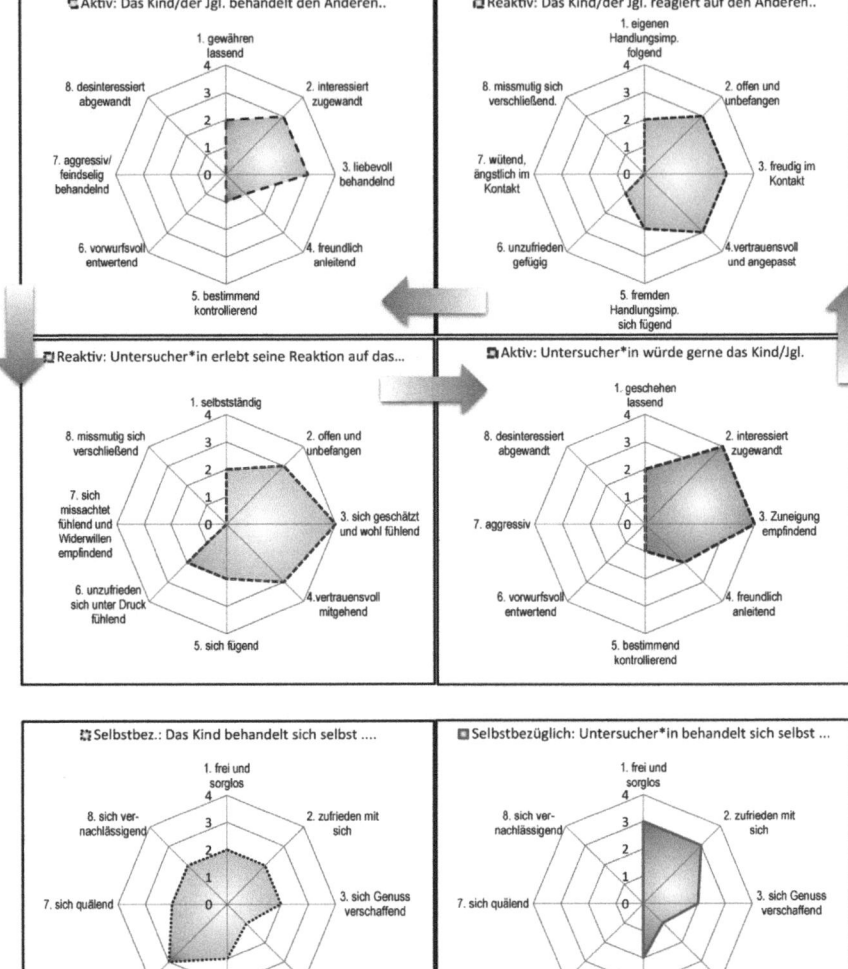

Abbildung 57

noch sehe (A1.2, A1.3). Sowohl über die die positive Entwicklung als auch über das positive und vertrauensvolle Beziehungsangebot entsteht Freude, sodass Linus' Überlegungen vertrauensvoll gefolgt wird, zugleich können vom Oberarzt offen und unbefangen eigene Impulse gesetzt werden (B2.3, B2.4, B2.2). Auf Zuneigung und zugewandtes Interesse an seiner Person (B1.3, B1.2) reagiert Linus freudig im Kontakt und vertrauensvoll angepasst, aber auch offen und unbefangen (A2.3, A2.4, A2.2). Auch mit sich selbst geht er jetzt weniger destruktiv um. Neben den Aspekten »sich Vorwürfe machend«, »sich quälend« und »sich kontrollierend« (A 3.6, A3.7, A3.5) zeigt er sich phasenweise auch »frei und sorglos« (A3.1), »zufrieden mit sich« (A3.2) und »sich Genuss verschaffend« (A3.3).

Vergleicht man Linus' Beziehungsverhalten vom Beginn der Behandlung (exemplarisch ist in den Abbildungen 58–60 jeweils die Oberarztvisite zu Beginn der Behandlung dargestellt) mit seinem Beziehungsverhalten im weiteren Behandlungsverlauf sind deutliche Veränderungen erkennbar (vgl. Abbildung 58). Schon nach drei Monaten zeigen sich in der Wiedervorstellung viel positivere Affiliationswerte in seinen Beziehungsangeboten. Dies setzt sich bis zum Ende der Behandlung fort. Als Konsequenz ist auch die Reaktion des Gegenübers von positiver Affiliation geprägt. Linus bekommt das, was er sich eigentlich vom Gegenüber wünscht.

Eine vergleichbare Veränderung ist auch im Hinblick auf das Beziehungsangebot des Gegenübers zu beobachten (vgl. Abbildung 59). Dieses ist nicht mehr nur in Ansätzen, sondern uneingeschränkt positiv. Im Gegensatz zu den ersten Beziehungssequenzen ist Linus nun auch in der Lage, dieses positive Beziehungsangebot anzunehmen und entsprechend komplementär zu reagieren.

Betrachtet man nur das Beziehungsverhalten von Linus (vgl. Abbildung 60), wird eine weitere Dynamik erkennbar: Während sich nämlich in der Beziehungsgestaltung zu Anderen bereits nach drei Monaten eine klare Veränderung im positiven Sinn abzeichnet, bleibt Linus' Umgang mit sich selbst (selbstbezüglicher Kreis) noch relativ unverändert. Im Gegensatz dazu ist in der letzten Wiedervorstellung auch in diesem Aspekt eine Veränderung sichtbar. Linus neigt zwar immer noch zu Selbstentwertungen (A3.6), kann aber auch partiell zufrieden mit sich sein und sich Genuss verschaffen (A3.2 und A3.3).

Wie konnten die Aufschlüsselungen der Beziehungssequenzen über die OPD-KJ-2-Beziehungsachse und das Übertragen in das CMP-Modell für die Therapie von Linus gewinnbringend genutzt werden? In der Annahme, dass therapeutische Veränderung aus dem sich entwickelnden Bewusstsein des Patienten für seine selbstschädigenden Muster und durch neue Erfahrungen in der therapeutischen Beziehung selbst entsteht (Tress et al., 1996), sahen wir unsere Aufgabe darin, Linus sowohl durch die Reflexion von Beziehungssequenzen als auch durch neue, sich von seinen bisherigen Erwartungen unterscheidende Beziehungsangebote dabei zu unterstützen, aus den dargestellten dysfunktionalen, zyklisch-maladaptiven Beziehungsmustern auszusteigen. Linus' Verhalten Anderen gegenüber war geprägt von

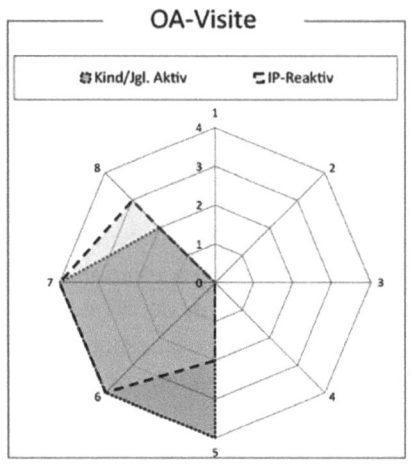
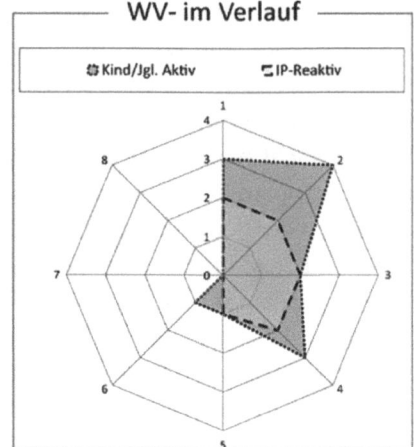

Abbildung 58

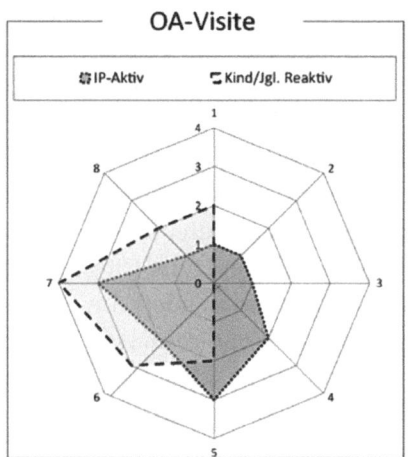
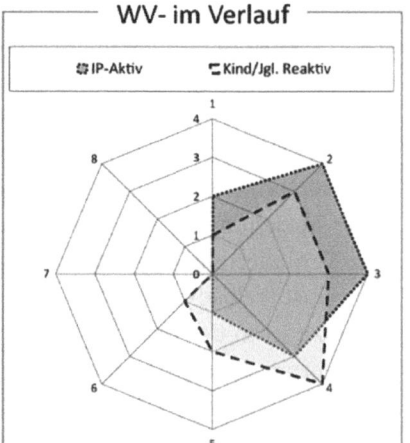

Abbildung 59

Aggressivität, vorwurfsvoller Entwertung und bestimmender Kontrolle, was eine entsprechende Gegenreaktion beim Gegenüber (auch bei uns) auslöste. Das CMP-Modell half uns dabei, diese zyklisch-maladaptiven Beziehungsmuster stärker und fokussierter in den Blick zu nehmen. Die in uns ausgelösten Gegenübertragungsgefühle und -impulse (selbst aggressiv, feindselig, vorwurfsvoll entwertend zu reagieren oder sich desinteressiert abzuwenden) bildeten sich im CMP-Modell sowohl im »Verhalten der Anderen« als auch in Linus' »negativen Beziehungserwartungen« ab. Diese zum Teil starken negativen Gegenübertragungsgefühle drängten aufgrund ihrer Hef-

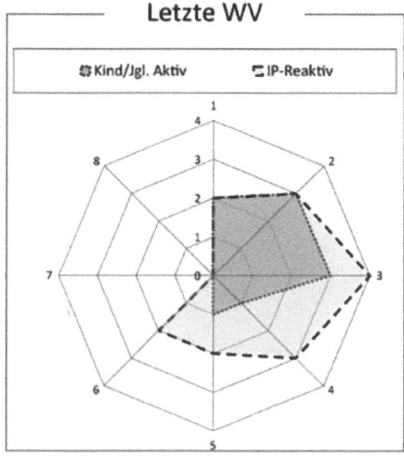

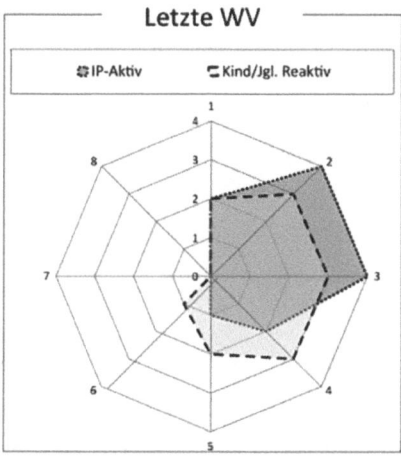

tigkeit meist die ebenfalls spürbaren positiven Gegenübertragungsgefühle (Zuneigung zu empfinden und sich Linus interessiert zuzuwenden) zur Seite, überlagerten sie. Wir gingen davon aus, dass es sich bei Letzteren um Linus' blockierte positive Beziehungswünsche handelte. Dieses Wissen (Einnehmen der Metaebene/Nutzen der therapeutischen Ich-Spaltung) erleichterte es uns in den Begegnungen mit Linus, die heftigen negativen Gefühle und Impulse zu containen, sie nicht auszuagieren, uns ihm weiterhin interessiert zuzuwenden und die initial ausgelöste Zuneigung aufrechtzuerhalten. Wir handelten also antithetisch zu Linus' Beziehungsangebot und unterbrachen damit das zyklisch-maladaptive Beziehungsmuster, das im Fall negativer Komplementarität unseres Verhaltens weiter aufrechterhalten worden wäre.

Allein durch antithetisches Verhalten hätte Linus sich aber vermutlich nicht ausreichend ernst genommen gefühlt (Shaurette-Prinzip). Wie von Tress et al. (1996) empfohlen, reagierten wir auf Linus' aggressives Beziehungsangebot (A1.7) mit einer Kombination aus »Vorwurf« (B1.6) und »freundlicher Anleitung« (B1.4). Wir konfrontierten ihn mit seinem Verhalten und dem, was er damit in uns auslöste (B1.6), leiteten ihn aber zugleich an, die Beziehungsdynamik zu verstehen, Neues auszuprobieren und Konflikte zu klären (B1.4) (vgl. Abbildung 49, Oberarztvisite, und Abbildung 51, Stationsleitergespräch). In einigen Sequenzen gelang uns dies direkt in der Situation, im »Hier und Jetzt«. Nicht selten kam es aber auch zu Mismatch-Situationen, die wir dann im Nachhinein im Sinne von »rupture-repair episodes« (Safran, Muran u. Eubanks-Carter, 2011)

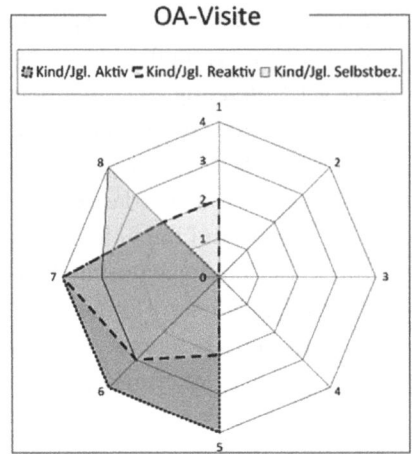

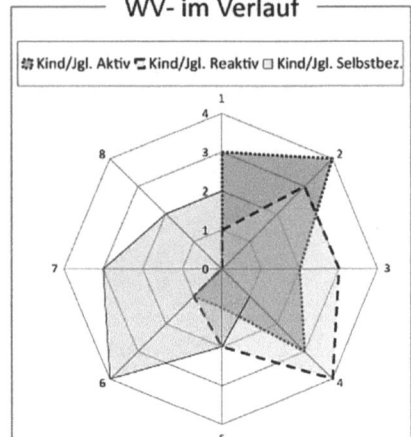

Abbildung 60

versuchten, mit Linus aufzulösen (vgl. Abbildung 51: Stationsleitergespräch zur Klärung des Konflikts mit einem Erzieher).

Die Bearbeitung des CMP bestand somit in wiederholten Reflexionen von maladaptiven Beziehungssequenzen (die insbesondere in der Jugendlichengruppe bis zum Schluss auftraten) sowie im Angebot einer alternativen Beziehungsgestaltung in der Einzelthe-

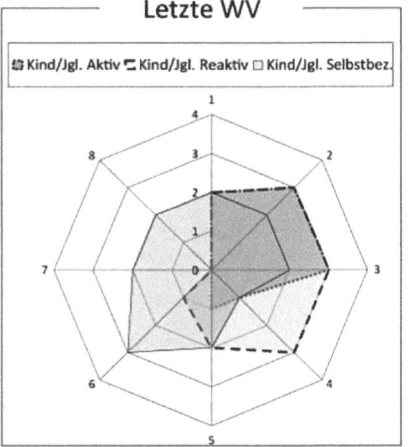

rapie und im Umgang mit dem therapeutischen Team. Im Verlauf der Behandlung gelang es Linus zunehmend, aus den maladaptiven Beziehungssequenzen auszusteigen, seinen Anteil daran zu erkennen und konstruktivere Beziehungssequenzen zu gestalten, was sich auch in den oben dargestellten Vergleichen über den Gesamtbehandlungsverlauf abbildet (vgl. Abbildungen 58–60). Über eine zunehmende Internalisierung neuer Beziehungserfahrungen zeigten sich kurz vor Ende der Behandlung sogar erste Veränderungen im selbstbezüglichen Kreis, also in seinem Umgang mit sich selbst (vgl. Abbildung 60). Damit einhergehend kam es auch kaum noch zu entgleisenden Interaktionen mit anderen. Linus konnte sich bei Provokationen des Gegenübers schneller distanzieren und Reflexionsgespräche mit dem Behandlungsteam zur Vorbereitung einer Konfliktklärung nutzen.

Bastian Claaßen, Carola Cropp

6.3 Konzept der gewollten und vermiedenen Beziehung nach Henry Ezriel

Karin Zajec

Henry Ezriel (1960) entwickelte aus einer objektbeziehungstheoretischen Sichtweise heraus eine Differenzierung zu Sigmund Freuds Überlegungen zur Übertragung. Mit seinem Konzept der gewollten Beziehung (»required relationship«[1]) und der vermiedenen Beziehung (»avoident relationship«) verdeutlichte er die konflikthafte Ambivalenz, die einer Beziehungsgestaltung zugrunde liegt. Dabei postulierte er als notwendige Grundlage einer therapeutischen Intervention oder Deutung, dass die befürchtete Katastrophe (»calamity«), die zu dieser Vermeidung führt, verstanden werden muss. Das folgende Kapitel soll zeigen, wie die Beziehungsachse der OPD-KJ-2 genutzt werden kann, um das Konzept von Ezriel in der therapeutischen Arbeit praktisch anzuwenden.

Das Rating des Interaktionsverhaltens anhand der verschiedenen Kreise der OPD-KJ-2-Beziehungsachse ermöglicht uns, einzelne Elemente der Beziehungsgestaltung differenziert wahrzunehmen. Anhand definierter Items können wir das beobachtbare Verhalten zweier Personen im Kontakt miteinander und mit sich selbst sowie das Reagieren dieser Personen aufeinander einschätzen. Dabei speist sich das aktuell beobachtbare Verhalten meist aus mehr oder weniger bewussten Wünschen und Befürchtungen der an der Interaktion Beteiligten. Das daraus resultierende Kommunikationsverhalten führt zu einer gemeinsamen *Beziehungsgestaltung*, die Räume eröffnen oder zu fixierten Positionen führen kann. Gleichzeitig verstehen wir die Beziehungsgestaltung als interpersonalen Raum, der beiden Personen gehört.

Eine Veranschaulichung der Komplexität von Kommunikation bietet auch das Modell der vier Ohren (Schulz von Thun, 1981), das vier Dimensionen einer Aussage beschreibt: Sachinhalt, Appell, Beziehung und Selbstoffenbarung. So beinhaltet beispielsweise die Aussage »Ich freue mich, dass du hier bist« folgende Aspekte:

---

1 Die englischen Bezeichnungen in Klammern entstammen dem Originaltext von H. Ezriel (1950, 1956).

- Sachinhalt: Deine Anwesenheit ist schön.
- Appell: Besuche mich öfter! (Wunsch: Komm wieder!)
- Beziehung: Du vernachlässigst mich (Befürchtung: Du kommst nicht wieder).
- Selbstoffenbarung: Ich bin einsam (Katastrophe: Ich bin verlassen).

Abbildung 61 stellt diese vier Aspekte der Aussage grafisch dar.

Abbildung 61

Wie schon in Kapitel 2 (Allgemeine Beschreibung der Beziehungsachse) dargelegt, enthält jede Kommunikation gemäß der Konzeption der Beziehungsachse drei Ebenen:
- Aktiv gestaltend: Was will der Sprecher beim Anderen bewirken?
- Reagierend: Wie betrifft den Sprecher das, was gesagt wurde, was löst es bei ihm aus?
- Selbstbezüglich: Wie geht der Sprecher mit sich selbst um, wie bezieht er sich auf sich selbst, was sagt die »exzentrische« Position[2] zum eigenen und fremden Verhalten?

Auf diesen drei Ebenen begegnen sich zwei Personen im *Wechselspiel* zueinander und in Bezug auf sich selbst. Henry Ezriel (1960, S. 508) betont in seinem Konzept die Wichtigkeit der Analyse dieses Wechselspiels, um zu verstehen, welche Bedeutung ein spezifisches Verhalten im Rahmen der Beziehungsgestaltung hat: »Man kann [...] wohl sagen, dass die Psychoanalyse eine Methode der Persönlichkeitsforschung mittels Untersuchung der Wechselwirkungen zwischen zwei (oder in der Gruppentherapie mehreren) Personen ist«.

---

2   Gleichsam aus der Position einer außenstehenden Person soll beurteilt werden, wie beispielsweise lobend oder strafend der Umgang mit sich selbst ist.

Mit der Beziehungsachse der OPD-KJ-2 werden quantitativ und qualitativ beziehungsgestaltende Elemente zweier Personen erfasst. Wenn wir die aktive und die reaktive Ebene des Kindes betrachten, können wir anhand dieser Beziehungskreise eine grobe Beschreibung der Perspektive des Kindes darstellen, wie es mit seinem Gegenüber umgeht und was es mit dessen Beziehungsangeboten anfangen kann. Um diese Beschreibung für eine therapeutische Interpretation nutzbar zu machen, bedarf es jedoch neben der reinen Beziehungsbeobachtung auch einer Konzeption von im Unbewussten wirksamen beziehungsgestaltenden Elementen. Ezriel (1960) erweiterte Sigmund Freuds genetischen Aspekt dessen, was in die Psychoanalyse eingebracht wird, darum, dass es sich nicht um historisches, sondern um verdichtetes Material handele. Diese Verdichtung entstehe in Abhängigkeit von der momentanen, aktuellen Situation des Patienten sowie seinen Möglichkeiten in der zurzeit bestehenden Lebenssituation. Dieses verdichtete Material trete beziehungsgestaltend im Sinne der Übertragung in die Beziehung zum Therapeuten ein. Nach Ezriel tritt Übertragung als Prozess in *allen* Lebensbeziehungen des Patienten auf, je nach Befriedigungsmöglichkeiten. Übertragung sieht er damit nicht als etwas, das sich allmählich in einer Behandlung oder als deren Ergebnis entwickelt, sondern als etwas, das im Bedürfnis der Person begründet ist und das mitunter dazu führt, sich überhaupt in Behandlung zu begeben. Dieses Bedürfnis kann sich auch in den Items der OPD-KJ-2-Achse Behandlungsvoraussetzungen abbilden (siehe Kapitel 5: Verbindungen zwischen der Beziehungsachse und den anderen Achsen der OPD-KJ-2).

Ezriel (1960, S. 509) schreibt: »Wenn jedoch dauernd eine Übertragung besteht, so kann man wohl annehmen, dass selbst das entlegenste Material immer auch eine Bedeutung für die augenblickliche Übertragung hat«. Daraus ergibt sich seinem Verständnis nach, dass es in einer psychoanalytischen Behandlung nicht primär um den archäologischen Aspekt – was gewesen ist – geht, sondern darum, was im »Jetzt und Hier«[3] wirksam ist und verstanden werden muss. Im Sinne von Freuds »seelischer Realität« erweisen sich angebliche Erinnerungen als Produkte der Phantasie, die dennoch psychologisch wertvoll sind, und diese liefern für Ezriel den Beweis, dass »die dynamische Quelle des manifesten Materials aus unbewussten Strukturen besteht, die keine Ansammlung von Erinnerungen an Geschehnisse, sondern komplexen Ursprungs sind und Verdichtungen teils richtiger, teils

---

3 J. Rickmann (1957) führte den Begriff des »Jetzt und Hier« in die psychoanalytische Literatur ein, um zu unterstreichen, dass es in der Behandlung vorwiegend um Kräfte geht, die zwischen Analytiker und Patient innerhalb der Sitzung wirksam sind.

entstellter Erinnerungen an tatsächliche Erlebnisse, teils bewusster (oder auch unbewusster) Phantasien darstellen« (Ezriel, 1960, S. 498). Grundsätzlich kann das manifeste Material unterschiedlich genutzt werden: »als Übertragungsmaterial – also als Ausdruck der Versuche des Patienten, gewisse Beziehungen jetzt und hier mit dem Analytiker aufzunehmen – oder als außerhalb der Übertragung liegendes Material – also als bloße Schilderung, als Bericht derzeitiger oder früherer Beziehungen zu anderen (sei es offen, sei es in verkleideter Form, in welcher der Patient selbst scheinbar überhaupt nicht vorkommt)« (Ezriel, 1960, S. 508). Dabei wird sich das weniger am Unbewussten interessierte Gegenüber eher an bewusstseinsfähigen Wünschen und Befürchtungen des Kindes orientieren und damit eher im Sinne einer Bedürfnisbefriedigung (und Stabilisierung) handeln, als deutend zu arbeiten.

Die OPD-KJ-2-Beziehungsachse ermöglicht uns eine strukturierte Einordnung und Beschreibung unserer Beobachtungen, ohne dass damit eine absolute Wahrheit abgebildet wird. Vielmehr stellt sie eine Möglichkeit dar, das, was wir wahrnehmen, zu verstehen (und damit zu deuten) und mitunter leichter zu bemerken, dass wir uns gerade irren. Sie unterstützt uns darin, uns in unseren Interpretationen näher am beobachtbaren Verhalten zu orientieren als an unserem Affekt. Darüber hinaus bietet sie eine Grundlage, sich mit den Motiven des Verhaltens auf bewusster wie unbewusster Ebene auseinanderzusetzen.

Gewollte und vermiedene Beziehung

Eine Möglichkeit, die Beziehungsgestaltung eines Patienten zu verstehen und damit zu interpretieren, liegt darin, den Blick auf die unbewussten Beziehungswünsche und -befürchtungen zu werfen, die seitens des Kindes/ Jugendlichen an den Therapeuten, an die Therapeutin herangetragen werden und die Beziehungsgestaltung maßgeblich mitbestimmen. Eine Grundlage hierfür bietet Ezriels Konzept der gewollten und vermiedenen Beziehung, in dem er Folgendes postuliert (Ezriel, 1960): In einer Beziehung werden von zwei Personen unterschiedliche Wünsche und Befürchtungen aneinander gerichtet. Dies führt zu einer Spannung, die in einer Beziehung Befriedigung oder Enttäuschung, Entwicklung oder Stillstand bewirkt. Diese Spannung ist für die Dynamik der Beziehungsgestaltung wichtig und damit in der Behandlung relevant. Ezriel betrachtet es dabei als wesentlich, sich in der Therapie mit dem Aufdecken von in der Vergangenheit entstandenen unbewussten konfliktbeladenen Strukturen zu beschäftigen, welche im

»Jetzt und Hier« in der Person wirksam sind: »Man kann die Übertragung daher mit Hilfe der Hypothese einer unbewussten Struktur erklären, die im gegebenen Augenblick in der Seele des Patienten wirksam ist« (Ezriel, 1960, S. 502). Diese unbewusste Struktur erzeuge eine Spannung oder ein Bedürfnis, das in der Beziehung zum Gegenüber eine Entlastung suche. Die seelische Ökonomie sei abhängig davon, ob angemessene Ventile für unbewusste Bedürfnisse in den Objektbeziehungen gefunden würden. Wenn die Möglichkeiten für die Befriedigung der Bedürfnisse, welche aus aufsteigenden Spannungen unbewusster Konflikte entstehen, nicht mehr ausreichen oder wenn diese zu widersprüchlich seien, komme es zur Symptombildung – beziehungsweise dann präge dies, welche Beziehung errichtet wird. Beziehungsgestaltung ist somit auch manifester Ausdruck unbewusster Konflikte und im Fall der gewollten Beziehung deren Abwehr. Hier ergibt sich ein Bezug zur Konfliktachse der OPD-KJ-2 (vgl. Kapitel 2: Allgemeine Beschreibung der Beziehungsachse, sowie Kapitel 5: Verbindungen zwischen der Beziehungsachse und den anderen Achsen der OPD-KJ-2).

Durch die Befriedigung gewisser Übertragungswünsche in Beziehungen kann ein seelisches Gleichgewicht hergestellt werden, und damit kann auch in der Psychotherapie zumindest für einige Zeit eine Stabilisierung erreicht werden. Eine andere Möglichkeit ist, den Übertragungswunsch im »Jetzt und Hier« zu verstehen, ihn in die therapeutischen Überlegungen einfließen zu lassen und ihn gegebenenfalls zu benennen. Damit veranlassen wir den Patienten zur Realitätsprüfung und schaffen so die Möglichkeit einer Auflösung.

Die »Weil«-Klausel

Um die Beziehung im »Jetzt und Hier« zu verstehen, bedarf es der Benennung von drei Objektbeziehungsvarianten, die miteinander in Zusammenhang stehen: Das Kind zeigt eine bestimmte Verhaltensweise, die begründet ist durch die von ihm gewollte Beziehung. Diese Beziehung ist gewollt, um damit eine

Das Kind zeigt eine Verhaltensweise	Gewollte Beziehung *required relationship*
vermeidet eine andere	Vermiedene Beziehung *avoidant relationship*
weil es die vermuteten Folgen der letzteren befürchtet	Die Katastrophe *(calamity)* die sich daraus entwickeln würde

Abbildung 62

andere Beziehung zu vermeiden, die das Kind der von ihm gefürchteten Beziehung näher bringen würde, *weil* es die vermuteten Folgen der Letzteren fürchtet und damit die Katastrophe, die sich daraus entwickeln würde, vermeiden will (vgl. Abbildung 62).

Um das Verhalten eines Patienten deutungsfähig zu machen, bedarf es der Bestimmung der *Katastrophe* und des *Weil*. Es reicht nicht aus, das Kind oder den Jugendlichen lediglich mit seinem Verhalten zu konfrontieren. Die reine Konfrontation führt häufig nur zur Beschämung. Es muss über die Weil-Klausel auch verstanden werden, was gewollt und was vermieden wird. Das Verstehen des »Weil« führt zu einer Entlastung und zur Benennbarkeit des Handlungsmotivs. Damit kann eine Realitätsprüfung eintreten und wird eine Auflösung möglich. Aus der quantitativen Darstellungsweise der Beziehungskreise allein können wir das allerdings nicht ablesen. Die Formulierung der »Weil«-Klausel wird erst möglich mit dem Wechsel von einem historisierenden psychodynamischen Verständnis, das die Lösung der Konflikte im »Dort und Damals« ansiedelt, zu einem Verständnis auf Basis der Objektbeziehungstheorie, in dem der Konflikt in der Beziehung zwischen Therapeutin und Kind im »Jetzt und Hier« liegt. Damit verlassen wir die Ebene der reinen Operationalisierung und nutzen die Ratings der OPD-KJ-2-Beziehungsachse weiterführend zur psychodynamischen Hypothesenbildung.

Fallbeispiel: Mira, 16 Jahre

Mira, die sich in stationärer jugendpsychiatrischer Behandlung befindet, führt ein Gespräch mit ihrer fallführenden Psychologin, nachdem sie zwei Tage abgängig war. Die Jugendliche kommt in einer feindseligen, aber gleichzeitig abwartenden Haltung zum Gespräch. Sie erzählt von sich aus kaum etwas. Dabei vermittelt sie: »Lass mich in Ruhe, ich will nicht mit dir reden!« (siehe Abbildung 63).

Mira stellt damit eine Situation her, in der die Psychologin sich missachtet und unzufrieden/unter Druck fühlt sowie eine Tendenz entwickelt, sich missmutig zu verschließen und das Gespräch am liebsten zu beenden, bevor es richtig begonnen hat (gewollte Beziehung, vgl. reaktiver Resonanzkreis in Abbildung 64).

Damit versucht Mira, das Gespräch möglichst kurz zu halten, zu vermitteln, dass sie schon allein zurechtkomme, und zu vermeiden, dass das Gegenüber ernsthaft Interesse an ihrem Befinden zeigt (vermiedene Beziehung). Sie befürchtet, wenn sie erzählen würde, warum sie weggelaufen ist, würde sie – wie anamnestisch häufig erfahren – nur auf Unverständnis des Gegenübers stoßen, würde sich dann aufregen, impulsiv werden (Beginn

Abbildung 63

Abbildung 64

der innerlich befürchteten Katastrophe). Die Psychologin wäre dann mehr mit ihrer Impulsivität und ihren Regelbrüchen beschäftigt als mit ihrer psychischen Verfassung, und die Jugendliche würde sich wieder missverstanden, allein und verlassen fühlen (Verlauf und Höhepunkt der Katastrophe).

Aus dem bisherigen Behandlungsverlauf war bereits bekannt, dass Mira ein sehr klares, aber auch sehr wohlwollendes Gegenüber benötigt, um in Kontakt zu kommen und um nicht in ein impulsives Ausagieren zu geraten, das als dysfunktionaler Versuch verstanden werden kann, ihre dahinterliegende Angst zu bewältigen. In der aktiven Resonanz der Psychologin dem Mädchen gegenüber stellt sich daher eine stark interessiert zugewandte, liebevolle, freundlich anleitende, aber auch bestimmende Haltung ein, welche diese in die Beziehung einbringen kann (siehe Abbildung 65).

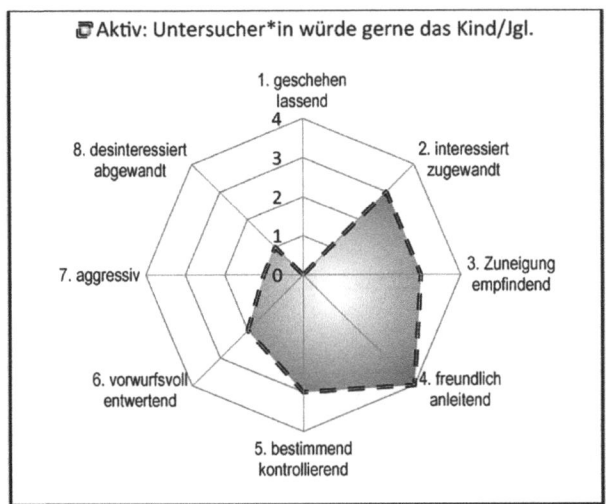

Abbildung 65

So konfrontiert die Psychologin das Mädchen auf einer handelnden Ebene mit dessen Befürchtung. Mira gelingt es, in Kontakt zu treten und nicht impulsiv zu werden, sie scheint nicht mehr die Sorge zu haben, dass die befürchtete Katastrophe eintritt. Dadurch, dass die Psychologin ihr sehr klar gegenübertritt, gleichzeitig aber auch ehrlich interessiert ist an den Gründen des Weglaufens und daran, wie es der Jugendlichen in den Tagen der Abgängigkeit ergangen ist, gibt Mira in ihrer Reaktion zwar zu verstehen, dass sie die nachfolgenden pädagogischen Konsequenzen (Verringerung der Ausgänge über einen gewissen Zeitraum) nur ungern akzeptiert, sie wirkt aber auch überrascht, dass keine »Moralpredigt« erfolgt oder eine frühzeitige Entlassung thematisiert wird. Mira wird im Kontakt deutlich offener und behandelt die Psychologin deutlich freundlicher (siehe Abbildung 66).

Trotz dieser positiven Beziehungssequenz gelingt es Mira allerdings auch in der Folgezeit kaum, in ähnlichen Situationen von sich aus offener in Kontakt zu treten. Da Mira deutliche strukturelle Defizite aufweist (eingeschränktes bis gering integriertes Strukturniveau), sind mehrfache Wiederholungen dieser emotional korrigierenden Erfahrung auf der Handlungsebene mit ver

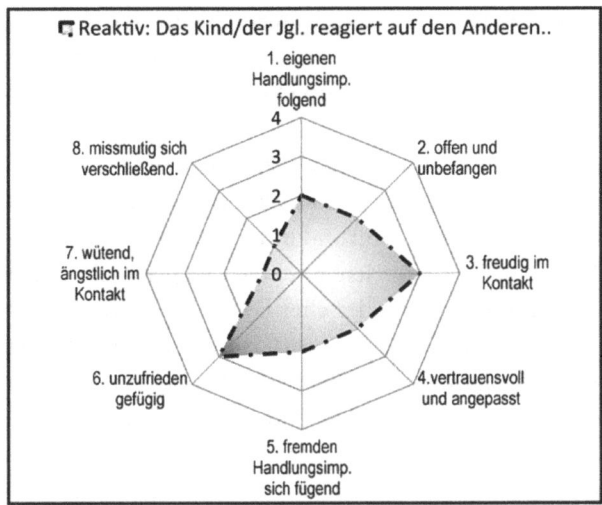

Reaktiv: Das Kind/der Jgl. reagiert auf den Anderen..

1. eigenen Handlungsimp. folgend
2. offen und unbefangen
3. freudig im Kontakt
4. vertrauensvoll und angepasst
5. fremden Handlungsimp. sich fügend
6. unzufrieden gefügig
7. wütend, ängstlich im Kontakt
8. missmutig sich verschließend.

Abbildung 66

schiedenen Personen erforderlich, bis die Beziehungsdynamik benennbar wird, mit Mira in gemeinsamen Gesprächen reflektiert werden kann und es schließlich zu einer zunehmenden Auflösung der befürchteten Katastrophe kommt. Dem geht ein intensiver Austausch im gesamten Behandlungsteam voraus, um sich in der Haltung gegenüber der Jugendlichen abzustimmen. Das Fallbeispiel zeigt, dass die Frage, wie sehr wir in der Behandlung befriedigend oder deutend und konfrontierend arbeiten können, nicht zuletzt auch vom verfügbaren Strukturniveau des Kindes oder Jugendlichen abhängt.

Beziehung gestaltet man gemeinsam

An dieser Stelle sei noch einmal explizit darauf hingewiesen: Wünsche und Befürchtungen bestehen in einer Beziehung immer auf beiden Seiten.

	Jugendlicher gegenüber dem Untersucher	Untersucher gegenüber dem Jugendlichen
Gewollte Beziehung *required relationship*	Forderung nach Lösungsvorschlag/ Entlastung	Jugendlicher = Hilfesuchender Untersucher = Experte
Vermiedene Beziehung *avoident relationship*	Eigene Anteile, Gefühle der Unzulänglichkeit ansprechen, in Frage gestellt zu werden	Konfrontation damit, nicht kompetent oder hilfreich zu sein, in Frage gestellt zu werden
Die Katastrophe *(calamity)* die sich daraus entwickeln würde	Steigerung von Hilflosigkeit und Ohnmacht	Steigerung von Hilflosigkeit und Ohnmacht

Abbildung 67

Auch Therapeutinnen und Therapeuten oder Untersuchende gestalten die Beziehung mit, das heißt, es werden zwei Beziehungsformen rund um eine katastrophale Befürchtung gruppiert. Dies kann man sich zum Beispiel wie in Abbildung 67 dargestellt vorstellen.

Als Therapeutinnen und Therapeuten sind wir eingeladen, die Katastrophe, die der Patient oder die Patientin befürchtet, zu verhindern. Aufgrund persönlicher Hintergründe, aber auch aufgrund unterschiedlicher theoretischer Konzepte verschiedener therapeutischer Schulen neigen viele Therapeuten dazu, per se eher unterstützend oder eher konfrontierend zu intervenieren. Es ist allerdings sinnvoll, nicht stur einer Grundstrategie zu folgen, sondern sich in der Behandlung immer wieder folgende Fragen zu stellen:

- Was macht wann Sinn, wann ist etwas entwicklungsförderlich, kompensatorisch oder entwicklungshemmend?
- Wann braucht es Stützung und ist es hilfreich, im Sinne einer Stabilisierung Übertragungswünsche zu erfüllen?
- Wann braucht es hingegen eher eine Deutung im Sinne einer Konfrontation, mit der wir das Kind oder den Jugendlichen zur Realitätsprüfung veranlassen und ihm helfen, indem wir die Befürchtung aussprechen, die wahren Auswirkungen der vermiedenen Beziehung zu beurteilen, und somit eine Auflösung möglich machen?

Um diese Fragen zu beantworten, kann es sinnvoll sein, neben der Beziehungsbeobachtung und der Resonanz auch den Situationskreis und die selbstbezüglichen Kreise des Patienten und Untersuchers mit zu betrachten. Bezogen auf Miras Fallbeispiel scheint es zunächst verwunderlich, dass sich im Situationskreis eine hohe Ausprägung im Item »Liebe, Zuneigung, wohlwollende Nähe« findet, obwohl die Jugendliche eine feindselig/desinteressierte Haltung zeigt und sich die Untersucherin von ihr missachtet fühlt (vgl. Abbildung 68). Dieser Befund kann dahingehend interpretiert werden, dass unabhängig von der aktuellen Situation eine Art »Beziehungsgrundlage« oder Passung zwischen den beiden existiert, die sich sowohl im Situationskreis als auch im objektgerichteten Kreis der Untersucherin und im subjektgerichteten Kreis der Jugendlichen widerspiegelt.

Aus der bisherigen Behandlung von Mira war zudem bekannt, dass die Jugendliche schnell gekränkt reagierte, dass sie häufig nach dem Grundsatz »Angriff ist die beste Verteidigung« (im Sinne einer kontraphobischen Abwehr) agierte und dass ein wesentlicher innerer Konflikt in der Angst bestand, andere zu beschädigen und selbst beschädigt zu werden. Miras zunächst feindselig/abgewandte Haltung sowie die reaktive Resonanz der

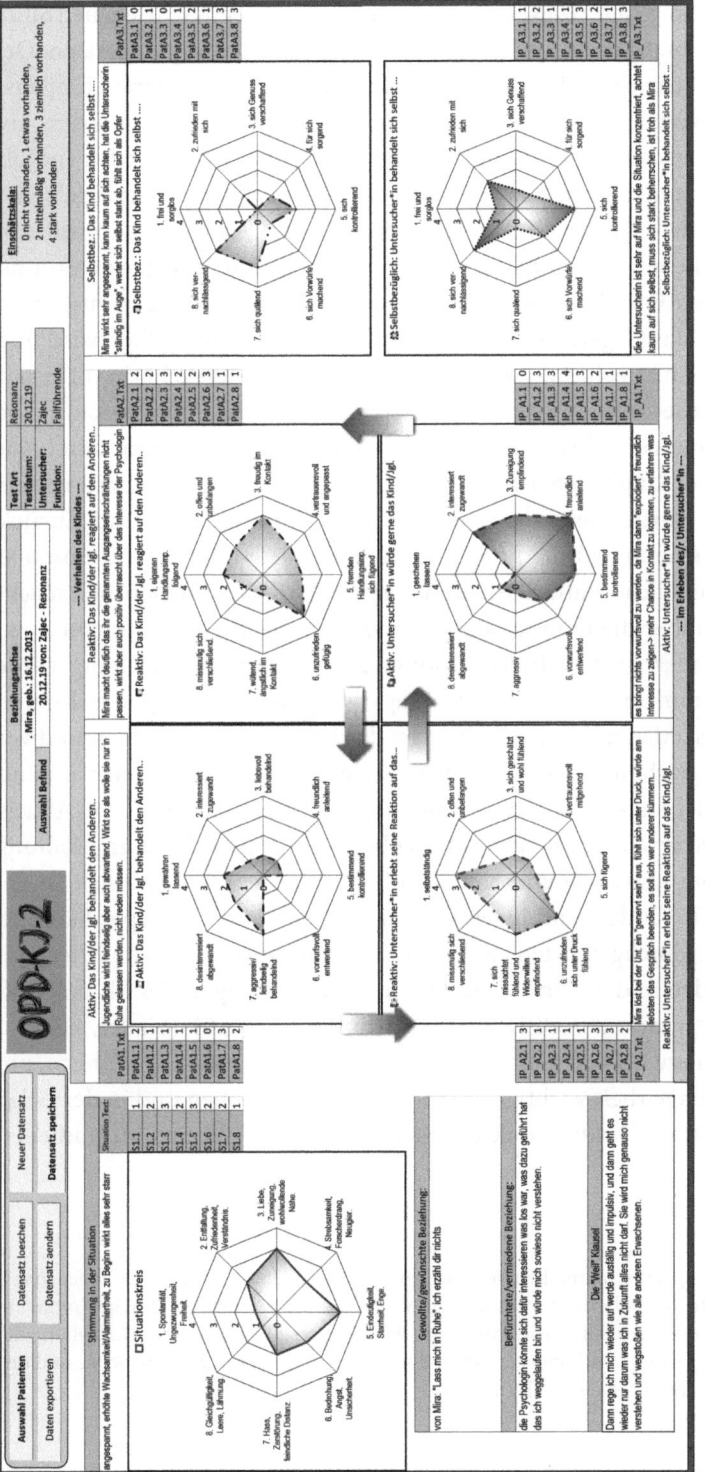

Abbildung 68

Untersucherin geben Hinweise darauf, dass auch in der beschriebenen Situation alles »bereitstand«, um in eine erneute Reinszenierung zu geraten. Der selbstbezügliche Kreis der Untersucherin weist uns zudem darauf hin, dass eine hohe Konzentration der Therapeutin auf Mira besteht und dass ein hohes Ausmaß an Kontrolle notwendig ist, um den aufsteigenden (negativen) Affekten nicht freien Lauf zu lassen – »keinen Schaden anzurichten«. Unter Rücksichtnahme auf das eingeschränkte bis geringe Strukturniveau[4] der Jugendlichen schien hier eine Konfrontation mit der gewollten und vermiedenen Beziehung notwendig, um Mira die Erfahrung zu ermöglichen, dass das Gegenüber nicht notwendigerweise vorwürflich wird und aus dem Kontakt geht und dass ein Interesse der Untersucherin nicht notwendigerweise zu impulsivem Ausagieren führen muss. Nur so kann eine neue Beziehungserfahrung möglich werden. Käme es hingegen durch das Verhalten der Untersucherin zu einer Erfüllung von Miras Übertragungswünschen, würde diese also vor allem mit Unverständnis und Zurückweisung reagieren, würde die von Mira befürchtete Katastrophe eintreten, und die Jugendliche würde darin bestätigt werden, dass es keinen Sinn macht, dem Gegenüber die emotionalen Grundlagen des eigenen Verhaltens zu erklären. Anders gesagt: Die Vermeidung der gefürchteten Beziehung würde dann wieder im Sinne des Wiederholungszwangs die Katastrophe realisieren.

Zuletzt sei darauf hingewiesen, dass das Konzept der gewollten und vermiedenen Beziehung nicht nur auf psychotherapeutische Situationen anwendbar ist, sondern dass es sich auch äußerst nützlich in der Reflexion von Alltagsbeziehungen erweist, beispielsweise der beobachteten Beziehungsgestaltung zwischen Bezugsperson und Kind. Im Rahmen einer diesbezüglich an der Abteilung für Kinder- und Jugendpsychiatrie und Psychotherapie, Standort Hinterbrühl, durchgeführten Studie zur Erfassung von Gemeinsamkeiten und Unterschieden in der Selbst- und Fremdwahrnehmung in der Eltern-Kind-Interaktion mittels der OPD-KJ-2-Beziehungsdiagnostik (Singer, Fliedl u. Zajec, 2019) erwies sich dieses Vorgehen zum Beispiel als sehr hilfreich, um in der Familienarbeit wichtige Themen klar anzusprechen und in der Folge im gemeinsamen Diskurs konkrete Interventionsmöglichkeiten zu erarbeiten.

---

4 Es ist wichtig, die strukturellen Voraussetzungen der Patienten zu berücksichtigen, da sie wesentliche Grundlage dafür sind, um zu verstehen, wie der innerpsychische Konflikt in der Beziehungsgestaltung wirksam wird (siehe Kapitel 2: Allgemeine Beschreibung der Beziehungsachse, und Kapitel 5: Verbindungen zwischen der Beziehungsachse und den anderen Achsen der OPD-KJ-2).

Karin Zajec

7 Praktische Anwendung der Beziehungsachse in unterschiedlichen klinischen Settings

Die folgenden Kapitel zeigen auf, welche Anwendungsmöglichkeiten sich für die OPD-KJ-2-Beziehungsachse in unterschiedlichen klinischen Settings ergeben. Konkret wird der Einsatz der Beziehungsachse in der ambulanten Einzelpsychotherapie (Kapitel 7.1) und im multiprofessionellen Team eines stationären oder teilstationären Settings (Kapitel 7.2) beschrieben und anhand klinischer Fallbeispiele illustriert. Im Anschluss daran wird dargestellt, inwiefern auch die ergänzende Verwendung von Selbsteinschätzungsfragebögen nützlich sein kann, um Beziehungsdynamiken zwischen Eltern und Kindern zu beurteilen und daraus Schlüsse für die Behandlungsplanung zu ziehen (Kapitel 7.3).

7.1 Anwendung der OPD-KJ-2-Beziehungsachse in der ambulanten Praxis

Birgit Riediger

Während die OPD-KJ-2 insgesamt zunehmend im klinischen Alltag und auch zu Forschungszwecken Anwendung findet, gibt es bisher wenig valides Material zur Anwendung speziell der Achse Beziehung in der ambulanten Praxis. Insofern ist dieses Kapitel einerseits als Erfahrungsbericht, andererseits aber auch als Versuch zu verstehen, auf der Basis psychodynamischen Verständnisses die Unterschiede in der Anwendung dieses Instruments zwischen (teil-)stationärem klinischem Alltag und ambulanter Praxis darzustellen. Es soll ebenfalls herausgearbeitet werden, welchen Erkenntnisgewinn die Anwendung der Beziehungsachse für die ambulante Arbeit bieten kann und in welcher Form psychodynamische Hypothesen speziell für die Behandlungsplanung zur Anwendung kommen können.

Die Achse Beziehung der OPD-KJ-2 geht (basierend auf dem zugrunde liegenden psychodynamischen Verständnis) von einem bedeutsamen Zusammenhang intrapsychischer Beziehungsrepräsentanzen und aktuellen Beziehungen aus (Arbeitskreis OPD-KJ-2, 2016, S. 66 ff.). Hierbei werden intrapsychische Repräsentanzen, also internalisierte Bilder von Objekten, immer als Selbst-Objekt-Affekt-Repräsentanzen verstanden (Kernberg, 1976/1997), das heißt, internalisierte Objektimagines stehen nie für sich allein, sondern werden internalisiert als eine Beziehungsepisode zwischen Selbst und Objekt, belegt mit einem Affekt. Basierend auf dem Übertragungskonzept wird davon ausgegangen, dass implizites Beziehungswissen in der aktuellen Beziehung zum Tragen kommt, also reaktualisiert wird, wobei neben diesem folgende zwei weitere Faktoren eine aktuelle Beziehungssequenz mit beeinflussen: zunächst eine grundsätzlich mehr oder weniger ausgeprägte Neugier auf Beziehungserfahrungen und weiterhin die Beziehungsangebote des Interaktionspartners, wobei das Mischverhältnis dieser drei Faktoren recht unterschiedlich sein kann. Auch wenn aus Gründen phänomenologischer Klarheit bei der Operationalisierung des Beziehungsverhaltens auf der Achse Beziehung der Begriff »Übertragung« vermieden wird und das beobachtbare Beziehungsverhalten in rein beschreibender Terminologie erfasst wird (Arbeitskreis OPD-KJ-2, 2016, S. 67), so wird doch davon ausgegangen, dass das Übertragungskonzept durch die Achse Beziehung differenziert beobachtbar und beschreibbar wird.

Grundbedingungen und Unterschiede zwischen ambulantem und (teil-)stationärem Setting

Um die Unterschiede im Erkenntnisgewinn bei der Anwendung der Achse Beziehung zwischen (teil-)stationärem Setting und ambulanter Praxis nachhaltig zu verstehen, bedarf es zunächst einmal einer genaueren Beleuchtung der jeweiligen Besonderheiten der beiden Settings.

Im klinischen Alltag auf der Station kann man das Kind im Gegensatz zur ambulanten Praxis in den unterschiedlichsten sozialen Bezügen beobachten. Dyadische Kontakte (z. B. einzeltherapeutische Sitzungen) und triadische Kontakte befinden sich in schnellem Wechsel und stellen einerseits hohe Anforderungen an das Kind, sind andererseits aber auch äußerst stimulativ und setzen Entwicklungsreize. Der Stationsalltag hat einen erheblichen Erkenntnisgewinn, weil er den Kindern und Jugendlichen einen Schutzraum sowie ein Gefühl von Familiarität ermöglicht, also so etwas wie eine Stellvertreterfamilie darstellt. Gleichzeitig ist im (teil-)stationären Alltag die Beziehungskontinuität durch viele Einflussfaktoren geringer als in einer ambulanten Praxis. So stellen Arbeitsplatzwechsel von Ärzten, Therapeutinnen, pädagogischen Mitarbeitenden, mit Verlegung einhergehende Kriseninterventionen oder einfach die Erfordernisse des klinischen Alltags mit der Notwendigkeit, sich therapeutisch spontan auf Notsituationen einzustellen, wichtige Einflüsse auf das Beziehungsangebot zu den Patientinnen und Patienten dar. Das multimodale Behandlungssetting der Klinik, die Teambesprechungen, Behandlungsplanungen oder einfach das Gespräch unter Kollegen schaffen für den Therapeuten oder die Therapeutin hingegen einen kommunikativen selbstreflexiven Raum, der der ambulant behandelnden Person allenfalls durch Intervision zur Verfügung steht (vgl. Kapitel 7.2: Anwendung und Nutzen der Beziehungsachse im multiprofessionellen Team). Zudem stellt der Umgang mit den Mitpatienten für das Kind oder den Jugendlichen ein Übungsfeld innerhalb der Peergroup dar.

Da im ambulanten Setting der beobachtbare Realraum des Stationsalltags genauso wie die direkte Beobachtung des Familienlebens fehlen, müssen diese durch Informationen aus dem in Behandlung befindlichen Familiensystem ersetzt werden. Die Beobachtung triadischer Prozesse ist im ambulanten Setting nur punktuell möglich, zum Beispiel bei Bring- und Abholsituationen, in Sitzungen, zu denen die Eltern extra hinzugebeten werden, oder in Familiengesprächen. Das Kind kann also zunächst seine reale Erlebniswelt und die damit verbundenen interpersonellen Erfahrungen (Eltern, Familie, Schule, Freunde) vom therapeutischen Raum getrennt halten. Schmerzvolle innere Zustände können in den Sitzungen zunächst abgewehrt werden, Misserfolgserwartungen und Defizite können im therapeutischen Setting vermieden werden und treten dann nur in den äußeren sozialen Bezügen auf; es besteht die Möglichkeit, die therapeutische Beziehung »rein von derartigen Störfaktoren« zu halten, das heißt, der Patient befindet sich im Widerstand. Informationsquellen können dann ergänzend das OPD-KJ-2-Interview und die Befragung der Bezugspersonen (Eltern, Lehrkräfte, Erzieherinnen etc.) sein.

Weiterhin werden in ambulanten Praxen überwiegend Patienten behandelt, die auch ambulant behandelt werden *können*. Das heißt, in ambulanter Behandlung hat man nur selten akut suizidale, psychomotorisch erregte oder anderweitig nicht absprachefähige Patienten. Diese werden zur Gewährleistung der Sicherheit zügig eingewiesen. Ambulant behandelbare Patientinnen und Patienten müssen über eine gewisse Zuverlässigkeit, Motivation, strukturelle Reife und über weitere Ressourcen verfügen, kurzum, sie müssen günstige Behandlungsvoraussetzungen nach der OPD-KJ-2 erfüllen.

Aufgabe der stationären Behandlung ist häufig nur die Krisenbehandlung und Akutbehandlung; stationäre psychotherapeutische Behandlungen haben daher auch meistens deutlich kürzere Behandlungszeiten als im ambulanten Setting. Die ambulante Behandlung ist zudem planbarer.

Achse Beziehung und psychodynamische Arbeit

Eine Dokumentation der Beziehung gemäß der OPD-KJ-2-Beziehungsachse ermöglicht dem Therapeuten ein »Sicheinlassen auf den Patienten« in dessen Abwesenheit. Das heißt, man gewährt dem Patienten gewissermaßen eine zusätzliche halbe Stunde Therapie und befördert eigene Internalisierungsprozesse. Das Kind oder der Jugendliche wird sozusagen »ins Herz genommen«. Hierbei wird der Prozess, in dem sich die therapeutische Beziehung befindet, visualisiert. Es entstehen regelmäßig durch die Items angeleitete Einfälle, Assoziationen und ein Bemühen um Verständnis, das heißt, die Übertragungs- und Gegenübertragungsanalyse wird aktiv angeregt. In den Resonanzkreisen sowie im selbstbezüglichen Kreis des Therapeuten muss dieser sich bewusst mit eigenen, zum Teil verpönten und daher nicht bewusst wahrgenommenen Gegenübertragungsgefühlen und -verhaltensweisen auseinandersetzen. Während das Gegenübertragungserleben des Therapeuten ohne Zuhilfenahme des Instruments oft verbal facettenreicher ist und keinesfalls unter den Tisch fallen sollte, stellen die Resonanzkreise der Achse Beziehung, ergänzt um den selbstbezüglichen Kreis des Therapeuten, eine Erweiterung dar, die nicht nur positiv oder negativ getönte Aspekte der therapeutischen Beziehung abbildet, sondern auch das Ausmaß an Unterwerfung oder Kontrolle und die Fähigkeit, innerlich ausreichend frei und sorglos zu sein. Kurzum, sie kann ein wichtiger Indikator sein, ob die Therapeutin oder der Therapeut in der Sitzung zur therapeutischen Ich-Spaltung in der Lage war. Man stellt sich unweigerlich die Frage: Warum habe ich auf das Kind so und nicht anders reagiert, warum habe ich mich so verhalten, wie ich es tat? Was ist Übertragung, was ist Eigenanteil der Therapeutin oder des Therapeuten, was am eigenen Beziehungsangebot gegenüber dem Kind ist für dieses vielleicht zum Beispiel (zu) mobilisierend?

Die beschriebene verstärkte Auseinandersetzung mit dem Patienten oder der Patientin, der therapeutischen Beziehung und sich selbst ist in stationären Behandlungen bei der Anwendung der Achse Beziehung genauso gegeben. Allerdings erfolgt die Auseinandersetzung hier meist im Team. Es steht ein reflexiver Raum zur Verfügung, der in die individuelle Übertragungs- und Gegenübertragungsanalyse die anderen Kollegen einerseits als Supervisoren, andererseits aber auch als Betroffene einbezieht, sodass speziell Phänomene wie etwa die Spaltung in der Übertragung, die omnipotente Kontrolle (Rohde-Dachser, 2004) des Patienten gegenüber Einzelnen oder dem Team besser erträglich, besser verstehbar, sichtbarer und oft auch integrierbar werden (vgl. Kapitel 7.2: Anwendung und Nutzen der Beziehungsachse im multiprofessionellen Team).

Im ambulanten Setting kann die Achse Beziehung gleichsam als »supervisorischer Dritter« wirken, der unbewusste und verpönte Gegenübertragungen bewusst werden lässt und sie der Gegenübertragungsanalyse zugänglich macht. Hierdurch kann Unbewusstes beim Therapeuten bewusstseinsfähig werden und er kann seine konfliktfreie Sphäre des Ichs erweitern. Er ist somit besser zur therapeutischen Ich-Spaltung in der Lage. Die Auseinandersetzung mit der Beziehung zum Patienten, das Bemühen um ein Verständnis beispielsweise negativer Affiliationen und verstärkter Kontrolle durch den Patienten können zu einer Änderung der Gegenübertragung führen. Auf diese Art und Weise können dem Therapeuten eigene Widerstände bewusst werden, und sein Verhalten gegenüber dem Patienten kann sich verändern. Durch ein verändertes Verhalten entsteht gegenüber dem

Patienten auch ein verändertes Beziehungsangebot, worauf dieser wiederum reagiert. Da Kinder und Jugendliche ihre Problematiken, innere Konflikte und Übertragungen meist handelnd, also interpersonell, inszenieren, verändert sich in der Folge dokumentierbar die Beziehung zum Therapeuten oder zur Therapeutin. Das heißt, die Achse Beziehung ist ein guter Indikator dafür, dass sich das Übertragungsgeschehen und somit auch das Widerstandsniveau verändert.

Achse Beziehung, Widerstand und Prozess

Widerstand gehört zum therapeutischen Prozess. Er hat, auch wenn er identifiziert und bearbeitet werden muss, einen Sinn. Er reguliert die Fähigkeit der Patientin oder des Patienten, sich einzulassen; er stellt die Balance zwischen Veränderungsnotwendigkeit/Veränderungswunsch und Veränderungsangst dar. Widerstand zielt darauf ab, den Status quo zu erhalten und die Angst zu vermeiden, die mit Veränderung verknüpft ist (König, 1995, S. 19). Es bedarf also einer sehr guten Widerstandsbearbeitung, um schmerzvolle innere Zustände, abgewehrte Affekte und Frustrationen im therapeutischen Prozess bewusst werden zu lassen und durchzuarbeiten. Der folgende Abschnitt soll zeigen, dass sich der Prozess der Widerstandsbearbeitung mit der Achse Beziehung der OPD-KJ-2 recht gut dokumentieren lässt.

Die Beziehung innerhalb einer Psychotherapiesitzung ist nicht nur in den meisten Fällen eine rein dyadische Beziehung, sondern sie ist auch (besonders seitens des Therapeuten) immer objektgerichtet. Der Therapeut stellt sich für 50 Minuten auf den Patienten ein, und bezogen auf den Patienten bedeutet dies: Er ist für diese Zeit dauerhaft im Blick des Therapeuten. Allein durch dieses Beziehungsangebot besteht für das Kind oder den Jugendlichen die Notwendigkeit, eine »Nähe-Distanz-Einstellung« vorzunehmen. Das heißt, drei Faktoren – Beziehungsneugier, Übertragung und Beziehungsangebot des Therapeuten – werden in jeder Sitzung neu gemischt und sind maßgeblicher Bestandteil des therapeutischen Prozesses, welcher einer Entwicklung unterliegt. Diese Nähe-Distanz-Einstellung wird vom Therapeuten, von der Therapeutin beobachtet und findet ihren Niederschlag in den Items der vertikalen Achse (Kontrollachse) der OPD-KJ-2-Achse Beziehung.

Das Kind ist also in der Diagnostikphase einer ambulanten Therapie mit der Tatsache konfrontiert, in einer verunsichernden, noch nicht einschätzbaren Situation mit noch unklaren Anforderungen an die Psyche 50 Minuten nahezu durchgängig im Blick zu sein. Eltern und Kind werden meist in der ersten Sitzung gemeinsam vorstellig und fokussieren auf die Schwierigkeiten des Kindes. Auch wenn das Kind allein gehört und beobachtet wird, so gibt es doch eine Polyade, in der die Schwierigkeiten des Kindes im Vordergrund stehen. Die Situation impliziert nicht nur, dass das Kind »quasi auf dem Präsentierteller« liegt, sondern dass der Therapeut oder die Therapeutin und die Eltern den Schwerpunkt auf eine Veränderung der Situation legen. Wie sehr die gesamte Familie im Fokus von Veränderungsnotwendigkeit steht, ist dem Kind zu diesem Zeitpunkt noch nicht deutlich. Das heißt, der Therapeut, oder besser: die Situation, mobilisiert konflikthaft besetztes Material in einer höchst ängstigenden Situation. Die Psyche setzt auf bisher in Beziehungen wirksame, oft dysfunktionale, aber bekannte und angstlindernde Bewältigungsmodi. Das heißt, Übertragungen werden reaktualisiert und der Widerstand des Kindes steigt. Die intrapsychische Problematik, sei sie nun konflikt- oder strukturpathologisch dominiert, zeigt sich wie durch ein »Vergrößerungsglas« intersubjektiv. Das Kind ist genötigt, entsprechend seinem impliziten Beziehungswissen eine erste Nähe-Distanz-Regulierung vorzunehmen, und der Therapeut lässt sich entsprechend seiner Gegenübertragung auf das Kind ein.

Wir sehen dies gut abbildbar auf den jeweiligen vertikalen Achsen der Beziehungskreise. Hohe Werte auf der Kontrollachse sind also häufig ein Hinweis auf ein Widerstandsphänomen, und man sollte sich nicht verleiten lassen, diese ausschließlich als Konfliktthema zu identifizieren. Insofern ist die Beziehungsachse gerade hinsichtlich der Bearbeitung von Widerständen, durch die ein Behandlungsprozess ja letztendlich gekennzeichnet ist, ein besonders sensibles Instrument zur Erfassung von Veränderungen. Mit entsprechend einhergehender Übertragungs-, Gegenübertragungs- und Widerstandsanalyse kann sie ein guter Indikator für das aktuelle Widerstandsniveau und dessen Veränderung sein. Sie kann Hinweise auf Fortschritte in der Therapie visualisieren oder eben Stagnationen. Auch kann sie nicht nur Hinweise darauf geben, ob zwischen Patient und Therapeut eine positive affektiv getönte Beziehung entstanden ist (Entwicklung einer milden positiven Übertragung), sondern auch, ob die entstandene Beziehung bereits als korrigierende Beziehungserfahrung einem Internalisierungsprozess unterliegt. Zwar sind die genannten Überlegungen wiederum nicht spezifisch für die Arbeit im ambulanten Setting, aber sie erleichtern diese ungemein, ermöglichen eine gezieltere Anpassung des Behandlungsplans an den Behandlungsprozess und können das in Deutschland für Langzeitbehandlungen bisher gültige Antragsverfahren besser begründen helfen (siehe unten).

Achse Beziehung und Elternarbeit

Die Achse Beziehung kann eingesetzt werden, indem der Therapeut die Eltern im Umgang mit dem Kind beobachtet oder indem der Therapeut die Elternbeziehung zum Therapeuten in unterschiedlichen Phasen der Therapie dokumentiert. Hieraus ergeben sich interessante Impulse für das Verständnis der Gesamtbehandlung. Beispielsweise kann das Arbeitsbündnis zwischen Kind und Therapeut deutlich stabiler sein als das zwischen Eltern und Therapeut. Eine ambivalente Haltung seitens der Eltern zur Elternarbeit wirkt sich allerdings in der Regel auch auf die Aufrechterhaltung des Arbeitsbündnisses mit dem Kind aus. Im Umgang mit dem Therapeuten zeigen die Eltern oft Verhaltensweisen, die sich auch innerhalb der Familie inszenieren, die intrapsychische und interpersonelle Konfliktdynamik des Patienten oder der Patientin maßgeblich beeinflussen und auch innerhalb der Therapie übertragen werden.

Fallbeispiel: Martin, 16 Jahre

Der zu Therapiebeginn 16-jährige Martin wurde zusammen mit Mutter und Stiefvater aufgrund von Schulversagen bei einer ambulanten Psychotherapeutin vorstellig. Beide, Mutter wie Stiefvater, waren praktizierende Zeugen Jehovas. Die Eltern bestritten den Erstkontakt mit der Therapeutin im Wesentlichen, während Martin schweigend danebensaß. Sie beschrieben ihren (Stief-)Sohn

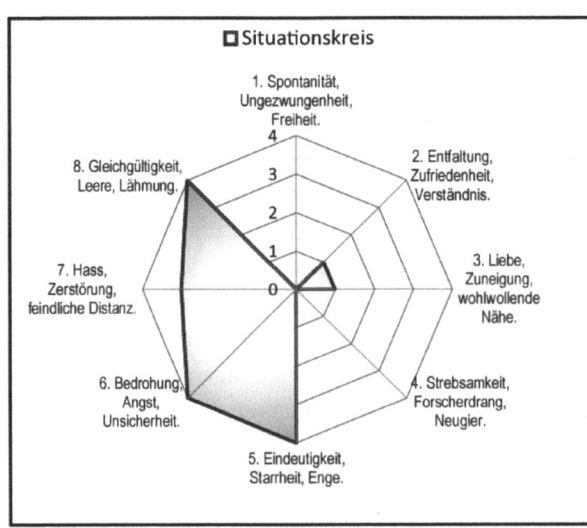

S1.1	0
S1.2	1
S1.3	1
S1.4	0
S1.5	4
S1.6	4
S1.7	3
S1.8	4

Abbildung 69

als motivationslos, interesselos und beziehungsvermeidend. Er kommuniziere mit ihnen kaum, ein normales Gespräch sei nicht möglich, und man wünsche sich, dass er wenigstens gemeinsam mit ihnen essen und gelegentlich ein Gebet sprechen würde. Auch sei er mediensüchtig. Selbst wenn man mit ihm spreche, habe er einen Kopfhörer auf und spiele mit dem Handy. Weder die Eltern noch Martin hatten ein Erklärungsmodell für dieses Verhalten. Martin selbst hielt Hilfe für unnötig, er brauche keine Therapie. Mutter und Stiefvater sahen das anders. Am Ende des Erstkontakts wurde eine zwölfstündige Kurzzeittherapie vereinbart, um bei dem Jugendlichen die Motivation zu klären und dann über eine Fortführung oder ein Ende der Therapie zu entscheiden.

Die ersten Sitzungen mit Martin waren eine Qual. Atmosphärisch herrschte lähmende Distanz. Es gab nichts Lebendiges, alle Versuche der Therapeutin, mit Martin in Kontakt zu kommen, waren hilflos, gekennzeichnet von Rigidität und Starre. Im Raum lagen Bedrohung und Angst (vgl. Situationskreis, Abbildung 69).

Der Jugendliche verhielt sich der Therapeutin gegenüber zwar freundlich, es kam aber kein Kontakt zustande. Er ließ die Therapeutin gewähren, er war weder feindselig noch vorwurfsvoll noch irgendwie die Initiative ergreifend. Sein Versuch, ein Gespräch anzufangen, war zäh, er wirkte grenzbegabt und konkretistisch (vgl. objektgerichteter Kreis des Patienten, Abbildung 70).

Die Therapeutin reagierte nach kurzer Zeit missmutig, verschloss sich zunehmend, fühlte sich unzufrieden und unter Druck, war ärgerlich und dominierte das Geschehen. Inhaltlich kreisten die Gedanken und Gefühle

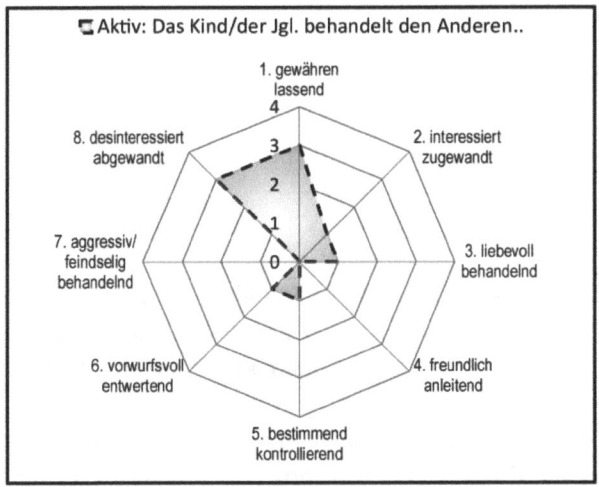

PatA1.1	3
PatA1.2	1
PatA1.3	1
PatA1.4	0
PatA1.5	1
PatA1.6	1
PatA1.7	0
PatA1.8	3

Abbildung 70

IP_A2.1	4
IP_A2.2	1
IP_A2.3	2
IP_A2.4	2
IP_A2.5	1
IP_A2.6	3
IP_A2.7	3
IP_A2.8	3

Abbildung 71

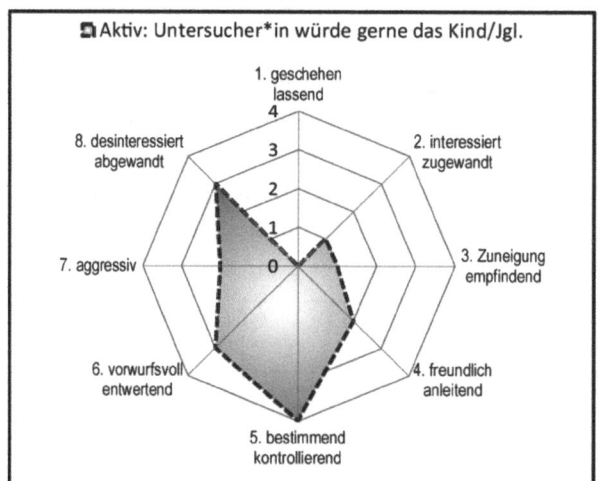

IP_A1.1	0
IP_A1.2	1
IP_A1.3	1
IP_A1.4	2
IP_A1.5	4
IP_A1.6	3
IP_A1.7	2
IP_A1.8	3

Abbildung 72

der Therapeutin darum, den Patienten schnellstmöglich loszuwerden. Sie hielt ihn für unfähig, in einen selbstreflexiven Prozess zu gelangen, und war gelangweilt (vgl. subjektgerichteter Resonanzkreis der Therapeutin, Abbildung 71).

Weiterhin spürte die Therapeutin negative Handlungsimpulse in der Gegenübertragung, die allerdings von ihr zu kontrollieren versucht wurden. Sie spürte Ärger, ein Gefühl innerer Entwertung gegenüber Martin, hatte

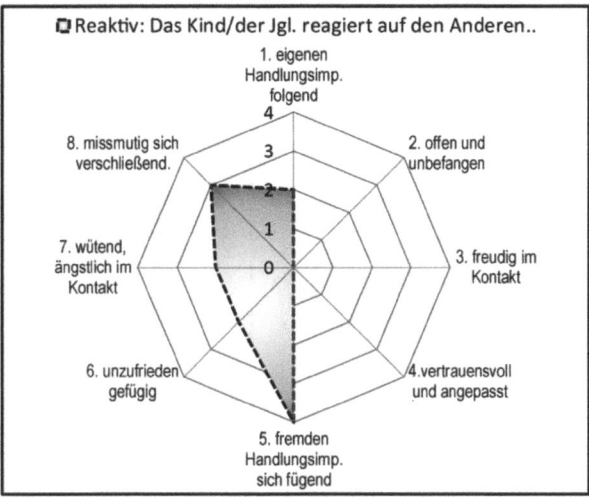

PatA2.1	2
PatA2.2	0
PatA2.3	0
PatA2.4	0
PatA2.5	4
PatA2.6	2
PatA2.7	2
PatA2.8	3

Abbildung 73

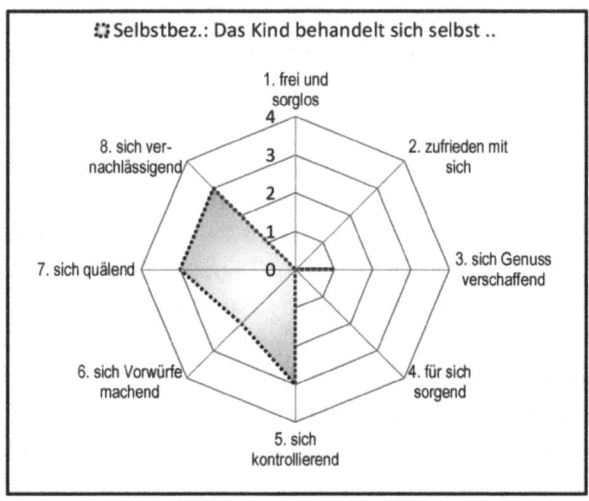

PatA3.1	0
PatA3.2	0
PatA3.3	1
PatA3.4	0
PatA3.5	3
PatA3.6	2
PatA3.7	3
PatA3.8	3

Abbildung 74

keine Lust auf ihn, war gedanklich oft abwesend. Die Beziehung wurde teilweise von ihr kontrolliert, dann wieder überwog das Desinteresse und sie ließ die Stunden »dahinplätschern« (vgl. objektgerichteter Resonanzkreis der Therapeutin, Abbildung 72).

Martin wiederum wirkte in Reaktion darauf passiv sich fügend, sich verschließend und pendelte zwischen dem Versuch, die Beziehung weiterhin zu vermeiden, und andererseits sich zu unterwerfen. Er reagierte ängstlich,

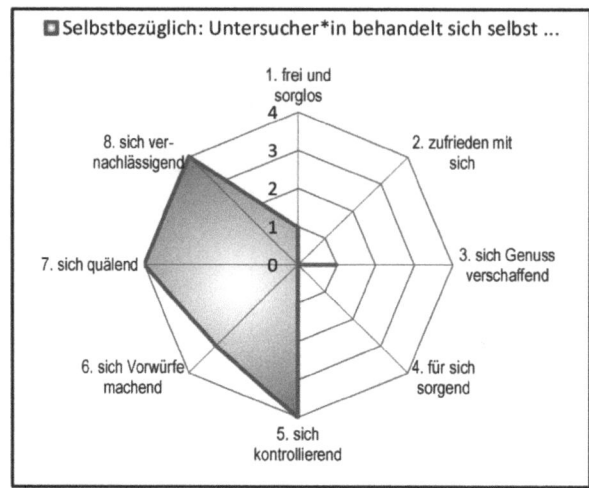

IP_A3.1	1
IP_A3.2	0
IP_A3.3	1
IP_A3.4	0
IP_A3.5	4
IP_A3.6	3
IP_A3.7	4
IP_A3.8	4

Abbildung 75

wechselnd gefügig und abweisend, aber ohne negativen (allerdings auch ohne positiven) Affekt (vgl. subjektgerichteter Kreis des Patienten, Abbildung 73).

In den Stunden ging er schlecht mit sich um. Er wirkte gequält, voller Schuldgefühle, vernachlässigte sich und seine Wünsche und wirkte alles andere als frei und sorglos (vgl. selbstbezüglicher Kreis des Patienten, Abbildung 74).

Der Umgang der Therapeutin mit sich selbst war recht ähnlich: Auch sie war gehemmt, unzufrieden mit sich, kontrollierte sich stark und quälte sich. Lediglich die Phantasie, ihn schnell wegen fehlender Therapiefähigkeit loszuwerden, verschaffte ihr etwas Genuss. Dennoch saß sie angespannt da, sorgte also nicht für sich (vgl. selbstbezüglicher Kreis der Therapeutin, Abbildung 75).

Etwa nach der zehnten Behandlungsstunde des Jugendlichen erfolgte ein drittes Gespräch mit Martin, seiner Mutter und dem Stiefvater. Beide Eltern berichteten, es habe sich noch gar nichts verändert. Martin sei faul, desinteressiert und er könne nichts, rein gar nichts. Wenn das mit ihm so weiterginge, würde er auf der Straße landen. Kein passendes Wort würde er mit ihnen wechseln, sich nicht am Haushalt beteiligen, sich nur zurückziehen. Es sei die »verdammte Aufgabe der Therapeutin«, für Kommunikation innerhalb der Familie zu sorgen. Das hätten sie, die Eltern, als Auftrag gegeben und darum habe sich die Therapeutin zu kümmern. Die Tirade, die Martin charakterisierte, war gnadenlos. Sie machte die Therapeutin stumm, und in ihr machte sich Angst breit. Sie fühlte sich missachtet und grenzenlos unter Druck gesetzt. Sie empfand gegenüber diesem Elternpaar Widerwillen, fügte sich, verschloss sich innerlich aber komplett. Es war unerträglich.

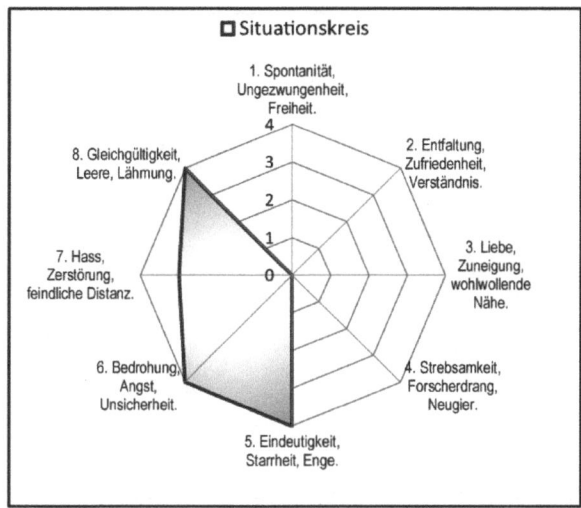

S1.1	0
S1.2	0
S1.3	0
S1.4	0
S1.5	4
S1.6	4
S1.7	3
S1.8	4

Abbildung 76

Ihre Versuche, die Tiraden zu stoppen oder die Mutter und den Stiefvater zu einem Perspektivenwechsel zu bewegen oder gar darauf zu fokussieren, dass Martins Ziele in der Therapie verfolgt würden, scheiterten. Sie waren zu diesem Zeitpunkt nicht wirklich interessiert daran, wie es Martin ging, und sie waren auch nicht wirklich an einer selbstständigen Entfaltung des Jugendlichen interessiert. Sie gingen schlichtweg davon aus, dass ihre Wahrnehmung die einzig passende war und dass es zu ihren Alltagsbewältigungs-

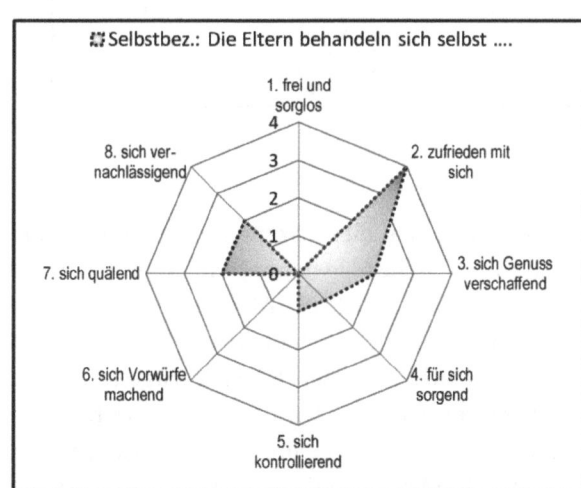

PatA3.1	0
PatA3.2	4
PatA3.3	2
PatA3.4	1
PatA3.5	1
PatA3.6	0
PatA3.7	2
PatA3.8	2

Abbildung 77

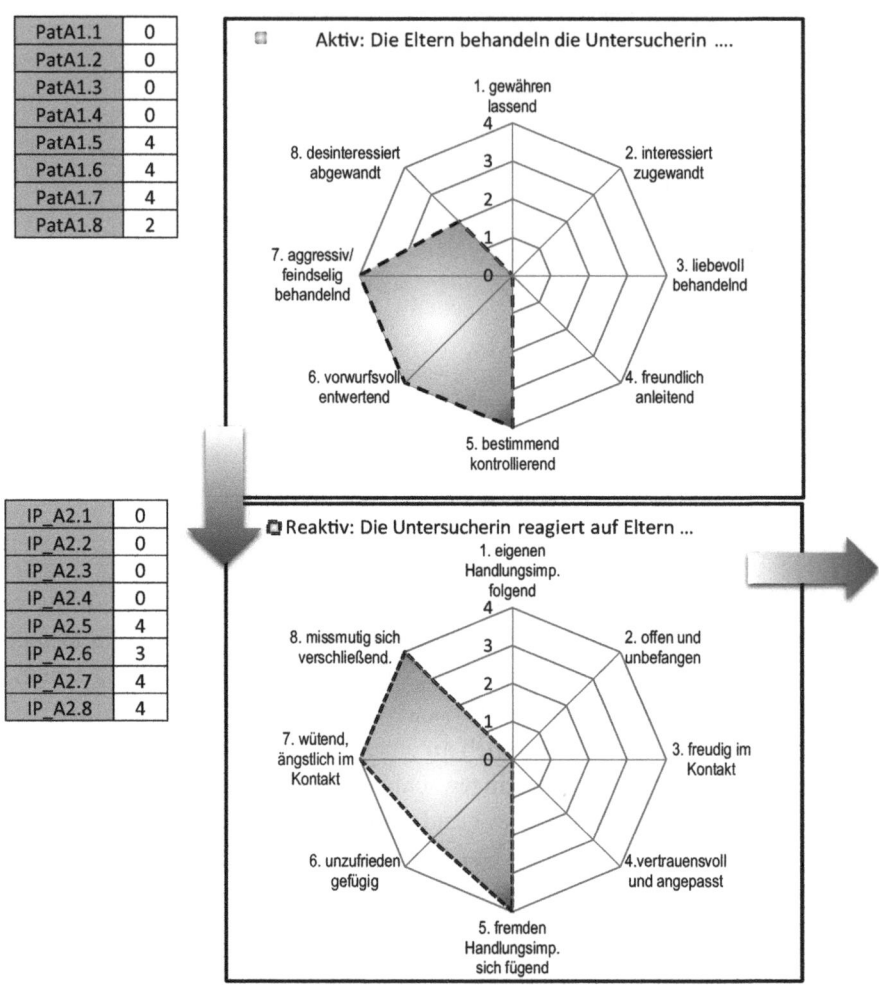

PatA1.1	0
PatA1.2	0
PatA1.3	0
PatA1.4	0
PatA1.5	4
PatA1.6	4
PatA1.7	4
PatA1.8	2

Aktiv: Die Eltern behandeln die Untersucherin ....

1. gewähren lassend
2. interessiert zugewandt
3. liebevoll behandelnd
4. freundlich anleitend
5. bestimmend kontrollierend
6. vorwurfsvoll entwertend
7. aggressiv/ feindselig behandelnd
8. desinteressiert abgewandt

IP_A2.1	0
IP_A2.2	0
IP_A2.3	0
IP_A2.4	0
IP_A2.5	4
IP_A2.6	3
IP_A2.7	4
IP_A2.8	4

Reaktiv: Die Untersucherin reagiert auf Eltern ...

1. eigenen Handlungsimp. folgend
2. offen und unbefangen
3. freudig im Kontakt
4. vertrauensvoll und angepasst
5. fremden Handlungsimp. sich fügend
6. unzufrieden gefügig
7. wütend, ängstlich im Kontakt
8. missmutig sich verschließend.

Abbildung 78

modi keine Alternativen gab. Und genau dies inszenierte sich situativ und nahm den Raum wie eine atmosphärische Schwingung ein: Rigidität, Angst, Feindseligkeit und Lähmung (vgl. Situationskreis, Abbildung 76).

Diese feindselige Atmosphäre schlug sich auch in den Beziehungskreisen nieder, wobei das Elternpaar der Einfachheit halber als Dyade dargestellt wurde, auch weil sich Mutter und Stiefvater wie eine den Anderen bemächtigende Einheit verhielten. Mit sich selbst, ihrer Sichtweise und ihrem Umgang mit der Therapeutin waren sie sichtlich zufrieden, und es bereitete ihnen eine gewisse Genugtuung, ihre Sichtweise darzustellen, wie selbstverständlich davon aus-

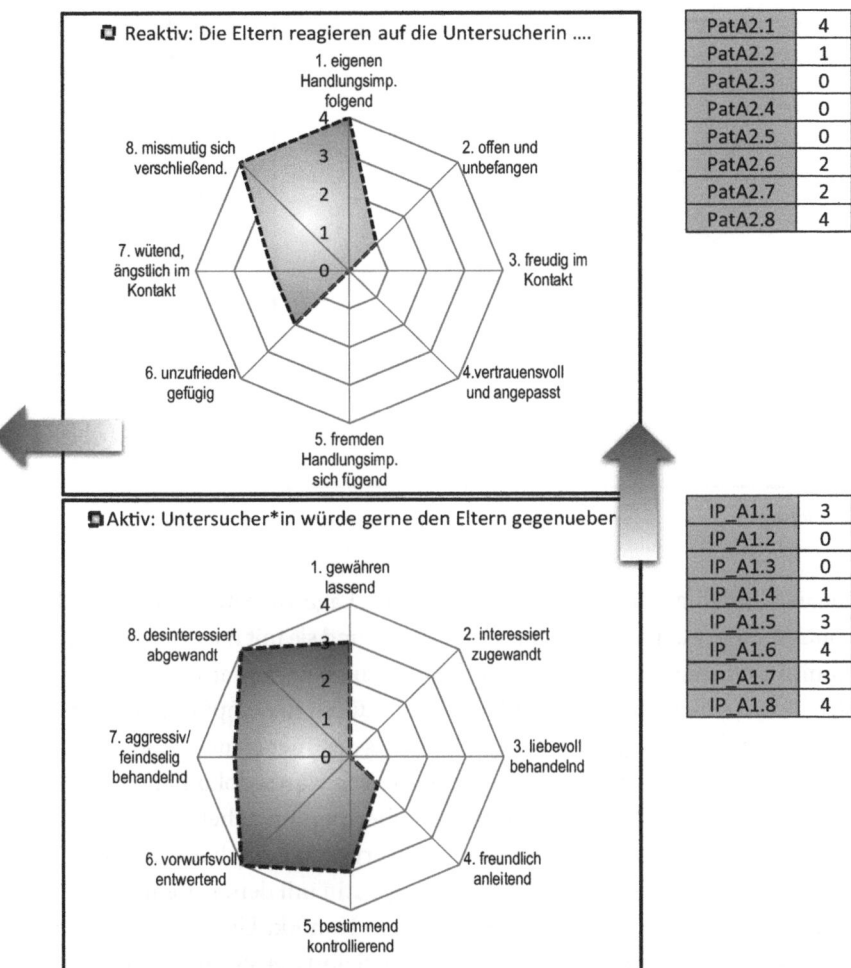

PatA2.1	4
PatA2.2	1
PatA2.3	0
PatA2.4	0
PatA2.5	0
PatA2.6	2
PatA2.7	2
PatA2.8	4

IP_A1.1	3
IP_A1.2	0
IP_A1.3	0
IP_A1.4	1
IP_A1.5	3
IP_A1.6	4
IP_A1.7	3
IP_A1.8	4

gehend, dass die Therapeutin ihre Meinung teile. Aber durch ihren Ärger wirkten sie auch angespannt, und es war spürbar, dass sie nicht gern zum Elterngespräch gekommen waren. Es war eine unangenehme Pflicht, der sie sich unterworfen hatten (vgl. selbstbezüglicher Kreis der Eltern und Beziehungskreise der Eltern im Kontakt zur Therapeutin, Abbildung 77 und 78).

Der Erkenntnisgewinn dieser Elternarbeitsstunde war eindeutig. In der Übertragungs-/Gegenübertragungsanalyse wurde Folgendes deutlich: Die Therapeutin wurde behandelt wie Martin, also wie der Sohn, und sie fühlte sich wie Martin, war mit ihm identifiziert. Sie reagierte wie Martin, fühlte sich

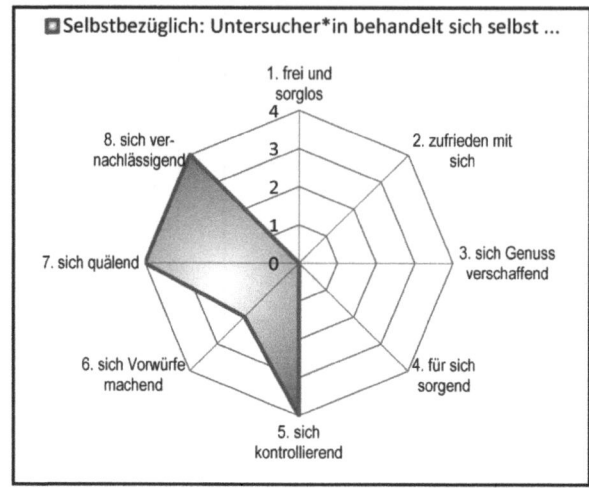

IP_A3.1	0
IP_A3.2	0
IP_A3.3	0
IP_A3.4	0
IP_A3.5	4
IP_A3.6	2
IP_A3.7	4
IP_A3.8	4

Abbildung 79

genauso unfähig, verzweifelt und nicht in der Lage, die Situation minimal zu kontrollieren. Man hatte sich ihrer bemächtigt und sie mit massiven Vorwürfen stumm und mundtot gemacht. Sie fühlte sich gequält, war unzufrieden mit sich, achtete nicht auf sich und konnte sich durch die empfundene Wut nur minimal entlasten (vgl. selbstbezüglicher Kreis der Therapeutin, Abbildung 79).

Durch die Arbeit mit den Beziehungskreisen wurde dokumentierbar, was die Analyse der Übertragung und Gegenübertragung nahelegte. Die beiden führenden Konflikte bei Martin lagen stellvertretend durch die Inszenierung der Eltern und die Identifikation der Therapeutin mit dem Patienten auf dem Tisch: Es handelte sich bei Martin um einen Konflikt Unterwerfung versus Kontrolle im passiven Modus und um einen Selbstwertkonflikt, ebenfalls im passiven Modus. Martin hatte in der Einzeltherapie die Angst vor der über-mächtigen Stiefvater-Mutter-Dyade auf die Therapeutin übertragen, sich freundlich unterworfen und zugleich das Beziehungsangebot der Therapeutin aus Angst vor Bemächtigung und vernichtender Kränkung zurückgewiesen.

Die Therapeutin hatte gegenüber dem Patienten genau wie Stiefvater und Mutter reagiert: vorwürflich, entwertend, ärgerlich, aber auch desinteressiert abgewandt. Und dies hatte im subjektgerichteten Kreis des Jugendlichen genau zu dem Verhalten geführt, das das Eltern-/Stiefelternpaar mit solch unversöhnlicher Missachtung konnotierte: Martin verschloss sich, zog sich zurück, war hochgradig ängstlich und passiv sich unterwerfend.

Die Beziehungskreise ließen zudem einen weiteren Punkt offensichtlich werden: Für eine solch sadistische Eltern-Kind-Interaktion, die einem damals

16-Jährigen nicht einen minimalen eigenen Gestaltungsspielraum ließ, wäre eine negative affektive Tönung der Affiliationsachse im therapeutischen Setting zu erwarten gewesen. Schließlich war die Therapeutin das mütterliche Stellvertreterobjekt. Negative Affekte fehlten im objektgerichteten Kreis von Martin zwar völlig, nicht aber im selbstbezüglichen Kreis. Das heißt, Martin hatte einen Widerstand, der sich gegen das Bewusstwerden negativer Affekte gegenüber dem übermächtigen Mutterobjekt richtete. König (1995, S. 44) geht davon aus, dass »antizipierte Scham- oder auch Schuldgefühle eine starke, Widerstand auslösende Wirkung haben«. So war es auch bei Martin: Allein der Gedanke, der Therapeutin oder der Mutter gegenüber negative Gefühle zu haben, verursachte bei ihm massive Angst, Schuld- und Schamgefühle, die er im weiteren Verlauf der Therapie allerdings formulieren und erleben konnte.

Implikationen für die Arbeit mit dem Jugendlichen

Einerseits entwickelte Martin bereits in den ersten diagnostischen Sitzungen eine Mutter- beziehungsweise besser Elternübertragung. Andererseits war der Widerstand gegen das Bewusstwerden negativer Affekte und vor allem der Widerstand gegen eine Technik freier Assoziation zum Erinnern, Wiederholen und Durcharbeiten der unbewussten Anteile des Materials außerordentlich hoch. Die Anregung, Beziehungsepisoden mit seinem sozialen Umfeld zu schildern, zu beleuchten und zu verstehen, mobilisierte bei Martin massive Über-Ich-Ängste und brachte ihn zum Verstummen. Seine Mutter zu kritisieren bedeutete Mutterverrat, und Mutterverrat bedeutete Absonderung aus dem System und völlige Nichtung. Bei der Auswertung der Kreise der Beziehungsachse (und besonders der Resonanzkreise) fiel etwas Wichtiges auf: Die Therapeutin war für Martin in der Situation nicht »wie« die Mutter, sondern sie »war« die Mutter. Die Therapeutin war projektiv identifiziert. Sie fühlte das Gleiche wie seine Mutter und hatte ähnliche Handlungsimpulse. Das heißt, wenn die Therapeutin aus dem Dilemma herauskommen wollte, mit Martin die sadistische Mutterübertragung zu perpetuieren, bedurfte es eines für Martin spürbar veränderten Verhaltens mit positivem, wertschätzendem, aber auch entwicklungsförderlichem Fokus. Die Therapeutin begann daher zu dezentrieren: weg vom (affektiv getönten) Gespräch, hin zur Handlung.

Die Realschulabschlussprüfung stand für Martin an und damit eine mündliche Präsentation. Für Martin ein Albtraum. Zu dieser Prüfung hatte er sich im Vorjahr krankschreiben lassen. Er erstellte in der Therapie eine Präsentation, die Therapeutin stellte interessierte Fragen, ließ sich aufklären, dachte mit, gab Tipps, aber mischte sich nicht ein. Dann wurde die Präsentation im Rollenspiel geübt. Martin entwickelte sogar Humor, machte einige witzige Bemerkungen, und wiederum bekam er wertschätzende Rückmeldungen. Am Tag der Präsentation schickte die Therapeutin Martin eine kurze SMS und wünschte ihm Glück. Die Präsentation wurde mit »gut« bewertet und Martin war sehr stolz. In der Therapie sagte er traurig: »Sie haben so viel Anteil genommen und sich interessiert, ich wünschte, meine Mutter hätte das mal getan, mich zu einem Fußballspiel begleitet oder so, aber all das ist nie passiert.« Martin weinte das erste Mal. Nun wurden affektiv getönte Gesprächssequenzen möglich, in denen Martin begann, Familienbeziehungen durchaus kritisch zu beleuchten. Dies wechselte aber immer wieder mit Handlungssequenzen, zum Beispiel zeigte Martin der Therapeutin, welche Internetspiele und welche Brettspiele ihn interessierten, und forderte solche Sequenzen häufiger ein. Er lernte, sich dafür einzusetzen, dass er ein Recht auf Spaß, Genuss und Müßiggang hatte.

Implikationen für die Arbeit mit den Eltern

Durch die Arbeit mit den Beziehungskreisen kam die Therapeutin zu mehreren Schlussbildungen, die sich für die Elternarbeit als enorm wichtig erwiesen: Die Interaktion dieser Eltern mit anderen Personen ließ keinen Widerspruch zu. Sie gingen davon aus, dass andere ihre Meinung teilten und dass ihre Sichtweise die einzig richtige sei. Sie machte sie zu »auserwählten Kindern Gottes«. Es durfte keinen Widerspruch geben, denn das war Sünde. Für die Therapeutin bedeutete dies: Wenn sie Zugang zu den Eltern bekommen wollte, musste sie ihre Religion verstehen. Und sie ließ sich viel darüber erzählen, fragte interessiert nach, fragte nach, was eine Verletzung dieser Glaubenswelt und die Wahl eines anderen Weges für die Eltern bedeuten würde. Die Eltern hatten erwartet, wegen ihres Glaubens zurückgewiesen und belächelt zu werden, und waren erstaunt über das Interesse der Therapeutin.

Die erste Implikation für die Arbeit mit den Eltern war also: Will man das Arbeitsbündnis mit den Eltern herstellen, muss man eine gewisse Zeit »mit dem Widerstand schwimmen«. Als die Therapeutin dann wissen wollte, was genau die Eltern zu den Zeugen Jehovas geführt hatte, fielen Aussagen wie »unter Gleichgesinnten aufgehoben sein, Gott vergibt einem, wenn man bereut und seine Regeln und Handlungsanleitungen beachtet«. Die Eltern, ursprünglich unsicher und orientierungslos, hatten sich offenbar mit der Religionszugehörigkeit eine grundsätzliche Frage nach einem inneren Ort beantwortet, Orientierung gefunden, und sie hatten scheinbar einen Modus der ritualisierten Wiedergutmachung subjektiv erlebter Schuld gefunden, indem sie sich widerspruchslos unterwarfen. Das heißt, wenn man diese Eltern verstehen wollte, musste man der Frage nach Schuldgefühlen und Orientierungslosigkeit folgen und den Eltern hierfür einen Raum geben. Welchen Raum gab es also für Veränderung?

Die Resonanzkreise und der selbstbezügliche Kreis der Eltern in den diagnostischen Elterngesprächen implizierten zunächst eine religiös bedingte fehlende Fähigkeit zum Perspektivenwechsel. Sie waren selbstzufrieden mit ihrer Haltung und hatten keinen Zweifel. Aber es gab auch die andere Seite, die durch die Visualisierung deutlich besser in den Blick geraten konnte: Sie quälten sich auch, zwar waren die Werte geringer als die der Selbstzufriedenheit, aber dieses Hadern gab es eben auch. Sie gingen nicht gut mit sich um, wirkten angespannt, das heißt, der selbstbezügliche Kreis der Eltern gab möglicherweise Hinweise darauf, dass unbewusst Zweifel an ihrer Haltung herrschten. Dies konnte man unter Wahrung des Kränkungsschutzes durchaus ansprechen. Klarifizierende Interventionen folgten, wie: »Obwohl Sie einerseits so auf Martin schimpfen, scheint es mir doch, als würde Sie irgendetwas quälen.« Und die Eltern gaben zu, sich schuldig zu fühlen und sich Sorgen zu machen. Zwei wichtige Themen kamen in Arbeit, die die Rigidität speziell der Mutter erklärten: Sie war als Kasachin in der Adoleszenz nach Deutschland gekommen und hatte durch das Eintreten in die Religionsgemeinschaft eine tiefe Identitätskrise bewältigt, die sie in der neuen Heimat verortete. Weiterhin litt sie unter massiven Schuldgefühlen. In ihren bisherigen Paarbeziehungen hatten Gewalt und Drogenkonsum dominiert, sie hatte ihre Kinder nicht geschützt und war chronisch depressiv. Sie fühlte sich als schlechte Mutter. Hier bot die Religion ein Angebot von Sinn und eine Möglichkeit, Schuldgefühle wiedergutzumachen.

Fazit

Es ist festzuhalten, dass die Achse Beziehung gleichermaßen im (teil-)stationären wie im ambulanten Setting zur (Selbst-)Reflexion anregen und die analytische Arbeit befördern kann sowie eine schnelle Einschätzung des Beziehungsverlaufs und somit des Widerstandsniveaus, des Arbeitsbündnisses und des therapeutischen Prozesses erlaubt.

Die Besonderheiten im ambulanten Setting sehen wir in Folgendem: Durch die Arbeit mit der Achse Beziehung erfolgt eine Objektivierung des Beziehungsgeschehens innerhalb der Therapie. Der Therapeut stellt sich sozusagen einen »objektiven Bezugsrahmen« gegenüber, auf den sich seine Gedanken, Einfälle und Phantasien beziehen können und aufgrund dessen er sich systematisch und Item für Item (nicht bloß zufällig, selektiv) mit seinen Verhaltensbeurteilungen auseinandersetzen kann. Dies ist etwas anderes, als wenn der Prozess der Auseinandersetzung sich ausschließlich in seinem Kopf, in seiner subjektiven Erinnerung, abspielen würde. Der Therapeut, die Therapeutin schafft sich dadurch gewissermaßen einen »supervisorischen Dritten«. Selektive Wahrnehmungen, die zum Beispiel aufgrund eindrücklicher Beziehungsepisoden besonders prominent erscheinen, aber den therapeutischen Gesamtverlauf möglicherweise nicht adäquat abbilden, können durch Zuhilfenahme früherer Operationalisierungen miteinander verglichen werden und, falls nötig, partiell korrigiert werden. Auch die Anzahl der Items, die eine Vielzahl unterschiedlicher Beziehungsaspekte darstellen, stellt ein wichtiges Hilfsmittel der Reflexion dar. Wir möchten ausdrücklich betonen, dass mit diesen Überlegungen keinesfalls die Bedeutung freier Assoziationen des Therapeuten infrage gestellt oder auch nur relativiert werden sollen. Vielmehr kann die Anwendung der Achse Beziehung diese notwendigen freien Assoziationen ergänzen, und es kann ein ständiger systematisch geleiteter Reflexionsprozess entstehen.

Operationalisierte Beziehungsdiagnostik und Behandlungsplanung

In Deutschland haben gesetzlich versicherte Patientinnen und Patienten einen Rechtsanspruch auf Psychotherapie in einem sogenannten psychotherapeutischen Richtlinienverfahren. Es handelt sich hierbei aktuell um tiefenpsychologische Psychotherapie, Psychoanalyse, Verhaltenstherapie und systemische Therapie. Je nach Indikation können unterschiedliche Kontingente für Kurzzeit- oder Langzeittherapieverfahren beantragt werden, wobei in der Regel nur der Antrag für Langzeittherapie schriftlich begründet werden muss. Dieses Genehmigungsverfahren wird zurzeit gesetzlich überarbeitet und steht auf dem Prüfstand. Es ist jedoch davon auszugehen, dass auch weiterhin die Übernahme von Psychotherapie als Krankenkassenleistung in Deutschland einem Verfahren unterliegen wird, das der Therapeutin, dem Therapeuten auferlegt zu dokumentieren, dass Wirtschaftlichkeit und Qualität in der Arbeit gleichermaßen berücksichtigt sind. Hier kann die Achse Beziehung als sensibles Instrument zur Dokumentation von Veränderungen der therapeutischen Beziehung, des Widerstandsniveaus, des Arbeitsbündnisses und des therapeutischen Prozesses im Sinne einer persönlichen Qualitätssicherung dienen.

Generell kann die OPD-KJ-2 gut zur Behandlungsplanung und -dokumentation herangezogen werden, wir möchten uns aber in diesem Kapitel schwerpunktmäßig auf die Achse Beziehung beschränken. Eine gute psychodynamische Diagnostik sollte folgende Aspekte umfassen: Anamnese aller relevanter Daten (Biografie, entwicklungsrelevante Daten, Elternbiografie, Schwellensituationen, körperliche Krankheiten etc.), Symptomatik und auslösende Situation. Zudem sollte ein psychischer Befund unter Einbeziehung der Beziehungsdiagnostik erhoben werden. Hierüber kommt man zu psychodynamischen und familiendynamischen Schlussbildungen. Dysfunktionale innerfamiliäre Beziehungsmuster sollten genauso deutlich werden wie in die Übertragung einfließende internalisierte, möglicherweise entwicklungshemmende Beziehungserwartungen an andere Menschen. Einen großen Erkenntnisgewinn bietet hier die Beziehungsdiagnostik. Sie fließt in die Beschreibung der Symptome und in den psychischen Befund gleichermaßen ein. Psychodynamische und familiendynamische Hypothesenbildungen sollten beziehungsdiagnostisch belegt werden können. Da Widerstand und Abwehr bei Kindern und Jugendlichen oft handelnd inszeniert werden, sind sie somit integraler Bestandteil der Beziehungsdynamik. Wie am Fallbeispiel von Martin und seinen Eltern deutlich gemacht wurde, kann anhand der Operationalisierung auf der Beziehungsachse der OPD-KJ-2 auf Widerstände geschlossen und es können Veränderungen belegt werden.

Geht man weiterhin davon aus, dass sich bei Kindern und Jugendlichen sowohl die internalisierten Selbst-Objekt-Affekt-Repräsentanzen als auch die prominenten intrapsychischen Konflikte und aktuellen Themen im Beziehungsverhalten herstellen, werden durch die Objektivierbarkeit des Beziehungsverhaltens des Kindes sowie durch die Resonanz des Therapeuten auf das Kind Rückschlüsse auf Übertragungsaspekte und auf das implizite Beziehungswissen des Kindes möglich und – viel wichtiger – zugleich nachvollziehbar. Mithilfe der Achse Beziehung ist es der Therapeutin oder dem Therapeuten möglich, die Übertragungsbeziehung zu erläutern und anhand der Übertragungsbeziehung Rückschlüsse sowohl auf die Achse Konflikt als auch auf die Achse Struktur zu ziehen (vgl. Kapitel 5: Verbindungen zwischen der Beziehungsachse und den anderen Achsen der OPD-KJ-2).

Die Achse Beziehung ist also bei der Entwicklung der psychodynamischen Hypothesen und des Behandlungsplans ein äußerst wertvolles Instrument, um den Prozess zu planen, die Veränderungen zu veranschaulichen, zu belegen und gegebenenfalls eine Fortführung der Behandlung zu begründen. Auch können bei der Therapeutin, beim Therapeuten reflexive Prozesse zum Behandlungsverlauf befördert werden. Durch die Visualisierung der Beziehungsepisoden im Längsschnitt werden wichtige Fragen aufgeworfen: Warum verändert sich die Beziehung oder warum nicht? Gibt es Entwicklung in der Elternarbeit? Was hat den Prozess bisher befördert oder warum stagniert er?

Schauen wir uns eine solche qualitätssichernde Dokumentation unter Berücksichtigung der Beziehungsachse am Beispiel von Martin an:

1. Symptomatik und psychischer Befund

Hier werden die Symptomatik, das Beziehungsverhalten, die sich in der Übertragungs-/Gegenübertragungsbeziehung inszenierenden Themen und Muster beschrieben.

In der ersten Stunde mit Martin dominieren im Situationskreis Angst, Bedrohung, Starre, Rigidität und Lähmung. Auf der horizontalen Achse dieses Kreises zeigt sich quasi eine »Nullstelle«, es gibt weder Zuneigung und Wertschätzung noch Feindseligkeit, aber eine deutliche Distanz. Die Beziehung zwischen den Eltern und der Therapeutin inszeniert sich als feindliche Bemächtigung, also als totale Unterwerfung, und hindert die Therapeutin an der therapeutischen Ich-Spaltung. Im selbstbezüglichen Kreis zeigt sich entsprechend, dass sie nicht frei und sorglos mit sich umgehen kann. Sie fühlt sich wie Martin bedroht, kontrolliert, spürt Angst und Ärger zugleich. Diese Inszenierung der Beziehung ermöglicht Rückschlüsse auf Konfliktdynamik und strukturelle Störungsanteile (z. B. in Bezug auf das Erleben negativer Affekte, Identität, Kommunikation und Bindung), und sie gibt Hinweise auf Abwehrformationen. Geht man davon aus, dass dieses Beziehungsmuster von Martin auch auf andere Situationen übertragen wird, so ist der »berichtete Anteil« der Symptomatik, nämlich Beziehungsvermeidung, tiefste Selbstunsicherheit, Schulangst und soziale Angst, gut nachvollziehbar. Die Beziehungsdynamik impliziert zudem Konsequenzen für Behandlungsplan, Indikationsstellung und Wahl des Verfahrens (siehe unten).

2. Behandlungsrelevante Angaben zur Lebensgeschichte, psychodynamische und familiendynamische Hypothesenbildung

Hier gehen wir davon aus, dass sich aufgrund der Lebensgeschichte des Patienten und der Eltern zwischen beiden ein Interaktionsraum entwickelt hat, der den Ursprung für innere Repräsentanzen, Übertragungen, Verhaltensweisen im Hier und Jetzt und auch für die Symptomatik bildet.

Martin ist das erste Kind einer Kasachin, wohnhaft seit dem 17. Lebensjahr in Deutschland, und eines drogenabhängigen Russen, der in Martins viertem Lebensjahr an einer Überdosis Heroin starb. Martin selbst glaubt, der leibliche Vater sei verunglückt. Die Beziehung der Eltern war unglücklich und von Gewalt geprägt. Bereits früh in Martins Leben spielte bei der Mutter ihre Religion eine Rolle. Sie ist Zeugin Jehovas. Martin war von Anfang an nicht gut im Blick der Mutter (»Ich war depressiv, war kaum fähig, Gefühle zu erleben, ich konnte mich nicht mit ihm beschäftigen, Martin hatte einfach keinen Platz bei mir«). Kurzfristig, aus Überforderung, ging sie eine neue Beziehung ein, ebenfalls zu einem gewalttätigen, nunmehr alkoholabhängigen Russen, mit dem sie ein weiteres Kind bekam, das eine schwere autistische Störung hatte, die lange unerkannt blieb. Wieder war Martin lästig und es gab bei der überforderten Mutter kein Ohr und kein Verständnis für seine Wünsche. Um mit diesem Partner zusammenzuleben, zog sie in eine 500 km entfernte Stadt, trennte sich nach sechs Jahren aber wieder von ihm und zog in Martins 14. Lebensjahr zurück an den vorherigen Wohnort. Mittlerweile ist sie mit Martins aktuellem Stiefvater verheiratet, der ebenfalls Zeuge Jehovas ist. Die Religion spielt mit ihren rigiden Werten, Normen und realen Entwicklungsbegrenzungen eine erhebliche Rolle. Martin wird in der Familie auf religiöse Regelverstöße regelrecht bemächtigend kontrolliert, zum Beispiel werden sein PC und sein Handy kontrolliert (»Der Junge schaut bestimmt Pornos, der ist sexsüchtig, der schaut sogar Mädchen hinterher«). Alles, aber auch alles, was Martin tat und tut, wird mit massiven Vorwürfen belegt, worauf Martin mit Unfähigkeitsgefühlen reagiert, die ihn nahezu stumm machen, was sich in der Therapie reinszeniert. Diese Unfähigkeitsgefühle hinderten ihn zu Beginn der Therapie auch in der Schule daran, sich zu melden, vor Gruppen zu sprechen und sich zu zeigen. Er stammelte dann, redete daneben und wurde aus lauter Schamgefühlen konkretistisch. Basierend auf der Beziehungsdiagnostik und den lebensgeschichtlichen Daten ist bei Martin von einem Unterwerfung-versus-Kontrolle-Konflikt und einem Selbstwertkonflikt, jeweils im passiven Modus, auszugehen. Die Begründung für beide Konfliktthemen liefert die Lebensgeschichte von Mutter und Sohn. Wie soll ein Kind ein gesundes Selbstvertrauen entwickeln, wenn die grundlegende Beziehungserfahrung von frühester Kindheit an ist: »So, wie ich bin, bin ich falsch. So, wie ich bin, kann man mich nicht annehmen. Ich bin unwillkommen und eine Last.« Und wie soll dieses Kind Vertrauen in sich und seine Fähigkeiten entwickeln, wenn gnadenlose, vernichtende Bindungspersonen zu sadistischen, strafenden inneren (Gewissens-)Instanzen werden? Instanzen, denen man sich, um der Absonderung und Nichtung zu entgehen, nur unterwerfen kann. Selbst negative Affekte gegenüber dieser übermächtigen äußeren und inneren Mutter sind verpönt und dürfen nicht sein. Das heißt, die Symptomatik ist ein Identitätsproblem und bereits integraler Bestandteil der Persönlichkeit des Jugendlichen und impliziert daher als Verfahren eine modifizierte psychoanalytische Psychotherapie. Dies sollte im Behandlungsplan auch so begründet werden.

3. Behandlungsplan und Prognose

Aus psychodynamischer Sicht besteht bei Martin – bei insgesamt mäßig integriertem Strukturniveau, allerdings mit schweren Störungsanteilen in Bezug auf Selbstwert, Impulskontrolle, Bindung und Identität – die Notwendigkeit zur Nachreifung und zur Aufhebung der beschriebenen adoleszenten Entwicklungsblockierung. Da die Symptomatik bereits integraler Bestandteil der Persönlichkeit ist, ist eine modifizierte psychoanalytische Langzeittherapie von zunächst neunzig Sitzungen mit einer Frequenz von zwei Sitzungen pro Woche indiziert. Des Weiteren muss eine intensive Elternarbeit im Verhältnis 1:4 zu den Sitzungen des Jugendlichen erfolgen, also zunächst 22 Sitzungen. Da der Jugendliche aufgrund seines archaischen Über-Ichs erhebliche Schwierigkeiten hat, frei zu assoziieren, braucht er einen Therapeuten oder eine Therapeutin, die sich reifungsfördernd als Person mit eigener Haltung zur Verfügung stellt, allerdings ohne sich des Jugendlichen und dessen Grenzen zu bemächtigen. Martin sollte sich in der Interaktion mit dem Therapeuten oder der Therapeutin neue Gestaltungsräume für den Umgang mit anderen erarbeiten können. Martin braucht ein wohlwollendes Gegenüber, das ihn freundlich beim Gewahrwerden negativer Affekte begleitet. Hierbei ist zu berücksichtigen, dass das Ausmaß der Veränderung und Individualisierung des Patienten die Frage der Loyalität zu den rigiden Eltern maßgeblich befeuern und für Martin reale Konsequenzen haben kann. Verfahren und Technik müssen insofern progressionsorientiert sein und ihn dazu einladen, die Grenze zwischen Selbst und Objekt aufrechtzuerhalten und eine eigene individuelle Identität unter Berücksichtigung dieses Konfliktthemas zu generieren. Die Widerstandsbearbeitung muss vorsichtig erfolgen. Martin und das Familiensystem brauchen ausreichend Zeit, um Veränderung zuzulassen.

Der Behandlungsplan könnte also folgende Fokusse und Themen berücksichtigen:

- Selbstwertthema: »Kann man mich so, wie ich bin, mögen und achten?«
- Über-Ich-Thema: »Ich möchte angstfrei eigene Wünsche haben dürfen und sie realistisch umsetzen können.«

- Kontrollthema: »Ich möchte mich durchsetzen, ohne andere zu vernichten oder selbst Schaden zu nehmen.«
- Zentrales Beziehungskonfliktthema: »Ich möchte dazugehören; die anderen machen mich aber gnadenlos fertig, das beschämt mich zu Tode, und ich ziehe mich zurück.«

Martins eigenes Ziel ist der Wunsch, die Schule besser zu bewältigen und einen Freund zu finden. Die Prognose hängt von der Flexibilisierung des Über-Ichs und speziell von der Veränderungsfähigkeit der Mutter und des gesamten Familiensystems ab. Eine Verlängerung wird notwendig sein.

Abschließend seien noch ein paar Sätze zum Therapieverlauf mit Martin und seinen Eltern gesagt:

Zur Arbeit mit dem Jugendlichen: Die erste Phase der Therapie war gekennzeichnet durch ein »Schwimmen mit dem Widerstand«. Schwierige Themen wurden nicht angesprochen, sondern aktuelle Anforderungen praktisch bewältigt und selbstwertstabilisierend bearbeitet (Erstellung der Präsentation zur Projektprüfung für den Realschulabschluss). Es wurde zunächst dezentrierend gearbeitet, also fern vom Affekt und Konflikt. Martin begann, die Therapeutin als hilfreiches Objekt zu sehen, und er legte den Fokus auf die Frage, zu welcher sozialen Gruppe er gehören möchte, wobei er speziell die Regeln und die Lebenswelt der Eltern und deren Interpretation auf den Prüfstand stellte. Der Glaube der Eltern sah vor, dass das Wort der Bibel nicht infrage gestellt wurde, man stammte also von Adam und Eva ab, es gab den Teufel (speziell in Form von Videospielen und Pornofilmen) etc. Martin fühlte, dass ihm die Wahrnehmung bestritten wurde, er spürte aber auch einen tiefen Loyalitätskonflikt zwischen den Sichtweisen seiner Eltern und beispielsweise den Lerninhalten in der Schule. Auch die soziale Lebenswelt wurde kritisch beleuchtet: Immer wieder richtete er im Übertragenen die Frage an die Therapeutin, ob seine Haltung und seine Wünsche sein dürften: Ist es Sünde, sich mit Freunden zu treffen, ist es Sünde, Alkohol mit 18 Jahren zu trinken, darf man in diesem Alter außer Haus übernachten, darf man für diese Wünsche kritisiert werden? Hier war die Haltung der Therapeutin hilfreich (bei der Identitätssuche neutral begleitend und trotzdem psychoanalytisch-interaktionell intervenierend). Martin begann intensiv seine Schuldgefühle zu thematisieren, weil er sich der Religionsgemeinschaft der Mutter und des Stiefvaters nicht zugehörig fühlte. Es kam ihm vor wie Verrat. Er fühlte sich schuldig, weil er auf Mutter und Stiefvater wütend war, er fühlte sich schuldig, weil er ihnen gegenüber nicht loyal war, und er wusste nicht, ob ihm ein eigenes Leben zustand. Dennoch fand er einen guten Weg, sich vor der Entscheidung etwas Luft zu verschaffen und Loslösungsschritte vorsichtig zu erproben. Er meldete sich für die gymnasiale Oberstufe an und begann daraufhin, sich seiner Zukunftsplanung zu widmen. Er fand Freunde, schlief und spielte bei diesen, blieb abends auch mal weg, machte ein Praktikum, wo er durchweg sehr positive Rückmeldungen bekam, alles Schritte, die noch ein Jahr zuvor undenkbar gewesen wären.

Zur Arbeit mit den Eltern: Auch bei den Eltern waren zunächst ein »Schwimmen mit dem Widerstand« und eine Haltung von »neutraler Allparteilichkeit« wichtig. In den ersten Sitzungen schimpften sie genauso gnadenlos weiter, wie in den Beziehungskreisen beschrieben. Die Therapeutin begann zunächst, die Tiraden der Eltern zu stören, indem sie sich für ihren Glauben interessierte. Dann folgten, ebenfalls dezentrierend (also zunächst weg vom Affekt), neutrale, nahezu psychoedukative Aufklärungen über allgemeine Erfordernisse der Adoleszenz, verbunden mit dem Hinweis, dass die meisten Jugendlichen ihren Eltern Sorgen machen, weil dies die Möglichkeit ist, eigene Wege gehen zu können. In vielen Situationen bedurfte es aber auch ganz manifester Absprachen, da selbstverständliche Gesten und Haltungen den gläubigen Eltern fremd waren. So zum Beispiel, dass man einem Menschen, den man gern hat, auch mal ein Geschenk macht (Martin wünschte sich einen Fanartikel seines Lieblingsfußballvereins, den er dann zu seiner Verblüffung bekam) oder dass man sich gemeinsam bei Fußballturnieren Spiele ansieht, wenn ein Familienmitglied begeisterter Fußballfan ist. Als die Realschulabschlussprüfung anstand, vereinbarte die Therapeutin mit den Eltern, dass sie sich nicht einmischen sollten, woran sie sich hielten. Über das Ergebnis und das übrigens hervorragende Zeugnis des Jugendlichen, er war der Zweitbeste des Jahrgangs, waren sie erfreut und erstaunt und luden ihn zum Essen ein (»Er hat Unmengen gegessen und hat drei Tage im Bett gelegen und verdaut«, »Wir hatten gedacht, der Junge landet irgendwann auf der Straße, so wie sein Vater«). Die Therapeutin griff dies auf, die Mutter thematisierte darauf erneut ihre Schuldgefühle. Die Mutter wurde empathisch beim Erleben ihrer Schuld begleitet und konnte das Herz der Therapeutin sehr gewinnen. Das Arbeitsbündnis war ausreichend fest, um konfrontieren zu können. Die Therapeutin sagte, nachdem die Mutter wiederum sehr über Martin geschimpft hatte: »Wissen Sie, es gab viele Elternstunden, da haben Sie mit solcher Gnadenlosigkeit über Martins Verhalten geschimpft, dieser Ärger hat mich ganz stumm gemacht und ich habe mich sehr unfähig gefühlt. Ich glaube, mir ging es da wie Martin: Auch er fühlt sich in solchen Situationen unfähig und stumm und zieht sich zurück, und genau das werfen Sie ihm vor.« Die Mutter begann zu weinen und sagte: »Also habe ich wieder etwas falsch gemacht.« Die Therapeutin antwortete: »Wenn man Angst hat, dass das eigene Kind scheitert und orientierungslos in der Gosse landet, möchte man das verhindern. Dann signalisiert man seinem Kind: Mach es so wie ich! Und Sie waren, als Sie nach Deutschland kamen, orientierungslos und haben zwischenmenschlich schlechte Erfahrungen gemacht. Erst die Religion hat Ihnen Heimat gegeben. Da ist es nachvollziehbar, dass Ihr Sohn es genauso machen soll wie Sie. Aber glauben Sie mir, glücklich kann er nur werden, wenn er seinen Weg selbst findet.«

Martin hat mittlerweile 120 Sitzungen modifizierte psychoanalytische Psychotherapie gehabt. Die Eltern kommen nach wie vor zu Elternsitzungen und sind wesentlich milder geworden. Es wird allerdings noch viel Arbeit sein, einen Weg mit Martin und dem Familiensystem zu finden, der für alle Parteien tolerierbar ist.

7.2 Anwendung und Nutzen der Beziehungsachse im multiprofessionellen Team

Judith Noske, Karin Zajec

Die OPD-KJ-2-Beziehungsachse ist kein Behandlungsinstrument und keine Bedeutungstheorie, aber sie ist ein Beobachtungsraster, durch das wir die Erlebens- und Verhaltensweisen von Personen beobachten und beschreiben können. Die OPD-KJ-2-Beziehungsachse kann daher im multidisziplinären Team als eine gemeinsame Sprache verwendet werden, die hilfreich ist, um sich über Beobachtungen abzustimmen, um Unterschiede in der Einschätzung festzumachen und um verschiedene Wahrnehmungen zu diskutieren. Wir sehen darin eine Möglichkeit, uns dem inneren Erleben unserer Patientinnen und Patienten in ihren strukturellen Möglichkeiten und Konfliktlandschaften anzunähern und ihre Beziehungsgeschichten und Krankheitsverarbeitungsmuster zu verstehen.

Die sprachliche Übereinstimmung muss allerdings noch so viel individuellen Spielraum lassen, dass sie für unterschiedliche psychotherapeutische Schulen akzeptabel ist, und sie muss auch so praxisbezogen sein, dass sie für Pflegepersonal und Sozialpädagogen nützlich ist.

Der Wert der Beziehungsachse für die Arbeit im multiprofessionellen Team liegt nicht darin, dass sie ein konsistentes psychodynamisches Konzept in sich birgt, sondern dass sie eine Möglichkeit bietet, die vielfältigen Beziehungsmuster, die im Kontakt mit dem Kind oder Jugendlichen beobachtet und erlebt werden, differenziert zu beschreiben. Natürlich führt die anhand der Items der Beziehungskreise getroffene Einschätzung sowohl zu einer Verdichtung als auch zu einer Reduzierung der Komplexität von Beziehung. Das kann man kritisch sehen. Gleichzeitig hilft es, dass die Beziehung dabei nicht nur gelebt und erlebt wird, sondern dass Beziehungsmuster beschrieben und im Team gemeinsam reflektiert werden können. Die kaleidoskopartige Widerspiegelung der unterschiedlichen Beziehungsmuster eines Patienten oder einer Patientin im multidisziplinären Team stellt wichtige diagnostische Informationen zur Verfügung und kann wertvolle Hinweise für die weitere Behandlungsplanung in der interdisziplinären Zusammenarbeit liefern. Die Arbeit mit der Beziehungsachse kann anstrengend sein, aber sie kann auch etwas Spielerisches haben.

Einsatz der OPD-KJ-2 im stationären Behandlungsverlauf

In der Abteilung für Kinder- und Jugendpsychiatrie und Psychotherapie, Standort Hinterbrühl, wurde die OPD-KJ beziehungsweise die OPD-KJ-2 ab 2007 sukzessive in den Behandlungsalltag integriert. Alle Berufsgruppen wurden durch Schulungen mit den verschiedenen Achsen vertraut gemacht – eine Voraussetzung, dass diese zur Grundlage einer gemeinsamen Sprache werden konnten. Die OPD-KJ-2 unterstützt dadurch nun die Verständigung im interdisziplinären Team, das sich aus Mitarbeitenden mit 16 unterschiedlichen beruflichen und fachspezifischen Erfahrungshintergründen zusammensetzt.

Wie sieht das konkret aus?

Die einzelnen Achsen der OPD-KJ-2 sind unterschiedlichen Berufsgruppen zugeordnet. Die Einschätzung der Behandlungsvoraussetzungen und der Strukturachse obliegt den fallführenden Ärztinnen und Psychologen, das Rating der Konfliktachse den Therapeuten und die Verwendung der Beziehungsachse den Betreuenden (Pflegekräften und Sozialpädagoginnen) auf der Station. So werden in Teambesprechungen von den einzelnen Berufsgruppen anhand der OPD-KJ-2 Ergebnisse unterschiedlicher Aspekte der Schwierigkeiten des Kindes oder Jugendlichen eingebracht. Unserer Erfahrung nach ist es hilfreich, die OPD-KJ-2 als triangulierendes Instrument zu verwenden. Eine Visualisierung der einzelnen Achsen, insbesondere der verschiedenen Beziehungskreise, macht es möglich, dass unterschiedliche Perspektiven im Team benannt und einem Integrationsprozess zugeführt werden können. Das von Rainer Fliedl entwickelte PC-Programm für die OPD-KJ-2-Befunderhebung ist dabei sehr hilfreich (vgl. Kapitel 8: Visualisierung der OPD-KJ-2-Beziehungsachsenbefunde mittels Excel).

Bei der Aufnahme einer Patientin oder eines Patienten wird vom fallführenden Arzt oder Psychologen neben der ICD-10-Aufnahmediagnose auch die OPD-KJ-2-Achse Behandlungsvoraussetzungen ausgefüllt. Beides ist Teil der Patientenvorstellung in der ersten Teambesprechung. Im Zuge des diagnostischen Abklärungsprozesses erfolgt dann zusätzlich noch das Rating der OPD-KJ-2-Strukturachse, damit relativ gut eingeschätzt werden kann, welche strukturelle Ausstattung der Patient, die Patientin hat und auf welche diesbezüglichen Ressourcen die Behandlung aufgebaut werden kann.

Vom zuständigen Psychotherapeuten, von der zuständigen Psychotherapeutin wird im Verlauf der Diagnostik die OPD-KJ-2-Konfliktachse eingeschätzt. Dies unterstützt die Priorisierung von Themen, an denen sowohl im milieutherapeutischen Setting als auch in der Einzeltherapie gearbeitet werden sollte.

Die Betreuenden auf der Station gestalten die alltägliche Beziehung zu den Kindern und Jugendlichen und dokumentieren diese anhand der Beziehungsbeobachtungs- und selbstbezüglichen Kreise der OPD-KJ-2-Beziehungsachse.

In der Zusammenschau aller Achsen wird dann der therapeutische Aufenthalt eines Patienten, einer Patientin geplant. Im gemeinsamen Diskurs der Teammitglieder wird deutlich, ob bei dem jeweiligen Patienten eine strukturbezogene oder konfliktorientierte Behandlungsplanung sinnhaft erscheint. Auch im weiteren Verlauf der Behandlung werden von den Betreuenden 14-täglich die Resonanzkreise der Beziehungsachse ausgefüllt, um Gegenübertragungsphänomene zu dokumentieren und in der Folge verstehen zu können. Tabelle 1 stellt den Einsatz der OPD-KJ-2-Achsen im Behandlungsverlauf in der Übersicht dar.

Tabelle 1: Einsatz der OPD-KJ-2-Achsen im Behandlungsverlauf

	Erste Teambesprechung: Vorstellung des Patienten	Besprechung der Diagnostikergebnisse (nach ca. sechs Wochen)	Weitere Teambesprechungen während des stationären Aufenthalts
Betreuende (Pflegekräfte/ Sozialpädagogen)	Achse Beziehung: Beziehungsbeobachtungs- und selbstbezügliche Kreise	Achse Beziehung: Zusammenschau bisheriger Beziehungsbeobachtungen (Rating alle 14 Tage)	Achse Beziehung: Beziehungsresonanz (Rating alle 14 Tage)
Fallführende Psychologinnen/ Ärzte	Achse Behandlungsvoraussetzungen	Achse Struktur	
Psychotherapeuten		Achse Konflikt	

Eine ausführliche Darstellung der praktischen Umsetzung findet sich in Noske (2018) und Katzenschläger, Gottwald und Mannsberger (2015).

Praktischer Nutzen der Beziehungsachse im stationären Alltag

Das Wahrnehmen der szenischen Inszenierung des Patienten (Argelander, 1970) und das Verwenden des therapeutischen Teams als Resonanzraum und Container sind die zentralen Ressourcen des stationären Behandlungsteams, um zu einem besseren Verständnis des Patienten zu gelangen. Um dies zu erreichen, sind alle Teammitglieder aufgerufen, einerseits ihre Beziehungen und Befindlichkeiten einem Patienten gegenüber zu beschreiben und daraus abzuleiten, wie sich das auf das Beziehungsgefüge des Teams auswirkt, andererseits aber auch Phantasien über den Patienten und seine Familie und über die Motive seines Handelns zu äußern (Fliedl, 2007). Dies ermöglicht einen über die symptomatologisch orientierte Behandlung hinausgehenden Zugang zur inneren Welt des Patienten oder der Patientin (Tatzer, Hanich, Fliedl u. Krisch, 1991). Gleichzeitig birgt dieser Prozess allerdings auch die große Gefahr, dass sich der Blickwinkel vom Patienten auf die Behandelnden verschiebt und dass der latente Wunsch, dass die therapeutische Institution sich eigentlich um die Behandelnden kümmern und sie in ihrer Not und Bedürftigkeit wahrnehmen sollte, immer mehr mobilisiert wird (Main, 1957). Dies sollte unbedingt kritisch im Blick behalten und reflektiert werden.

Für die praktische Anwendung der OPD-KJ-2-Beziehungsachse ist die grafische Darstellung als Netzgrafik von großer Nützlichkeit (vgl. Kapitel 8: Visualisierung der OPD-KJ-2-Beziehungsachsenbefunde mittels Excel). Es wird oft auf einen Blick sichtbar, welche grundlegenden Beziehungsschwierigkeiten bei einem Patienten bestehen, wie sich das Verhältnis zwischen Subjekt und Objekt in seiner Wechselseitigkeit darstellt und welche Veränderungen in der Beziehungsgestaltung förderlich wären. Durch das Übereinanderlegen mehrerer Beziehungskreise lässt sich zudem darstellen, wie unterschiedlich oder ähnlich die Beziehungsgestaltung des Kindes oder Jugendlichen mit verschiedenen Interaktionspartnern gelebt wird und wie sich die Beziehungsgestaltung im Rahmen des stationären Aufenthalts verändert.

Die Arbeit mit den Resonanzkreisen der OPD-KJ-2-Beziehungsachse ist ein geeignetes Mittel, um von diffusen Befindlichkeitsäußerungen zu einem »Gegenübertragungsbefund« zu kommen. Vage Befindlichkeitsäußerungen der Betreuenden werden über die Resonanzkreise zu relevanten Befunden, die uns Hinweise auf die innerpsychische Dynamik unserer Patientinnen und Patienten geben. Erst dieses Verarbeiten und Zurückführen zu Beobachtbarem und damit wieder In-Beziehung-Setzen zum Patienten führt dazu, dass der Austausch von Befindlichkeiten und Phantasien zu einem Prozess der Reflexion über den Patienten und zu einem exakteren Wahrnehmen und Verstehen seiner Person führt. Das Ausfüllen der Resonanzkreise im Vorfeld einer Teambesprechung unterstützt so die Übersetzung einer subjektiv diffusen Wahrnehmung in einen Beziehungsbefund mit hohem reflexivem und psychohygienischem Wert. Es lassen sich daran auch relativ leicht Überlegungen knüpfen, in welcher Art der Patient seine Störung szenisch inszeniert, und es ist möglich, ein einheitliches Verständnis dafür im gesamten Team zu entwickeln.

Abschließend sollen verschiedene konkrete Einsatzmöglichkeiten der OPD-KJ-2-Achse Beziehung im interdisziplinären Behandlungsteam aufgezeigt werden.

Reflexion der therapeutischen Beziehungsdynamiken im Zusammenhang mit biografischen Aspekten

Wie bereits in diesem Buch beschrieben, wiederholen Kinder und Jugendliche ihre Beziehungserfahrungen mit dem Behandlungsteam immer wieder aufs Neue. Die Beziehungsachse kann dabei helfen, einen Zusammenhang zwischen dem vergangenen Erlittenen und dem gegenwärtig Inszenierten herzustellen, eine wesentliche Voraussetzung, um Entwicklungsräume neu zu gestalten.

Psychohygiene

Als eine Möglichkeit, den interpersonellen Raum zu reflektieren, hilft uns die Beziehungsachse, sich von den Verwicklungen der dualen Dynamik ein Stück weit zu distanzieren. Sie schafft den Blick auf etwas Drittes, der es ermöglicht, aus der Unmittelbarkeit der Beziehung herauszutreten. So kann die Beziehungsachse zu einer Desaktualisierung des Erlebten beitragen, indem Affekte eingeordnet und gedacht werden können, was zu einer psychischen Entlastung führt. Schwierige Beziehungskonstellationen bekommen einen bildhaften Ausdruck, in dem sie besser gefasst und gehalten werden können. Destruktive Gegenübertragungsimpulse können zudem im Team gemeinsam betrachtet und verarbeitet werden.

Reflexion schwieriger (oft verschwiegener) Beziehungsaspekte

Besonders die Arbeit mit dem Resonanzkreis gibt der Reflexion schwieriger oder negativer Reaktionen gegenüber einer Patientin oder einem Patienten auch eine diagnostische Bedeutung. Das ist vor allem für Betreuende hilfreich,

Judith Noske, Karin Zajec

die im milieutherapeutischen Alltag kontinuierlich im Kontakt mit den Kindern und Jugendlichen sind. Sie können über die Beziehungsachse nicht nur ausdrücken, wie wütend ein Kind sie macht, sondern als Befund bekommt diese Gegenübertragungsreaktion auch einen wichtigen diagnostischen Wert.

Bewusstmachung von Spaltungsprozessen

Diverse Rollenzuschreibungen eines Patienten übertragen sich oft auf unterschiedliche Teammitglieder (vgl. Abbildung 80). Meist sind es ambivalente Affekte, die auf einzelne Teammitglieder aufgespalten und so für den Patienten besser kontrollierbar werden. Das Team wird damit zum Resonanzraum für die inneren Dynamiken der Kinder und Jugendlichen, die uns in szenische Inszenierungen verwickeln. Wir erleben funktionale und dysfunktionale Beziehungsmuster, die über die bildliche Darstellung in den Beziehungskreisen weniger aufgeregt und nicht so persönlich reflektiert werden können. Die Frage nach dem »richtigen« und »falschen« Erleben wird abgelöst durch eine gemeinsame Diskussion über projektiv-identifikatorische Dynamiken: Welcher Teil von Anna wird auf welches Teammitglied übertragen, und welche Funktion hat das für Anna?

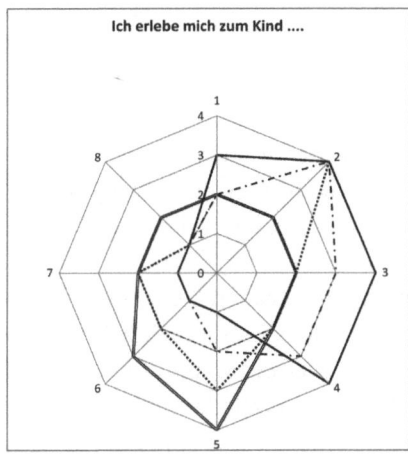 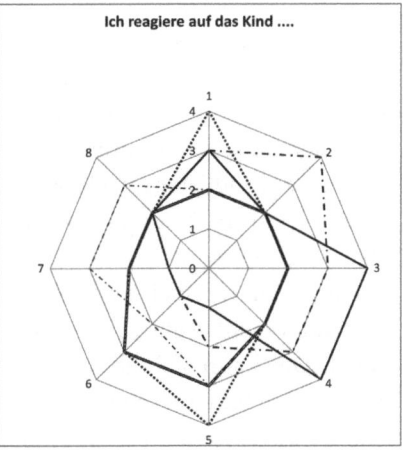

Abbildung 80

Die Reflexion der Beziehungskreise kann auch als Grundlage für Überlegungen dienen, ob Spaltungen mit dem Patienten konfrontativ durchgearbeitet werden sollen oder ob sie im Team ausgehalten und dann unterschiedliche Teilaspekte des Patienten im Team integriert werden müssen.

Dies kann auch im Zusammenhang mit dem Strukturniveau des Patienten, der Patientin diskutiert werden (siehe auch Kapitel 5: Verbindungen zwischen der Beziehungsachse und den anderen Achsen der OPD-KJ-2, sowie Kapitel 6.3: Konzept der gewollten und vermiedenen Beziehung nach Henry Ezriel).

Abstimmung von Nähe und Distanz in der therapeutischen Beziehung

Wie kann die therapeutische Beziehung regulierend für die innere Struktur genutzt werden? Was ist erforderlich, damit eine Beziehung nicht als zu gefährlich bekämpft oder symbiotisch missbraucht werden muss? Zwischen unseren Impulsen des Kontrollierens und Gewährenlassens können wir unsere Patienten besser verstehen, wenn wir in einem kontinuierlichen offenen Austausch über unsere Befindlichkeiten zum Patienten sind, wir ihn sozusagen mentalisierend im Team präsent halten und versuchen, in einer entwicklungsfördernden gemeinsamen Haltung auf ihn zu antworten. Dies gelingt allerdings nicht immer. Es gibt Patientinnen und Patienten, die dermaßen unberechenbar sind, dass Vereinbarungen, auch im Team, kaum möglich sind. Einmal scheint das eine, dann das andere richtig. Meistens ist auch das eine wie das andere falsch. In solchen Situationen können uns die Beziehungskreise dabei helfen, aus einem richtungsleitenden »Richtig« und »Falsch« herauszutreten und entsprechend der momentanen Situation zu handeln. Die Beziehungsachse bekommt hier die Funktion einer Veranschaulichung des intuitiven Handelns, das im Anschluss einer Reflexion im Team zugänglich gemacht werden muss. Bei Kindern und Jugendlichen, die ein Team in Desorganisation stürzen können, kann dies viel zur Entschärfung beitragen.

Hierzu ein Beispiel: Krisenpläne können dem Team helfen, mit schwierigen Situationen strukturiert umzugehen und dem Patienten Klarheit anzubieten. Das kann sich aber als hinderlich erweisen, wenn ein Patient in krisenhaften Situationen unterschiedliche Teammitglieder unterschiedlich anspricht und von ihnen Unterschiedliches braucht: Der eine verspürt den Impuls, einen größeren Abstand zum Patienten herzustellen, der andere würde ihn am liebsten wie ein kleines Kind trösten und in den Arm nehmen. Statt des strikten Befolgens eines Krisenplans, der für alle handlungsleitend ist, kann daher vereinbart werden, dass alle entsprechend der momentanen Situation sowie ihrer Gegenübertragung handeln und im Anschluss die Resonanzkreise der Beziehungsachse ausfüllen. Die Ergebnisse werden

Judith Noske, Karin Zajec

dann in der nächsten Teambesprechung gemeinsam diskutiert und können hilfreiche Grundlage sein, um im gesamten Team einen für den Patienten entwicklungsförderlichen Raum aufzuspannen, im dem die für diesen notwendige Differenziertheit von Beziehungen gelebt werden kann.

Reflexion darüber, wie sich situationsspezifische Anforderungen in der Beziehungsgestaltung abbilden

Entwicklung vollzieht sich im Wechselspiel zwischen progressiven und regressiven Dynamiken, für die es einen Raum und ein Gegenüber braucht. Eine situationsunabhängige, immer gleiche Beziehungsgestaltung erachten wir in den meisten Fällen als hoch problematisch, da sie im Sinne einer Fixierung den Entwicklungsraum einengt und neue Beziehungserfahrungen deutlich erschwert. Wir unterscheiden in unserer Arbeit mit den Kindern und Jugendlichen einen aufgabenorientierten von einem zielorientierten und einem reflexiven Behandlungsraum. Der Verlust der Fähigkeit, diese sozialen Räume zu unterscheiden, geht in der Regel mit einem regressiven Prozess einher. Um in einer psychiatrischen Institution diesen Regressionsprozess nicht zu fördern, bedarf es vonseiten der Behandelnden ein bewusstes und ausgewogenes Angebot dieser verschiedenen sozialen Dimensionen (vgl. Abbildung 81).

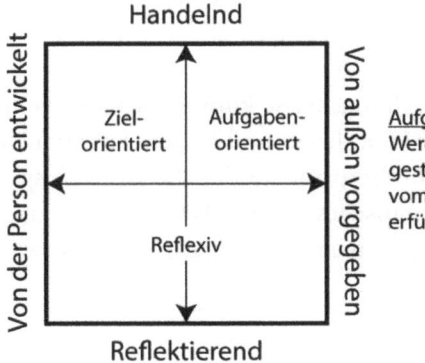

Abbildung 81

In diesen verschiedenen Behandlungsräumen werden unterschiedliche Anforderungen gestellt, auf die mit unterschiedlichen Beziehungsantworten reagiert wird, was grundsätzlich als sinnvolle Anpassungsleistung verstanden werden kann (vgl. Tabelle 2).

Tabelle 2: Die verschiedenen Behandlungsräume

	Angebote	Ziele	Resultate
Aufgaben-orientiert Schule, Beschäftigungsgruppe, Funktionelles Training	Anleitung	Aufträge geben Anleiten bei der Arbeit Feedback über Erfolg und Misserfolg geben	Lernen und Schaffen eines Produkts Bewältigen von Anforderungen	Arbeitsprodukte Wiedergewonnene Fähigkeiten und verbesserter Selbstwert des Kindes
Zielorientiert Wohnbereich, Kreativitätsgruppen etc.	Anleitung und Beratung	Klären von Wünschen und Zielen Beratung, wie diese umsetzbar sind	Befriedigendes persönliches und soziales Leben	Befriedigende soziale Beziehungen
Reflexiv Gruppen- und Einzelpsychotherapie	Beratung	Verdeutlichen und Konfrontieren mit der sozialen Inszenierung Verstehen ihrer Bedeutung und Überlegen von Verhaltensvarianten	Mentalisierung Entwickeln beobachtender Ich-Funktionen Reflexionsfähigkeit	Erkennen, Verstehen, Erkenntnis

Mithilfe der Beziehungskreise können progressive und regressive Beziehungsdynamiken identifiziert und auf ihre Funktionalität beziehungsweise Dysfunktionalität überprüft werden. So kann beispielsweise ein regressives psychotherapeutisches Setting als Gegenstück zu einem auf Selbstwirksamkeit hin ausgerichteten Betreuungsplan als notwendige Ergänzung verstanden werden.

7.3 Selbst- und Fremdeinschätzung der Eltern-Kind-Interaktion mit der OPD-KJ-2-Beziehungsdiagnostik

Karin Zajec

In der therapeutischen Arbeit mit Kindern und Jugendlichen gilt es, auch die Beziehungen mit deren relevanten Bezugspersonen zu berücksichtigen. Diese können sich als entwicklungsfördernd, aber auch als entwicklungshemmend oder -hinderlich erweisen. Interviews, Verhaltens- oder Interaktionsbeobachtungen stellen hierbei gängige Untersuchungsmethoden dar. Dabei handelt es sich meist jedoch um eine reine Fremdbeurteilung durch die Untersuchenden. Der folgende Beitrag geht der für den Behandlungsalltag bedeutsamen Fragestellung nach, »inwieweit die Fremdbeurteilung des Untersuchers sowohl Gemeinsamkeiten als auch Widersprüche mit dem subjektiven Erleben der Kinder und Jugendlichen und deren Eltern aufweist und welche Relevanz dies für die Behandlungsplanung hat« (Singer, Fliedl u. Zajec, 2019). Dazu wurde in der Abteilung für Kinder- und Jugendpsychiatrie und Psychotherapie, Standort Hinterbrühl, ein Studiendesign entwickelt und umgesetzt, das bei Patienten im Altersbereich von zwölf bis 18 Jahren und deren Eltern Unterschiede und Gemeinsamkeiten in der Selbst- und Fremdwahrnehmung bezüglich der dyadischen Eltern-Kind-Interaktion untersuchen sollte, und zwar mittels der Beziehungskreise der OPD-KJ-2 sowie des INTREX-Fragebogens (siehe Anhang A), der ebenso wie die OPD-KJ-2-Beziehungsachse auf dem SASB-Modell beruht. Die Ergebnisse erwiesen sich als überaus nützlich, sowohl innerhalb des diagnostischen Prozesses als auch im Rahmen der weiteren Behandlungsplanung.

Vorüberlegungen

In der klinischen Arbeit mit Kindern und Jugendlichen beschäftigen uns – im diagnostischen Prozess wie auch im weiteren Behandlungsverlauf – sowohl funktionale als auch dysfunktionale Beziehungsmuster. Dabei erweist es sich als wesentlich, einen Transfer erreichter Fortschritte vom stationären oder ambulanten Setting in das häusliche beziehungsweise familiäre Umfeld zu erreichen, weswegen es auch einer Untersuchung des familiären Systems mit seinen Ressourcen und Defiziten bedarf. Die Beziehungsachse der OPD-KJ-2 bietet nicht nur eine Möglichkeit, die Beziehungsgestaltung zwischen Kindern oder Jugendlichen und Untersuchenden darzustellen, sondern sie kann auch für die Einschätzung von Beziehungsepisoden zwischen dem Kind oder Jugendlichen und seinen Bezugspersonen herangezogen werden. Eltern sind hier von zentraler Bedeutung (Bowlby, 1978, 1980), da Kinder und Jugendliche in vielfältiger Weise, ob ökonomisch, juristisch oder psychisch, von ihren Eltern abhängig sind (Fliedl, 2016; Zajec, 2017).

Anhand der in Kapitel 3 (Anleitung zum Rating) beschriebenen Beziehungskreise der OPD-KJ-2 ist es dem Untersucher, der Untersucherin möglich, dyadische Eltern-Kind-Beziehungsepisoden aus dem »Blickwinkel« beider Interaktionspartner bildhaft darzustellen, entwicklungsfördernde und entwicklungshemmende Beziehungskomponenten zu identifizieren beziehungsweise zu diagnostizieren und infolgedessen die Patienten und Eltern entsprechend zu beraten und zu behandeln. Da die Verhaltensweisen und die Reaktionen auf ein Gegenüber sowie der Selbstbezug bei diesem Vorgehen von einer außenstehenden untersuchenden Person bewertet werden, entsteht ein komplexes und reliables Bild der beobachteten Beziehungssequenz (vgl. Arbeitskreis OPD-KJ-2, 2016). Gleichzeitig fehlt hierbei die subjektive Einschätzung der eigentlichen Akteure dieser Beziehungsepisode. Diese sollte in der oben genannten Studie durch die Verwendung des INTREX-Fragebogens als Selbsteinschätzungsinstrument ergänzt werden.

Instrumente und praktisches Vorgehen

Was ist erforderlich, damit Eltern und deren Kinder eine subjektive Einschätzung einer Beziehungsepisode nach OPD-KJ-2 treffen können? Von zentraler Bedeutung ist ein klar definierter Zeitrahmen der zu bewertenden Beziehungsepisode. Hierfür bieten sich Videoaufnahmen von Beziehungssequenzen an, zum Beispiel durch eine videogestützte Interaktionsbeobachtung mit vorgegebenen Aufgabenstellungen.

Das Ausfüllen eines OPD-KJ-2-Beziehungskreises setzt Wissen und Erfahrung voraus und ist für Eltern und Jugendliche unökonomisch, weshalb im Rahmen unserer Studie der INTREX-Fragebogen (Benjamin, 1983, 1988, 1993; Tress, 1993), der wie die OPD-KJ-2-Beziehungsachse auf dem SASB-Modell beruht, für die Selbsteinschätzung herangezogen wurde. Mit diesem Fragebogen können Eltern und Jugendliche anhand von 16 Aussagen den interpersonellen Raum (entspricht den objekt- und subjektgerichteten Kreisen der Beziehungsachse) sowie anhand von acht Aussagen den Selbstbezug einschätzen. Der Fragebogen wurde so adaptiert, dass ein Vergleich mit den Ratings der untersuchenden Person (sowohl der objekt- und subjektgerichteten als auch der selbstbezüglichen Kreise) und folglich auch eine analoge kreisförmige Darstellung der INTREX-Items möglich wurde (zur Gegenüberstellung der Items siehe Tabellen 3–5).

Tabelle 3: Gegenüberstellung der Items des objektgerichteten OPD-KJ-2-Beziehungskreises mit den entsprechenden adaptierten INTREX-Items

OPD-KJ-2-Beziehungskreis (objektgerichtet)	INTREX-Fragebogen
1.1 gewähren lassend	Sorglos lässt er/sie mich gehen und machen, was ich will. *(14)* *
1.2 interessiert zugewandt	Er/sie teilt mir offen und gelöst ihre/seine Gefühle und Gedanken mit. *(8)*
1.3 liebevoll behandelnd	Er/sie geht liebevoll auf mich ein und bietet mir an, ihr/ihm ganz nach meinen Wünschen nahe zu sein. *(6)*
1.4 freundlich anleitend	Er/sie gibt mir sehr freundlich Anleitung, Schutz und Fürsorge. *(13)*
1.5 bestimmend, kontrollierend	Damit die Dinge ihre Ordnung haben, kümmert er/sie sich um alles selbst und ist darauf bedacht, dass ich mich an ihre/seine Regeln halte. *(9)*
1.6 vorwurfsvoll entwertend	Er/sie erniedrigt, beschuldigt oder bestraft mich. *(3)*
1.7 aggressiv, feindselig behandelnd	Ohne einen Gedanken an die Folgen greift er/sie mich voller Hass und Zerstörungswut heftig an. *(12)*
1.8 desinteressiert abgewandt	Gedankenlos übersieht und vernachlässigt er/sie mich. *(4)*

* *In Klammern befindet sich die Nummer des Items im Fragebogen.*

Tabelle 4: Gegenüberstellung der Items des subjektgerichteten OPD-KJ-2-Beziehungskreises mit den entsprechenden adaptierten INTREX-Items

OPD-KJ-2-Beziehungskreis (subjektgerichtet)	INTREX-Fragebogen
2.1 eigenen Handlungsimpulsen folgend	Er/sie hat ihre eigene Meinung und tut, was er/sie will, ganz unabhängig von mir. *(11)**
2.2 offen und unbefangen	Er/sie lässt mich meinen eigenen Weg finden und bemüht sich, mich zu verstehen, auch wenn wir nicht einer Meinung sind. *(1)*
2.3 freudig im Kontakt	Gelassen und freudig genießt er/sie meine Gegenwart so oft wie möglich. *(15)*
2.4 vertrauensvoll und angepasst	Er/sie hört auf mich, verlässt sich auf mich und nimmt meine Angebote an. *(5)*
2.5 fremden Handlungsimpulsen sich fügend	Er/sie denkt und handelt so, wie ich es gerade will. *(10)*
2.6 unzufrieden gefügig	Beleidigt und verärgert kommt er/sie hastig meinem Willen nach. *(7)*
2.7 wütend, ängstlich im Kontakt	Voller Angst und Hass schreckt er/sie vor mir zurück und meidet mich. *(16)*
2.8 missmutig sich verschließend	Er/sie wendet sich von mir ab und reagiert kaum. *(2)*

* In Klammern befindet sich die Nummer des Items im Fragebogen.

Tabelle 5: Gegenüberstellung der Items des selbstbezüglichen OPD-KJ-2-Beziehungskreises mit den entsprechenden adaptierten INTREX-Items

OPD-KJ-2 Beziehungskreis (selbstbezüglich)	INTREX-Fragebogen
1. frei und sorglos	Unbekümmert und wie selbstverständlich tue und lasse ich, wonach mir der Sinn ist. *(1)**
2. zufrieden mit sich	Ich nehme mich so, wie ich bin, mit all meinen Stärken und Schwächen. *(6)*
3. sich Genuss verschaffend	Ich mag mich und gehe liebevoll mit mir um. *(3)*

4. für sich sorgend	Im Umgang mit mir selbst setze ich einiges daran, fürsorglich, achtsam und interessiert an meiner eigenen Entwicklung zu sein. *(4)*
5. sich kontrollierend	Ich achte darauf, dass ich alles richtig mache, und halte mich selbst unter genauer Beobachtung und Kontrolle. *(8)*
6. sich Vorwürfe machend	Ich bestrafe mich durch Selbstvorwürfe, Selbstzweifel und Selbsterniedrigung. *(5)*
7. sich quälend	Ohne einen Gedanken an die Folgen bin ich voller Ablehnung und Zerstörungswut mir gegenüber. *(2)*
8. sich vernachlässigend	Gedankenlos und rücksichtslos vernachlässige ich mich, manchmal so, als wäre ich ganz egal. *(7)*

* In Klammern befindet sich die Nummer des Items im Fragebogen.

Anhand der INTREX-Items wird die subjektive Wahrnehmung einer Beziehungsepisode und des damit verbundenen Selbstbezugs getroffen. Die Aussagen, die im INTREX-Fragebogen beurteilt werden, beziehen sich jedoch nicht auf die eigenen Verhaltensweisen, sondern auf die des Gegenübers und den daraus resultierenden interpersonellen Raum. Das bedeutet, dass beispielsweise in einer Mutter-Tochter-Dyade die Mutter die Items für das objekt- und subjektgerichtete Verhalten der Tochter ausfüllt. Die Tochter schätzt wiederum die entsprechenden Items für ihre Mutter ein. Abschließend bewerten sowohl Mutter als auch Tochter ihren eigenen selbstbezüglichen Kreis, damit diese subjektiven Einschätzungen frei von Interpretationen oder Verzerrungen von außen sind. Da die Beantwortung der Items gewisse kognitive Fähigkeiten voraussetzt, ist es ratsam, den Fragebogen Kindern und Jugendlichen erst ab einem Alter von 13 Jahren standardmäßig vorzulegen. Bei entsprechender kognitiver Begabung kann jedoch eine Verwendung ab elf Jahren erfolgen. Darüber hinaus können auch bereits Einschätzungen, die ein Elternteil über Verhalten und Reaktionen seines (Klein-)Kindes im Rahmen einer gemeinsamen Beziehungsepisode trifft, aufschlussreich sein.

Bei der Einschätzung ist es grundsätzlich sinnvoll, sich nur auf dyadische Beziehungen zu beschränken. Dies bedeutet, dass Mutter-Kind-Dyaden oder Vater-Kind-Dyaden einzeln betrachtet werden. Die Erfahrung zeigt zudem, dass eine videogestützte Interaktionsbeobachtung im geschützten Rahmen mit vorgegebenen realitätsnahen Aufgabenstellungen, die einen unterschiedlichen Aufforderungscharakter haben, empfehlenswert ist. In der oben genannten Studie wurde hierfür die Heidelberger Marschak-Interaktionsmethode (Ritterfeld u. Franke, 1994) eingesetzt. Die auf dieser Methode basierenden Instruktionen unterteilen sich in Beziehungsaufgaben (z. B.: Lesen Sie sich gegenseitig die Zukunft aus der Hand), Leitungsaufgaben (z. B.: Planen Sie gemeinsam das nächste Wochenende) und Stressaufgaben (z. B.: Lösen Sie dieses [schwierige/unlösbare] Puzzle), mit denen alltagsnahe Verhaltensweisen erzeugt werden, die sich dann innerhalb der Items der Beziehungskreise einordnen lassen. Die verschiedenen Aufgaben stellen unterschiedliche Anforderungen an die Beziehung, und es kann der Umgang damit in der Dyade beobachtet werden. Im Anschluss an die stattgefundene Interaktionseinheit erhalten sowohl der beteiligte Elternteil als auch der Jugendliche einen INTREX-Fragebogen, um die soeben erlebte Situation zu beurteilen. Um Verfälschungen durch allgemeine Beziehungsverhaltensweisen der Eltern-Kind-Dyade vorzubeugen, ist es sinnvoll, die Fragebögen direkt nach der Interaktionseinheit ausfüllen zu lassen und daran zu erinnern, dass die Einschätzungen nur auf die soeben erlebte Beziehungssequenz zu beziehen sind. Im Anschluss dokumentiert die untersuchende Person ihre Einschätzung der Beziehungsepisode anhand des Situationskreises (vgl. Kapitel 4.1: Zwei Erweiterungsmodule der OPD-KJ-2-Achse Beziehung) sowie der sechs verfügbaren Beziehungskreise (jeweils objekt- und subjektgerichtete und selbstbezügliche Kreise für den Jugendlichen und den Elternteil). Die Einschätzungen des Elternteils und des Jugendlichen werden dann auf die Items der OPD-KJ-2-Beziehungskreise übertragen. Dadurch entstehen zwei Bilder mit jeweils sechs Kreisen, eingeschätzt durch die untersuchende Person und die Eltern-Kind-Dyade. Die zwei Darstellungen der Beziehungsepisode können anschließend mittels des PC-Programms (vgl. Kapitel 8: Visualisierung der OPD-KJ-2-Beziehungsachsenbefunde mittels Excel) übereinandergelegt und visuell verglichen werden.

Zur Auswertung bieten sich Fragen nach dem Trichtermodell an, anhand derer von allgemeineren zu spezifischeren Fragen übergangen wird. Die übergeordnete Fragestellung bezieht sich darauf, inwiefern Ähnlichkeiten und Diskrepanzen zwischen den Einschätzungen des Untersuchers oder der Untersucherin und der beobachteten Dyade bestehen.

Als erste, allgemeinere Fragen bieten sich beispielsweise an:

1. Auf welcher Achse befindet sich die höchste sowie niedrigste Ausprägung in den Einschätzungen der untersuchenden Person? Finden sich diese Spitzen/Einbrüche auch bei den Einschätzungen der Eltern und Jugendlichen wieder?

2. Auf welcher Achse befindet sich die höchste und niedrigste Ausprägung in den Einschätzungen des Jugendlichen über den Elternteil beziehungsweise den Einschätzungen des Elternteils über den Jugendlichen? Finden sich diese Spitzen/Einbrüche auch bei den Einschätzungen der untersuchenden Person wieder?
3. Gibt es auf der linken oder rechten Seite der Kreise ausschließlich bei der Einschätzung der untersuchenden Person oder ausschließlich bei den Einschätzungen der Eltern und Jugendlichen Bewertungen?

Die entstandene Videoaufnahme der Beziehungsepisode kann im Rahmen einer Rückmeldung auch als bildhafte Unterstützung bei der Thematisierung von ähnlichen oder auch sehr unterschiedlichen Einschätzungen der Elternteile und Jugendlichen genutzt werden.

Fallbeispiel: Mutter-Tochter-Dyade: Elena, 13 Jahre, und ihre Mutter
Vorinformationen
Elena ist zum Zeitpunkt der Videodiagnostik seit neun Wochen stationär aufgenommen. Elena ist ein kognitiv gut begabtes Mädchen mit einem eingeschränkt bis gering integrierten Strukturniveau. Anamnestisch ist eine emotionalisierte Mutter-Kind-Beziehung bekannt. Von der Mutter wird beschrieben, dass sie sich von ihrer Tochter in vielen Situationen unter Druck gesetzt fühle, da Elena bei Konflikten mit stundenlangem Schweigen und ununterbrochener Ignoranz reagiere. In den Gesprächen mit der Mutter stellt sich heraus, dass sie dieses Verhalten als aggressiv, im Sinne von passivem Widerstand, erlebt. Sie fühle sich dann handlungsunfähig und ohnmächtig, was bei ihr in der Konfliktsituation selbst Wut auslöse sowie eine große Unsicherheit in Momenten, in denen die Gefahr eines Konflikts besteht. In Gesprächen im Vorfeld der geplanten Video-Interaktionsdiagnostik entsteht beim Untersucher der Eindruck, dass Elena und ihre Mutter sich gern emotional nahe wären, dass jedoch eine Distanz vorrangig erscheint – zum Beispiel aufgrund von Unsicherheiten, wie mit der anderen umgegangen werden soll.

Beschreibung der Videosequenz
Im Vorfeld der Videoaufnahme thematisiert die Mutter dem Untersucher gegenüber ihre Verunsicherung angesichts der aufgestellten Kamera, sie zeigt sich jedoch auch interessiert an den aus der Interaktionsdiagnostik resultierenden Erkenntnissen. Im Rahmen der Untersuchung erhalten Elena und ihre Mutter drei zu bearbeitende Aufgabenstellungen. Die Mutter nimmt an einem der drei vorbereiteten Stühle Platz, Elena setzt sich mit einem Stuhl Abstand zu ihrer

Mutter an den Tisch. Bei der ersten Aufgabe wird Elenas Mutter aufgefordert, ihrer Tochter über die Zeit, als sie ein Baby war, zu erzählen. Die Aufgabe soll eine Möglichkeit schaffen, sich emotional nahe zu sein. Anfangs zeigt Elenas Mutter Schwierigkeiten, einen Redefluss aufrechtzuerhalten, sie scheint die Beschreibung emotionaler Details anzustreben, dies gestaltet sich jedoch schwierig und sie bricht mehrfach ab. Beschreibungen von Gefühlen werden wiederholt ausgespart. Während dieser Erzählung sitzt Elena anfänglich steif da, lächelt jedoch herzlich bei liebevollen Erzählungen, bevor sie die Augen daraufhin wiederholt kurzfristig von ihrer Mutter abwendet.

Im Rahmen der zweiten Aufgabe werden die beiden aufgefordert, ein schwieriges Puzzle unter Zeitdruck zu lösen. Die Mutter zeigt sich zu Beginn zurückhaltend und überlässt Elena die ersten Schritte, während sie verbal und aufgabenbezogen mit ihr im Kontakt bleibt. Bei zunehmender Schwierigkeit rückt die Mutter um einen Platz näher zu ihrer Tochter, um den gleichen Blickwinkel auf das Puzzle zu haben. Dabei wirkt die Mutter auch strukturierend auf die Situation ein. Elena wendet sich der Mutter daraufhin körperlich näher zu, auch ihre Körperhaltung öffnet sich gegenüber ihrer Mutter. Beide thematisieren ihren Ärger über das Puzzle, unterhalten sich jedoch auch scherzend über die derzeitige Situation. Trotz der bereits abgelaufenen Zeit bleiben die beiden an dem Puzzle dran, wobei sie neben dem Wunsch, die Aufgabe zu bewältigen, auch die gemeinsame Zeit zu genießen scheinen.

Im Rahmen der letzten Aufgabe werden sie aufgefordert, gemeinsam einen Papierflieger zu basteln. Elena liest die Aufgabe vor, sieht die Mutter anschließend an und hält inne. Die Mutter verbalisiert anfänglich ihre eigene Unsicherheit bei der Aufgabe, nimmt dessen ungeachtet – nachdem sich die Blicke kurzfristig getroffen haben – das Blatt Papier und beginnt, die Aufgabe anzuleiten. Die Mutter erkundigt sich bei Elena nach ihren Wünschen, was der Papierflieger besonders gut können solle. Sowohl Elena als auch ihre Mutter teilen sich ihre Ideen offen mit, lachen über Startschwierigkeiten des Papierfliegers und genießen das gemeinsame Tun.

Situationskreis: Einschätzung des Untersuchers

Abbildung 82 zeigt den vom Untersucher eingeschätzten Situationskreis. Im Rahmen der Videodiagnostik zeigen sich zu Beginn sowohl die Mutter als auch Elena angespannt, beide scheinen durch die deutlich spürbare Beobachtungskomponente als auch durch die emotionalisierte Beziehung beeinflusst zu sein. Dadurch ergibt sich anfangs im intersubjektiven Raum ein Gefühl der Unsicherheit und Bedrohung, was auch eine kurzfristige Leere in der Interaktion der Mutter-Tochter-Dyade zur Folge hat. Die anfängliche Stimmung zeigt sich nach kurzer Zeit jedoch zunehmend rückläufig. Es entwickelt sich rasch ein Gefühl des Forscherdrangs. Elena und ihre Mutter finden Gefallen an den vorgegebenen Aufgabenstellungen. Ärger wird gemeinsam auf die Aufgaben gerichtet, während miteinander darüber gescherzt wird. Die beiden wenden sich freudig und eifrig den Herausforderungen zu und bringen zunehmend eigene Ideen ein. Rasch verändert sich die Stimmung der Situation von der anfänglichen Unsicherheit hin zu einer Ungezwungenheit, die zunehmend gemeinsame Freude und Zuwendung zu einer Sache ermöglicht.

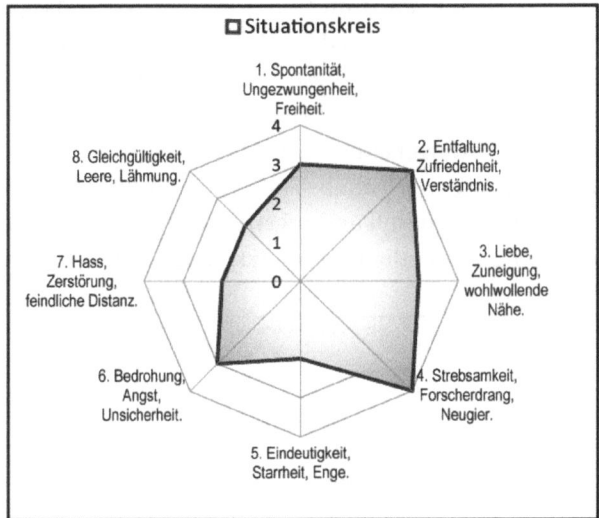

Abbildung 82

Im Situationskreis bildet sich eine Atmosphäre ab, die in deutlichem Gegensatz zur anamnestischen Schilderung steht. Eine mögliche Erklärung wäre, dass der klar vorgegebene und damit geordnete Rahmen Elena und ihrer Mutter Sicherheit gibt, sich auf positive Art und Weise zu begegnen. Zusätzlich kann man die gemeinsame Bewältigung der Aufgabenstellungen als klares gemeinsames Ziel verstehen, womit etwas Drittes in die Beziehung eintritt. Dies kann hilfreich sein, um in einen gegenseitigen konstruktiven Kontakt zu treten. Vor allem die Aufgabenstellung des Puzzles scheint dies für Elena und ihre Mutter zu ermöglichen. Eine andere Interpretationsmöglichkeit liegt in der Motivation beider, in der Untersuchungssituation möglichst »gut abzuschneiden«, sodass vor allem deswegen negative Affekte ausgespart werden.

Vergleich der Einschätzungen des Untersuchers und der Mutter hinsichtlich des subjekt- und objektgerichteten Verhaltens der Jugendlichen in der Beziehungssequenz

Von beiden, Untersucher wie Mutter, werden im objektgerichteten Kreis der Jugendlichen hohe Ausprägungen sowohl bei Item A1.2 (interessiert zugewandt) als auch bei Item A1.3 (liebevoll behandelnd) angegeben. Das vom Untersucher als hoch eingestufte desinteressiert abgewandte Verhalten (Item A1.8) findet in den Einschätzungen der Mutter nur eine niedrige Ausprägung. Es findet sich jedoch in beiden Einschätzungen wieder. Die Items A1.5 (bestimmend/kontrollierend) und A1.7 (aggressiv/feindselig behandelnd) werden vom Untersucher als niedrig, aber dennoch vorhanden beschrieben. Die Mutter beschreibt keine dieser Verhaltensweisen als in der Beziehungssequenz vorkommend. Bei beiden finden sich keine Ausprägungen bei Item A1.6 (vorwurfsvoll entwertend) (vgl. Abbildung 83).

Im subjektgerichteten Kreis zeigen sich ähnlich hohe Übereinstimmungen hinsichtlich des Items A2.4 (vertrauensvoll und angepasst). Das von der Mutter hoch eingeschätzte Item A2.3 (freudig im Kontakt) findet sich lediglich

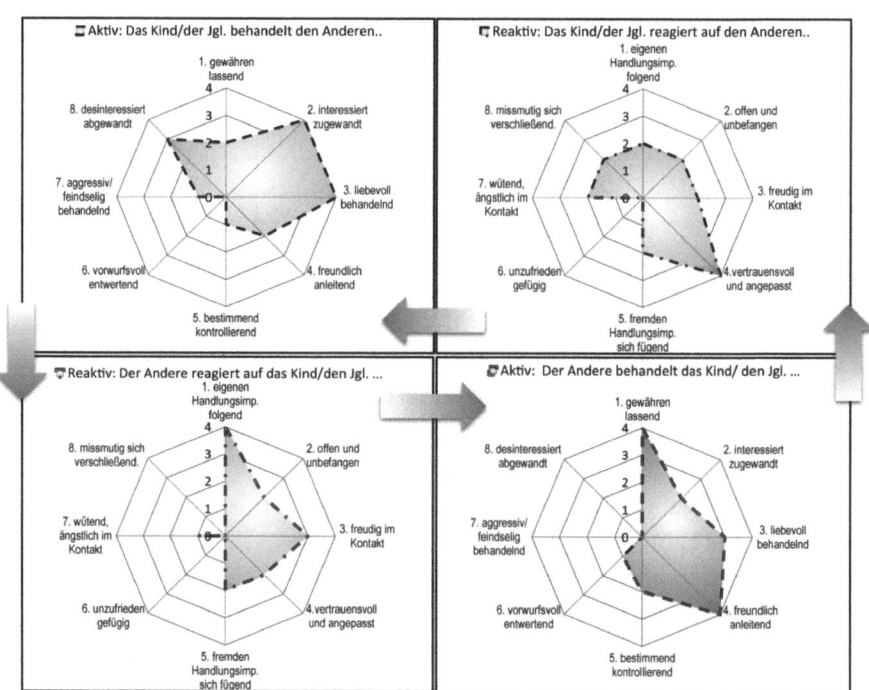

Abbildung 83

in einer niedrigeren Ausprägung beim Untersucher. Sowohl in der Einschätzung des Untersuchers als auch in jener der Mutter finden sich keine Ausprägungen bei Item A2.6 (unzufrieden gefügig). Die übrigen Items werden von beiden jeweils mit einer niedrigen Ausprägung eingeschätzt (vgl. Abbildung 84).

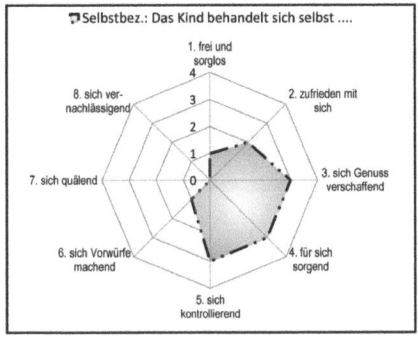 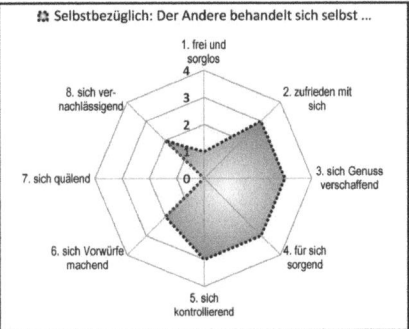

Abbildung 84

Die Einschätzungen des Untersuchers und der Mutter zu Elenas Verhalten zeigen sowohl im objekt- als auch subjektgerichteten Beziehungskreis Ähnlichkeiten wie Unterschiede. Es fällt auf, dass die Einschätzungen der Mutter insgesamt einen deutlich positiveren Trend aufweisen als jene des Untersuchers.

Vergleich der Einschätzungen des Untersuchers und der Jugendlichen hinsichtlich des subjekt- und objektgerichteten Verhaltens der Mutter in der Beziehungssequenz

Im objektgerichteten Kreis der Mutter werden sowohl vom Untersucher als auch von der Jugendlichen hohe Ausprägungen hinsichtlich der Items A1.1 (gewähren lassend), A1.3 (liebevoll behandelnd) und A1.4 (freundlich anleitend) angegeben. Das von Elena als hoch eingestufte interessiert zugewandte Verhalten (Item A1.2) findet in den Einschätzungen des Untersuchers eine eher niedrige Ausprägung. Es findet sich jedoch in beiden Einschätzungen wieder. Das Item A1.5 (bestimmend/kontrollierend) wird von beiden als in niedriger Ausprägung vorhanden angegeben. Das Item A1.6 (vorwurfsvoll entwertend) wird vom Untersucher als niedrig, jedoch als vorhanden beschrieben. Diese Einschätzung findet sich in Elenas Beschreibung des Verhaltens der Mutter nicht wieder. Bei beiden finden sich keine Aus-

prägungen bei den Items A1.7 (aggressiv/feindselig behandelnd) und A1.8
(desinteressiert abgewandt) (vgl. Abbildung 85).

Vergleich der Einschätzung des Verhaltens des Jugendlichen durch die Untersucherin und die Mutter.

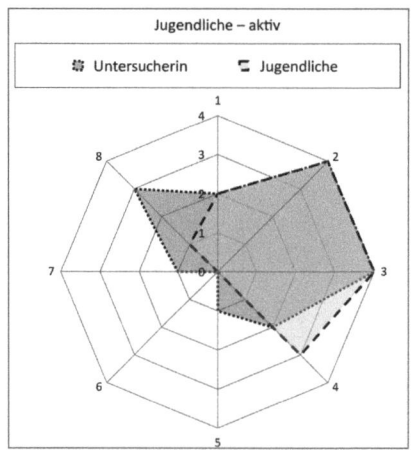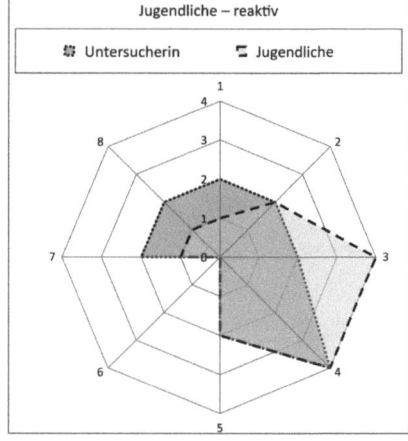

Abbildung 85

Im subjektgerichteten Kreis zeigen sich ähnlich hohe Übereinstimmungen
hinsichtlich der Items A2.1 (eigenen Handlungsimpulsen folgend) und A2.3
(freudig im Kontakt). Das von Elena hoch eingeschätzte Item A2.2 (offen und
unbefangen) findet sich beim Untersucher in einer niedrigeren Ausprägung.

Vergleich der Einschätzung des Verhaltens des Jugendlichen durch die Untersucherin und die Mutter.

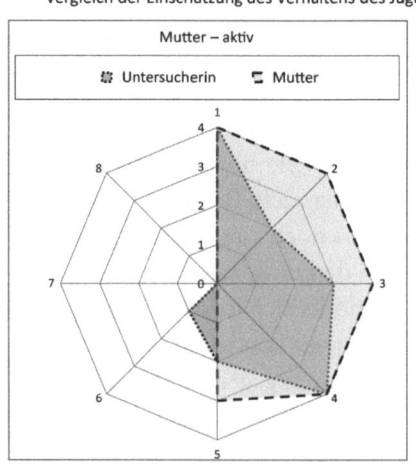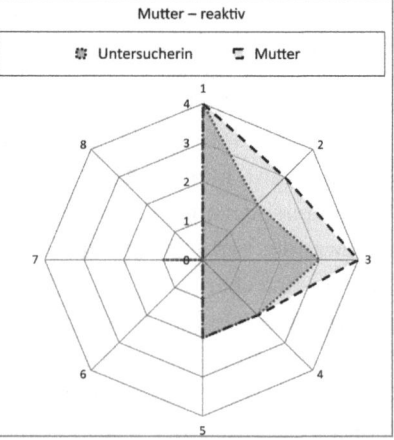

Abbildung 86

Hinsichtlich der Items A2.4 (vertrauensvoll und angepasst) und A2.5 (sich fremden Handlungsimpulsen fügend) ergeben sich in beiden Einschätzungen geringe Werte. Das Item A2.7 (wütend/ängstlich im Kontakt) wird vom Untersucher in niedriger Ausprägung und seitens Elenas als nicht vorhanden eingeschätzt. Sowohl in der Einschätzung des Untersuchers als auch in jener von Elena finden sich keine Ausprägungen bei den Items A2.6 (unzufrieden gefügig) und A2.8 (missmutig, sich verschließend) (vgl. Abbildung 86). Es fällt auf, dass sich in Elenas Einschätzung keine Ausprägungen auf der linken Seite des Beziehungskreises (negative Affiliation) finden, der Untersucher diesbezüglich jedoch leichte Tendenzen bei der Mutter wahrnimmt.

Vergleich der Einschätzungen des Untersuchers mit jenen der Jugendlichen hinsichtlich des Umgangs mit sich selbst in der Beziehungssequenz

Im Vergleich der Ratings des selbstbezüglichen Kreises der Jugendlichen durch den Untersucher und durch Elena zeigt sich, dass sich Ähnlichkeiten hinsichtlich der hohen Ausprägungen bei den Items C1.3 (sich Genuss verschaffend), C1.4 (für sich sorgend) und C1.5 (sich kontrollierend) ergeben. Das von Elena als hoch eingestufte Item C1.2 (zufrieden mit sich) erhält einen niedrigeren Wert in der Einschätzung des Untersuchers. Die Items C1.1 (frei und sorglos) und C1.6 (sich Vorwürfe machend) werden von beiden als niedrig eingestuft. Sowohl Item C1.7 (sich quälend) als auch Item C1.8 (sich vernachlässigend) werden mit niedriger Ausprägung seitens Elenas angegeben, vom Untersucher jedoch als nicht vorhanden eingestuft (vgl. Abbildung 87). Letzteres macht deutlich, dass sich die Einschätzungen des Untersuchers und die Elenas vor allem hinsichtlich der Items mit negativer Affektivität unterscheiden.

Vergleich der Einschätzungen des Untersuchers mit jenen der Mutter hinsichtlich des Umgangs mit sich selbst in der Beziehungssequenz

Im Vergleich der Ratings des selbstbezüglichen Kreises der Mutter durch den Untersucher und durch die Mutter selbst zeigen sich Ähnlichkeiten hinsichtlich der hohen Ausprägungen bei den Items C1.3 (sich Genuss verschaffend), C1.4 (für sich sorgend) und C1.5 (sich kontrollierend). Das von der Mutter als hoch eingestufte Item C1.2 (zufrieden mit sich) bekommt hingegen einen niedrigeren Wert in der Einschätzung des Untersuchers. Das Item C1.1 (frei und sorglos) wird von beiden als niedrig eingestuft. Sowohl Item

C1.6 (sich Vorwürfe machend) als auch Item C1.8 (sich vernachlässigend) werden vom Untersucher mit niedriger Ausprägung eingeschätzt, von der Mutter selbst jedoch als nicht vorhanden beschrieben. Die Einschätzungen des Untersuchers und der Mutter unterscheiden sich also ebenfalls vor allem hinsichtlich der Items mit negativer Affektivität. Im Unterschied zum selbstbezüglichen Kreis Elenas werden von der Mutter allerdings keinerlei negative selbstbezügliche Verhaltensweisen beschrieben, während der Untersucher diese jedoch vermutet (vgl. Abbildung 87).

Vergleich der Einschätzung des Selbstbezüglichenkreises durch die Untersucherin und die Mutter bzw. die Jugendliche

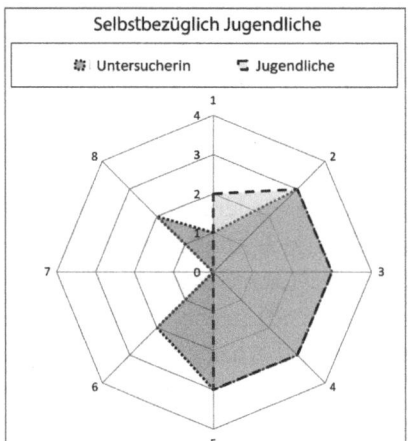
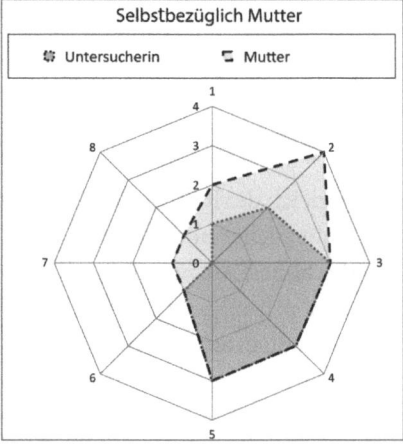

Abbildung 87

Schlussfolgerungen

Der Einbezug subjektiver Einschätzungen von Eltern und Kindern mittels des INTREX-Fragebogens konnte im ersten Schritt zeigen, inwiefern die Einschätzungen des Untersuchers dem subjektiven Erleben der Akteure entsprachen oder sich davon unterschieden. Sowohl die Ähnlichkeiten der Einschätzungen als auch deren Unterschiede erwiesen sich in der Folge als zusätzliches und durchaus nützliches Diagnostikum für den weiteren Behandlungsprozess. So boten die zusätzliche subjektive Einschätzung der Interaktionspartner und die daraus resultierenden Informationen eine Möglichkeit, diagnostische Rückmeldungen an Elternteile und Kinder entsprechend anzupassen und in einem nächsten Schritt klarer zu thematisieren.

Als ein weiterer Befund ergab sich in der oben angeführten Studie, dass eine bei den Untersuchenden wiederholt beobachtbare Hemmung, relevante Aspekte der Beziehungsgestaltung klar anzusprechen (im Sinne einer Patientenschonung), sich häufig als nicht notwendig erwies.

Es zeigte sich, dass vor allem Jugendliche, aber häufig auch die Eltern (und hier vor allem die Mütter) ihre Beziehungsmuster und die damit verbundenen bewusstseinsfähigen Ängste und Wünsche[5] treffend beschreiben konnten, wodurch klar wurde, dass eine Konfrontation mit relevanten Aspekten der Beziehungsgestaltung nicht notwendigerweise zu einer Überforderung von Jugendlichen und Eltern führt.

Es ist davon auszugehen, dass im Sinne der sozialen Erwünschtheit eine gewisse Verzerrung bei der Selbsteinschätzung von Eltern und Kindern/Jugendlichen vorliegen kann. Bei der Integration des Selbsturteils in die Beziehungsdiagnostik liegt der Erkenntniswert jedoch weniger in einer möglichst objektiven Selbsteinschätzung als in den Differenzen der Einschätzungen zwischen der untersuchenden Person und den beteiligten Interaktionspartnern. Die bisherigen Erfahrungen im klinischen Alltag sprechen dafür, dass dadurch »entscheidende Hinweise resultieren, welche Aspekte im Rahmen der weiteren Behandlungsplanung von zentraler Bedeutung sind« (Singer et al., 2019, S. 132).

Bezogen auf das oben beschriebene Fallbeispiel wies die Einschätzung der Mutter hinsichtlich des Verhaltens ihrer Tochter im Vergleich zu den Bewertungen des Untersuchers einen deutlich positiveren Trend auf, im Sinne eines liebevoll-freundlichen Umgangs. Elenas Einschätzungen des Verhaltens der Mutter ergaben zudem keine hohen Werte auf der linken Seite des Kreises (negative Affiliation). Dies zeigte sich auch als sichtlicher Unterschied im Vergleich zur Bewertung des Untersuchers. Daraus ergibt sich die Überlegung, ob eigene Anspannungen sowie negative Affekte in der Beziehungsreflexion von Elena und ihrer Mutter vermieden werden. Zudem lässt sich der Wunsch nach gemeinsamer positiver Zeit vermuten, welche auch eine Ausblendung von Negativem provozieren kann. Im Sinne des Konzepts der gewollten und vermiedenen Beziehung (siehe Kapitel 6.3: Konzept der gewollten und vermiedenen Beziehung nach Henry Ezriel) scheint bei Elena und ihrer Mutter die Vermeidung der Auseinandersetzung mit negativen Affekten ein wiederkehrendes Beziehungsmuster darzustellen. Aufgrund des Alters der Jugendlichen sowie der bestehenden Entwicklungsanforderung der Ablösung stellt das Vermeiden negativer Affekte jedoch

---

5 Den Eltern und Jugendlichen wurden zusätzlich zum INTREX-Fragebogen sechs offen formulierte Fragen zur Beschreibung ihrer Beziehungswünsche und -befürchtungen vorgegeben, wobei sie aufgefordert wurden, diese nicht explizit auf die zuvor erlebte Beziehungsepisode zu beziehen, sondern allgemeiner zu formulieren (siehe Anhang B: Fragebogen zur Beschreibung von Beziehungswünschen und -befürchtungen).

eine Schwierigkeit für eine angemessene Abgrenzung dar. Insgesamt entsteht der Eindruck, dass es Elena und ihrer Mutter unter »kontrollierten Bedingungen« deutlich leichter fällt, positiv miteinander in Kontakt zu treten, was auch in der Beurteilung des Situationskreises sichtbar wird. Diese Beobachtung steht im Gegensatz zur anamnestischen Schilderung, sie weist aber auch darauf hin, dass von den beiden unter geeigneten Bedingungen das dysfunktionale Beziehungsmuster durchbrochen werden kann.

Es ergaben sich bereits aus der Anamnese Hinweise darauf, dass bei Elena und ihrer Mutter in den Bereichen emotionale Verfügbarkeit und Emotionsregulation Defizite bestehen und dass hier eine weiterführende Unterstützung der Eltern-Kind-Dyade indiziert sei. Dies war ein Verdacht, der sich durch die Betrachtung von Elenas Einschätzungen, die im selbstbezüglichen Kreis eingebracht wurden, verstärkte, denn alle Items der linken Hälfte des Kreises (negative Affiliation) wurden von Elena als in niedriger, jedoch vorhandener Ausprägung eingestuft, fanden sich allerdings auf der Verhaltensebene nicht wieder. Dieser Umstand könnte ein Grund für die bei Elena wiederholt auftretende oppositionelle Haltung gegenüber der Mutter sein, die von dieser als passiv-aggressiver Widerstand erlebt wird. Einen Hinweis darauf hätte die alleinige Einschätzung des Untersuchers nicht ergeben, da dieser ausschließlich das Item C1.6 (sich Vorwürfe machend) mit einer niedrigen Ausprägung angab, die Items C1.7 (sich quälend) sowie C1.8 (sich vernachlässigend) hingegen als nicht vorhanden einstufte. Einen weiteren Hinweis gab die ausschließlich positive Beschreibung des Selbstbezugs aus Sicht der Mutter. Der vom Untersucher eingeschätzte selbstbezügliche Kreis der Mutter lässt auch negative innerpsychische Auseinandersetzungen vermuten, welche die Mutter aber vermeidet, bei sich wahrzunehmen. Die Mutter weicht damit möglicherweise Konflikten und Konfrontationen aus, wodurch eine angemessene emotionale Verfügbarkeit gegenüber ihrer Tochter nur eingeschränkt möglich ist. Auch dies ist eine Schlussfolgerung, die ohne die Selbsteinschätzung der Mutter nicht deutlich geworden wäre. Im weiteren Behandlungsverlauf konnte auf Grundlage der Rückmeldung dieser Erkenntnisse ein weiterführendes familientherapeutisches Setting etabliert werden, das zuvor von Elena und ihrer Mutter vehement abgelehnt wurde.

Die Einbeziehung der Selbsteinschätzung durch Kinder und Eltern liefert uns also wichtige Hinweise, die sich in der reinen Fremdbeurteilung durch den Untersucher oder die Untersucherin nicht abbilden. Vor allem die im Vergleich der Einschätzungen entstehenden Diskrepanzen liefern wertvolle Hinweise für die weitere Hypothesenbildung und verdeutlichen, welche Aspekte in der weiteren Behandlungsplanung von zentraler Bedeutung sind.

8 Visualisierung der OPD-KJ-2-Beziehungsachsenbefunde mittels Excel

Rainer Fliedl

Für die Anwendung der OPD-KJ-2-Beziehungsachse im klinischen Alltag hat es sich als besonders hilfreich erwiesen, die Ergebnisse der Ratings mithilfe eines Computerprogramms grafisch darzustellen. So können die verschiedenen Kreise einer Beziehungssequenz in der Zusammenschau betrachtet oder auch übereinandergelegt werden, was die Interpretation deutlich erleichtert. Zudem können die Befunde von Patienten systematisch gesammelt und miteinander verglichen werden. Am besten eignen sich hierzu natürlich Datenbankprogramme wie zum Beispiel MS-Access. Da diese aber nur wenigen privaten Nutzern zur Verfügung stehen, wurde zur Erfassung der OPD-KJ-Befunde eine Programmversion in MS-Excel erstellt, die auf der Homepage der OPD-KJ (https://www.opdkj.eu) auch kostenfrei heruntergeladen werden kann.[1] Da die Beziehungsachse nicht unabhängig von den anderen Achsen der OPD-KJ-2 verstehbar ist, wurden alle vier Achsen in das Programm integriert. In diesem Buch sollen allerdings nur diejenigen Funktionen beschrieben werden, die für die Anwendung der Beziehungsachse von Relevanz sind. Eine Programmbeschreibung inklusive detaillierter Nutzungsanleitung für alle vier Achsen befindet sich zusammen mit dem Programm auf der oben genannten Internetseite.

Welche Anwendungen stellt das Excel-Programm für die Achse Beziehung der OPD-KJ-2 zur Verfügung?

Kommunikation, Beziehung und Beziehungsgestaltung sind dynamische und wechselseitige Prozesse. Daher ist es notwendig, die verschiedenen Beziehungskreise einer Beziehungssequenz in ihrer Abfolge und gegenseitigen

---

1 Das Programm ist in Windows 10 mit der Excel-Version 2018 geschrieben. Es funktioniert auf Windows-PCs ab der Office-Version 2010 und auf MacOS-Rechner ab der Office-Version 2011.

Beeinflussung zu betrachten. Dies ist natürlich theoretisch auch anhand der numerischen Bewertungen der einzelnen Items der Beziehungskreise auf den Ratingbögen möglich, die Visualisierung und das Nebeneinanderstellen der Kreise in einem Computerprogramm erleichtern es jedoch erheblich, die Dynamik innerhalb der jeweils untersuchten Beziehungssituation auf einen Blick zu erfassen. Darüber hinaus verstärkt die Visualisierung durch

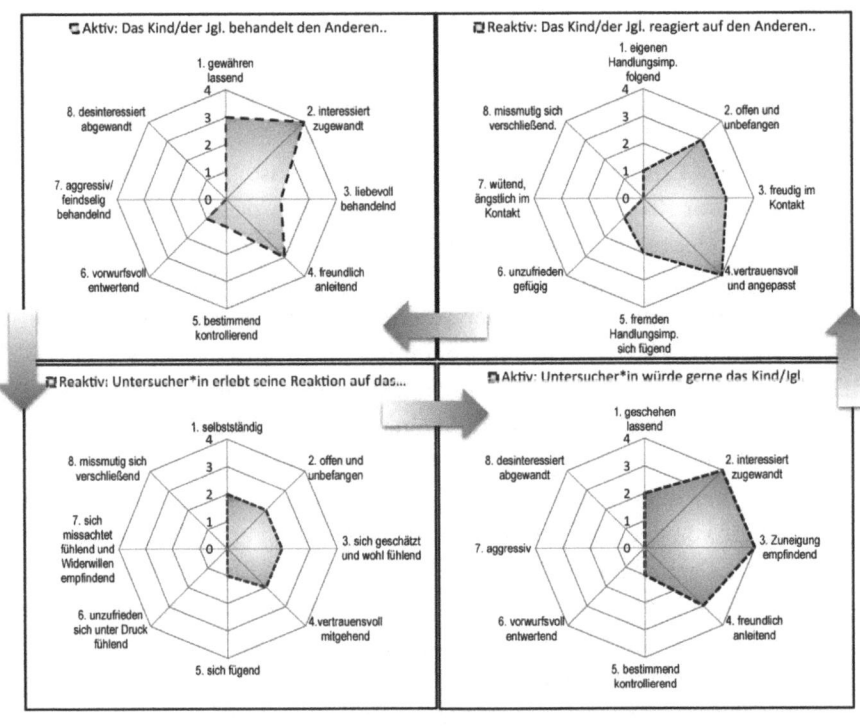

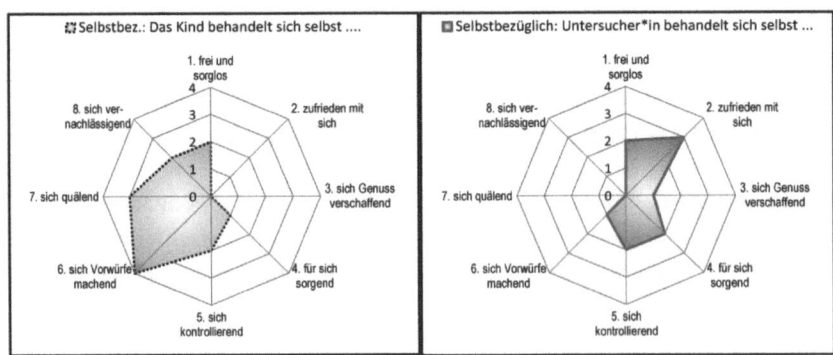

Abbildung 88

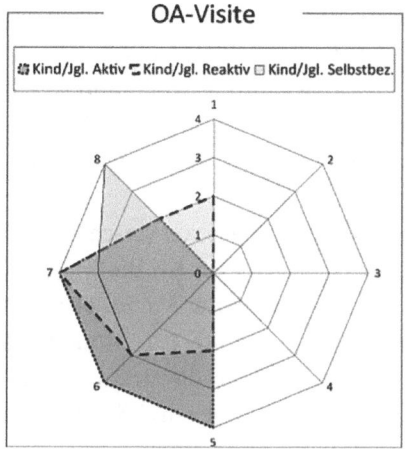

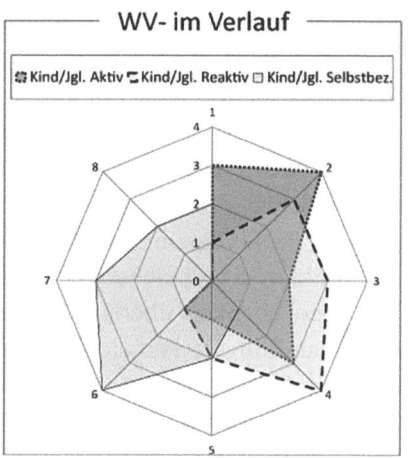

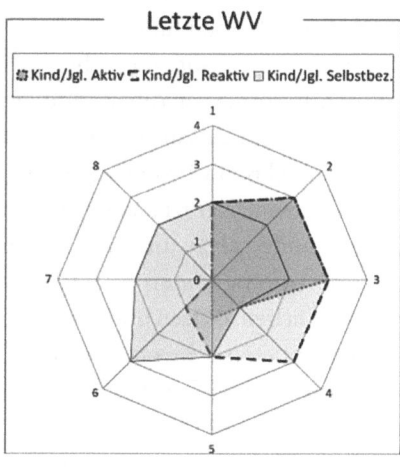

Abbildung 89

ihre Bildhaftigkeit auch die Assoziationen des Untersuchers, der Untersucherin zur jeweiligen Situation. Dies erleichtert differenzierte Überlegungen zu der sich in den Ratings abbildenden Beziehungsgestaltung. Das Excel-Programm ermöglicht eine Darstellung der unterschiedlichen Konzepte und Theorien, die in diesem Buch angesprochen werden. Es bietet die Möglichkeit, verschiedene Kreise der Beziehungsachse sowohl in einer Übersichtsdarstellung (vgl. Abbildung 88) zu betrachten als auch ausgewählte Kreise

übereinanderzulegen, um so zum Beispiel die Größe oder die Bereiche von Überlappungsflächen sichtbar zu machen (vgl. Abbildung 89). Beispiele hierfür finden sich an vielen Stellen in diesem Buch.

In Teambesprechungen oder Teamsupervisionen hat sich darüber hinaus die Betrachtung verschiedener Ratings der Beziehungsachse zu einem Patienten oder einer Patientin sehr bewährt. So kann zum Beispiel analysiert werden, wie unterschiedlich oder ähnlich sich die Beziehungsgestaltung eines Kindes oder Jugendlichen mit verschiedenen Interaktionspartnern darstellt oder inwiefern Spaltungsprozesse im Team eine Rolle spielen (vgl. Kapitel 7.2:

Anwendung und Nutzen der Beziehungsachse im multiprofessionellen Team). Besonders günstig ist hierbei die Visualisierung der Befunde mittels Beamer, da so alle Beteiligten die erhobenen Befunde gleichzeitig sehen und gleichberechtigt an der Diskussion und am gemeinsamen Nachdenken über die sich aus diesen Befunden für die Behandlung des jeweiligen Patienten ergebenden Schlüsse teilnehmen können.

Da in dem Programm zu einem Patienten auch Ratings von verschiedenen Zeitpunkten abgespeichert werden können, besteht zudem die Möglichkeit, diese ebenfalls überlappend darzustellen und damit Veränderungen im Behandlungsverlauf sichtbar zu machen (vgl. Kapitel 6.2: Modell des zyklisch-maladaptiven Beziehungsmusters). Das Excel-Programm bietet die Option, je nach Fragestellung Ratings von zwei oder drei Situationen überlappend darzustellen (vgl. Abbildung 90).

Das Programm berechnet zusätzlich die Werte der Diagonalen, die Flächen und die Schwerpunkte der einzelnen Kreise (vgl. Abbildung 90). Unsere klinische Erfahrung weist darauf hin, dass sich Korrelationen ergeben zwischen großen und kleinen Flächen und den besonderen Ausprägungen der Diagonalen der Kreise (Beziehungsthemen). Im Zusammenhang mit dem Konzept des intersubjektiven Raums (Kapitel 6.1) wurden zudem die Minimal- und Maximalwerte der aktiven und reaktiven Kreisflächen von Patient und Therapeutin berechnet und übereinandergelegt, um darzustellen, welcher gemeinsame Beziehungsraum in der momentanen Beziehungssituation besteht und welcher in den unterschiedlichen aktiven und reaktiven Kreisen maximal möglich wäre. Mit den berechneten Schwerpunkten der einzelnen Kreise haben wir gerade erst begonnen, uns zu beschäftigen. Welche Relevanz diese für das Verständnis einer Patientin oder eines Patienten und die Behandlungsplanung haben können, ist daher noch ein offener Punkt. Im Rahmen zukünftiger Forschung könnte es wichtig sein, zu überprüfen, ob sich die von uns aufgestellten Hypothesen auch in statistischen Auswertungen an größeren Stichproben bestätigen lassen. Via Datenexport können hierzu die gesammelten Daten aus dem Excelsheet in ein Statistikprogramm exportiert werden.

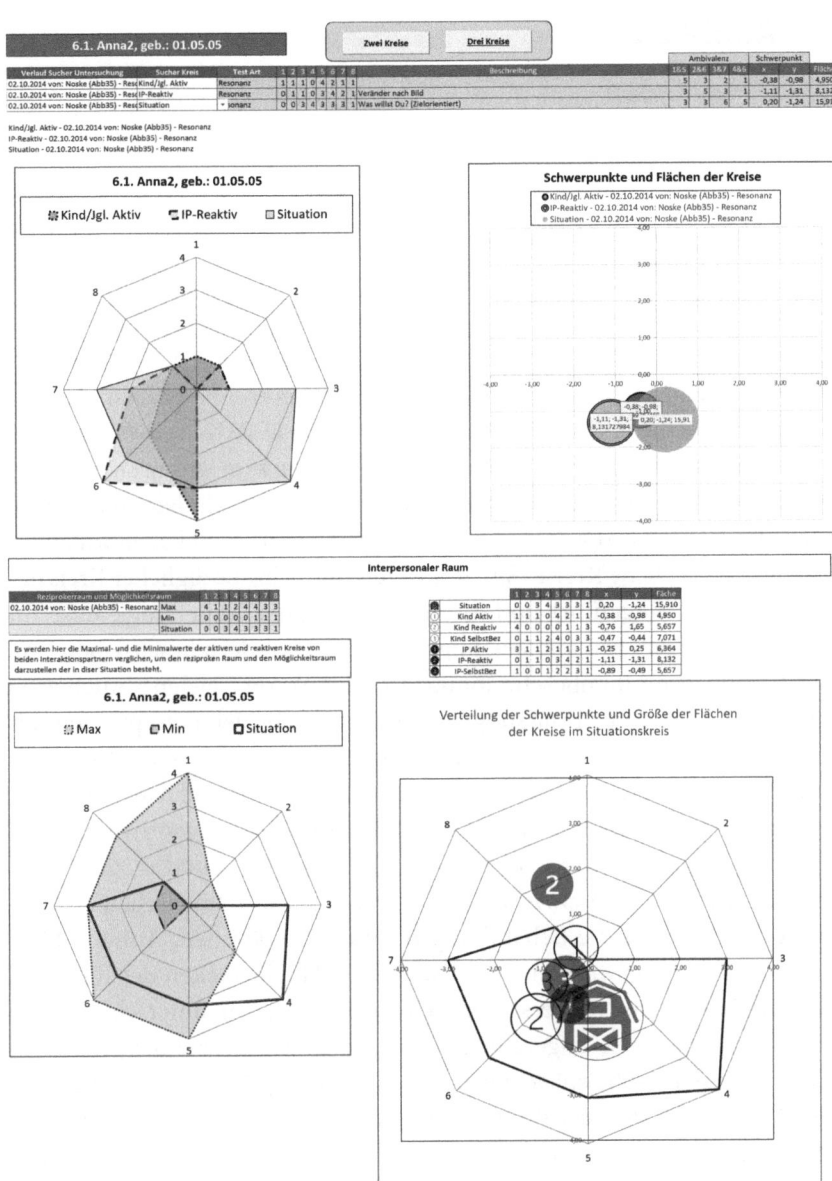

Abbildung 90

9 Ausblick

Carola Cropp

Das vorliegende Buch gibt der Leserin, dem Leser eine praxisnahe Einführung in die theoretischen Hintergründe der OPD-KJ-2-Beziehungsachse sowie eine ausführliche und anschauliche Anleitung zum Rating an die Hand, mit dem Ziel, die Anwendung der Beziehungsachse im klinischen Alltag zu erleichtern. In Ergänzung zum Hauptmanual der OPD-KJ-2 haben wir außerdem zwei zusätzliche Kreise (Situationskreis und selbstbezüglicher Kreis des Untersuchers) eingeführt und die Anwendung der Beziehungskreise für Interaktionssequenzen mit Säuglingen und Kleinkindern beschrieben (mit altersspezifischen Itembeschreibungen und Ankerbeispielen). Auch zwei Interviewleitfäden zur Erfassung von berichteten Beziehungsepisoden (als Alternative zur direkten Beziehungsbeobachtung) wurden als ergänzendes Tool vorgestellt. Ebenfalls ausführlicher als im Hauptmanual haben wir uns – ausgehend von der Beziehungsachse – mit Zusammenhängen zwischen dieser und den übrigen Achsen der OPD-KJ-2 beschäftigt und mögliche diagnostische Schlüsse beschrieben, die sich aus der Zusammenschau ergeben und bedeutsam für die Behandlungsplanung sein können. Anhand klinischen Fallmaterials wurden anschließend die Möglichkeiten des Einsatzes der Beziehungsachse für verschiedene Fragestellungen in unterschiedlichen klinischen Kontexten aufgezeigt. Dabei stützten wir uns bei der grafischen Illustration der Fallbeispiele auf die Darstellungsoptionen des von Rainer Fliedl entwickelten Excel-Programms, das aus unserer Sicht sehr hilfreich ist für das Verständnis der in den Kreisen abgebildeten Beziehungsdynamiken.[1] Wir denken, dass die Nutzung des Programms auch die Übertragung der dargestellten Anwendungsmöglichkeiten in die eigene klinische Praxis gut unterstützen kann.

---

[1] Das Programm kann auf der Homepage der OPD-KJ kostenfrei heruntergeladen werden und wird in seinen Grundfunktionen auch in diesem Buch beschrieben (Kapitel 8: Visualisierung der OPD-KJ-2-Beziehungsachsenbefunde mittels Excel).

Obwohl wir uns nun über einen Zeitraum von insgesamt vier Jahren intensiv mit der Anwendung der Beziehungsachse auseinandergesetzt haben, ist uns wichtig zu betonen, dass unsere Ausführungen keinen Anspruch auf Absolutheit und Vollständigkeit haben. Insbesondere die Anwendung der Beziehungsachse im Säuglings- und Kleinkindalter und die dargestellten Zusammenhänge zwischen den verschiedenen Achsen der OPD-KJ-2 sollten in der klinischen Praxis und/oder Forschung weiter überprüft und gegebenenfalls ergänzt oder überarbeitet werden. Ebenso ist die Anwendung der Beziehungsachse im Kontext verschiedener theoretischer Konstrukte lediglich als eine subjektive Auswahl einzelner Mitglieder unserer Arbeitsgruppe zu verstehen. Sicher gibt es noch viele weitere Theorien, auf die man die Ergebnisse der Beziehungsachsenratings gewinnbringend anwenden könnte. Für diesbezügliche Ideen sind wir als Arbeitsgruppe sehr offen und würden uns freuen, wenn unser Buch auch andere Nutzer zur weiteren kreativen Auseinandersetzung mit der Beziehungsachse anregen könnte.

Zwei weitere Aspekte, die wir in diesem Buch noch nicht näher betrachtet haben, sind die Anwendungsmöglichkeiten der Beziehungsachse für die Bereiche Forschung und Qualitätssicherung. Eine Auseinandersetzung hiermit könnte sich aber sicher lohnen, denn gerade durch die inzwischen bestehende Option der Datenerfassung mithilfe des Excel-Programms sind in diesen Bereichen verschiedene Einsatzmöglichkeiten denkbar.

Wir als Arbeitsgruppe haben uns nun als nächstes größeres Projekt die genauere Auseinandersetzung mit der Verwendung der Beziehungsachse zur Einschätzung von Triaden vorgenommen. Der Triadenkreis der Beziehungsachse wird in unserem Erleben bisher noch viel seltener in der klinischen Praxis angewendet als die in diesem Buch beschriebenen Kreise zur Einschätzung von dyadischen Interaktionen, was vermutlich nicht zuletzt der bisher sehr verdichteten und komplexen Darstellung des Kreises geschuldet ist. Gleichzeitig hat der Erwerb triadischer Fähigkeiten eine hohe Relevanz für psychotherapeutische Behandlungen, sodass es diagnostisch sehr wertvoll wäre, deren Niederschlag in Interaktionssequenzen objektiv erfassen und auch Veränderungen dokumentieren zu können. Um die Möglichkeiten der OPD-KJ-2-Beziehungsachse zur Beurteilung triadischer Interaktionen für die Praxis nutzbarer zu machen, planen wir eine kritische Auseinandersetzung mit dem bisherigen Konzept, um dieses dann entweder – wie in diesem Buch – um eine ausführlichere Beschreibung und klinische Anwendungsmöglichkeiten zu ergänzen oder gegebenenfalls auch grundsätzlicher zu überarbeiten.

Literatur

Adametz, E. (2000). Ich weiß auch nicht, ob es weitergeht. Krisen in der analytischen Beziehung. Analytische Psychologie, 31, 245–262.

Arbeitskreis OPD (2014). Operationalisierte Psychodynamische Diagnostik OPD-2. Das Manual für Diagnostik und Therapieplanung (3. Aufl.). Bern: Huber.

Arbeitskreis OPD-KJ (Hrsg.) (2003). Operationalisierte psychodynamische Diagnostik im Kindes- und Jugendalter. Grundlagen und Manual. Bern: Huber.

Arbeitskreis OPD-KJ (Hrsg.) (2007). OPD-KJ – Operationalisierte Psychodynamische Diagnostik im Kindes- und Jugendalter. Grundlagen und Manual. Bern: Huber.

Arbeitskreis OPD-KJ-2 (Hrsg.) (2013). OPD-KJ-2 – Operationalisierte Psychodynamische Diagnostik im Kindes- und Jugendalter. Grundlagen und Manual. Bern: Huber, Hogrefe.

Arbeitskreis OPD-KJ-2 (Hrsg.) (2016). OPD-KJ-2 – Operationalisierte Psychodynamische Diagnostik im Kindes- und Jugendalter. Grundlagen und Manual (2. Aufl.). Göttingen: Hogrefe.

Argelander, H. (1970). Das Erstinterview in der Psychotherapie. Darmstadt: Wissenschaftliche Buchgesellschaft.

Benjamin, L. S. (1974). Structural analysis of social behavior. Psychological Review, 81, 392–425.

Benjamin, L. S. (1983). INTREX user's manual, Part I. Madison, WI: INTREX Interpersonal Institute.

Benjamin, L. S. (1988). Short form user's manual. Salt Lake City, Utah: INTREX Interpersonal Institute.

Benjamin, L. S. (1993). Interpersonal diagnosis and treatment of personality disorders. New York: Guilford Press.

Bion, W. R. (1992). Lernen durch Erfahrung. Frankfurt a. M.: Suhrkamp.

Bion, W. R. (2001). Erfahrungen in Gruppen und andere Schriften (3. Aufl.). Stuttgart: Klett-Cotta.

Bowlby, J. (1975). Bindung. Eine Analyse der Mutter-Kind-Beziehung. München: Kindler.

Bowlby, J. (1978). Attachment theory and its therapeutic implications. Adolescent Psychiatry, 6, 5–33.

Bowlby, J. (1980). Attachment and loss. New York: Basic Books.

Cierpka, M. (Hrsg.) (2012). Frühe Kindheit 0–3. Beratung und Psychotherapie für Eltern mit Säuglingen und Kleinkindern. Berlin: Springer.

Cropp, C., Claaßen, B. (2020). Die OPD-KJ-2-Achse Beziehung als hilfreiches Instrument zur Fokusbildung in der Behandlungsplanung: Charakteristische Merkmale von Beziehungsdynamiken jugendlicher Patienten mit Konfliktpathologie, struktureller Störung und Traumafolgestörung. In I. Seiffge-Krenke, K. Schmeck (Hrsg.), Diagnostische und therapeutische Arbeit mit der OPD-KJ-2. Ein Fallbuch. Göttingen: Vandenhoeck & Ruprecht.

Dornes, M. (1993). Der kompetente Säugling. Die präverbale Entwicklung des Menschen. Frankfurt a. M.: Fischer.

Emde, R. N. (2003). RDC-PA: A major step forward and some issues. Journal of the American Academy of Child and Adolescence Psychiatry, 42 (12), 1513–1516.

Ezriel, H. (1950). A psycho-analytic approach to group treatment. British Journal of Medical Psychology, 23, 59–74.

Ezriel, H. (1956). Experimentation within the psychoanalytic session. The British Journal for the Philosophy of Science, VII, 29–48.

Ezriel, H. (1960). Übertragung und psychoanalytische Deutung in der Einzel- und Gruppenpsychotherapie. Psyche – Zeitschrift für Psychoanalyse und ihre Anwendungen, 14 (9), 496–523.

Ferro, A. (2003). Das bipersonale Feld. Konstruktivismus und Feldtheorie in der Kinderanalyse. Gießen: Psychosozial-Verlag.

Fliedl, R. (2007). Überlegungen zur stationären Behandlung in der Kinder- und Jugendpsychiatrie. In L. Thun-Hohenstein (Hrsg.), Kinder- und Jugendpsychiatrie in Österreich (S. 119–135). Wien: Krammer.

Fliedl, R. (2016). Das Besondere in der Psychotherapie mit Kindern und Jugendlichen. Feedback-Zeitschrift für Gruppentherapie und Beratung, 3/4, 6–13.

Fraiberg, S. (1982). Pathological defenses in infancy. The Psychoanalytical Quarterly, 4, 612–635.

Fraiberg, S., Adelson, E., Shapiro, V. (1975). Ghosts in the nursery: A psychoanalytic approach to the problems of impaired infant-mother relationships. Journal of American Academy of Child Psychiatry, 14 (3), 387–421.

Freud, A. (1987). Wege und Irrwege der Kinderentwicklung. Frankfurt a. M.: Fischer Taschenbuch-Verlag.

Gergely, G., Watson, J. S. (1996). The social biofeedback theory of parental affect-mirroring: The development of emotional self-awareness and self-control in infancy. International Journal of Psychoanalysis, 77 (6), 1181–1212.

Heimann, P. (1950). On counter-transference. International Journal of Psychoanalysis, 31, 81–84.

Jung, C. G. (1968). Gesammelte Werke, Bd. 14. Oltern: Walter.

Katzenschläger, P., Gottwald, S., Mannsberger, T. (2015). Milieutherapie. Stationäre jugendpsychiatrische Betreuung unter Berücksichtigung des psychischen Strukturniveaus. Wien: Krammer.

Kernberg, O. F. (1976/1997). Objektbeziehungen und Praxis der Psychoanalyse. Stuttgart: Klett-Cotta.

Kiesler, D. J. (1983). The 1982 Interpersonal Circle: A taxonomy for complementarity in human transactions. Psychological Review, 90 (3), 185–214.

Köhler, L. (1988). Neue Forschungsergebnisse auf dem Gebiet der Kleinkindforschung. Seminar November 1988 in Zürich.

König, K. (1995). Widerstandsanalyse. Göttingen: Vandenhoeck & Ruprecht.

König, K. (2004). Gegenübertragungsanalyse. Göttingen: Vandenhoeck & Ruprecht.

Lauth, R. (1992). Der letzte Grund von Fichtens Reden an die deutsche Nation. In K. Hammacher, R. Schottky, W. H. Schrader (Hrsg.), Transzendentalphilosophie und Evolutionstheorie. Fichte Studien 4 (S. 197–230). Amsterdam/Atlanta: Editions Rodopi.

Leary, T. (2004). Interpersonal diagnosis of personality: A functional theory and methodology for personality evaluation. Eugene: Wipf & Stock (Originalausgabe: New York: The Ronald Press 1957).

Luborsky, L. (1990). The Relationship Anecdotes Paradigm (RAP) interview as a versatile source of narratives. In L. Luborsky, P. Crits-Cristoph (Eds.), Understanding transference: The CCRT method (pp. 102–116). New York: Basic Books.

Luborsky, L. (1998). Understanding transference: The core conflictual relationship theme method. Washington, DC: American Psychological Association.

Main, T. F. (1957). The ailment. British Journal of Medical Psychology, 30, 129–145.

Mertens, W. (1991). Einführung in die psychoanalytische Therapie, Bd. 3. Stuttgart: Kohlhammer.

Noske, J. (2018). Seelische Strukturen. Zum Versuch einer Abstimmung innerer und äußerer Strukturen in der jugendpsychiatrischen Behandlung. Wien: Facultas.

Oerter, R. (1995). Kultur, Ökologie und Entwicklung. In R. Oerter, L. Montada (Hrsg.), Entwicklungspsychologie: ein Lehrbuch (3. Aufl., S. 84–127). Weinheim: Beltz.

Papoušek, M., Schieche, M., Wurmser, H., Barth, R. (Hrsg.) (2004). Regulationsstörungen der frühen Kindheit. Frühe Risiken und Hilfen im Entwicklungskontext der Eltern-Kind-Beziehungen. Bern: Huber.

Pokieser, V., Fliedl, R., Zajec, K., Singer, V. (2019). Nichtsuizidale Selbstverletzung im Zusammenhang mit den Achsen Struktur und Beziehung nach der OPD-KJ-2. Zeitschrift für Kinder- und Jugendpsychiatrie und Psychotherapie, 47 (5), 388–398.

Racker, H. (1959). Übertragung und Gegenübertragung. München: Reinhardt.

Remschmidt, H. (Hrsg.) (2012). Multiaxiales Klassifikationsschema für psychische Störungen des Kindes- und Jugendalters nach ICD-10 der WHO. Mit einem synoptischen Vergleich von ICD-10 mit DSM-IV (6. Aufl.). Bern: Huber.

Rickman, J. (1957). Selected contributions to psychoanalysis. New York: Basic Books.

Ritterfeld, U., Franke, U. (1994). Die Heidelberger Marschak-Interaktionsmethode (H-MIM): Zur diagnostischen Beurteilung der dyadischen Interaktion mit Vorschulkindern. Mit einem Anhang der Interaktionsaufgaben im Überblick, Materialien und Formblättern. Stuttgart: Fischer.

Rohde-Dachser, C. (2004). Das Borderlinesyndrom (7. Aufl.). Bern: Huber.

Rudolf, G. (2014). Psychodynamische Psychotherapie. Die Arbeit an Konflikt, Struktur und Trauma (2. Aufl.). Stuttgart: Schattauer.

Safran, J. D., Muran, J. C., Eubanks-Carter, C. (2011). Repairing alliance ruptures. Psychotherapy, 48 (1), 80–87.

Sanders, L. (2002). Thinking differently. Psychoanalytic Dialogues, 5, 579–593.

Schulz von Thun, F. (1981). Miteinander reden 1: Störungen und Klärungen. Psychologie der zwischenmenschlichen Kommunikation. Reinbek: Rowohlt.

Shmueli-Goetz, Y., Target, M., Fonagy, P., Datta, A. (2008). The Child Attachment Interview: A psychometric study of reliability and discriminant validity. Developmental Psychology, 44, 939.

Singer, V., Fliedl, R., Zajec, K. (2019). Selbst- und Fremdwahrnehmung in der Eltern-Kind-Interaktion im klinischen Behandlungssetting anhand der Beziehungsdiagnostik nach der OPD-KJ-2. Zeitschrift für Psychodynamische Psychotherapie, 18 (3), 132–142.

Stern, D. N. (1998). Die Mutterschaftskonstellation. Eine vergleichende Darstellung verschiedener Formen der Mutter-Kind-Psychotherapie. Stuttgart: Klett-Cotta.

Stern, D. N. (2005). Der Gegenwartsmoment. Veränderungsprozesse in Psychoanalyse, Psychotherapie und Alltag (3. Aufl.). Frankfurt a. M.: Brandes & Apsel.

Stern, D. N. (2016). Die Lebenserfahrung des Säuglings (11. Aufl.). Stuttgart: Klett-Cotta.

Stern, D. N., Hofer, L., Haft, W., Dore, J. (1987). Affective attunement: Division of emotional states between mother and child by cross-modal exchange. Annales Medicopsychologiques, 145 (3), 205–224.

Stolorow, R. D., Orange, D. M., Atwood, G. E. (2015). Intersubjektivität in der Psychoanalyse. Frankfurt a. M.: Brandes & Apsel.

Sullivan, H. (1980). Die interpersonale Theorie in der Psychiatrie. Frankfurt a. M.: Fischer.

Tatzer, E., Hanich, R., Fliedl, R., Krisch, K. (1991). Leben und Überleben mit stationär betreuten

Kindern – Das Helfersystem als Spielball des Kindes? Tagungsbericht des interdisziplinären Symposiums für Pädagogik und Therapie. Krise als Chance. Wien.

Tress, W. (Hrsg.) (1993). Die Strukturale Analyse Sozialen Verhaltens: SASB. Ein Arbeitsbuch für Forschung, Praxis und Weiterbildung in der Psychotherapie. Heidelberg: Asanger.

Tress, W., Henry, W. P., Junkert-Tress, B., Hildenbrand, G., Hartkamp, N., Scheibe, G. (1996). Das Modell des Zyklisch-Maladaptiven Beziehungsmusters und der Strukturalen Analyse Sozialen Verhaltens (CMP/SASB). Psychotherapeut, 41, 215–224.

Tress, W., Hildenbrand, G. (1993). Das zyklisch-maladaptive Interaktionsmuster und SASB. Kurzpsychotherapie. In W. Tress (Hrsg.), Die Strukturale Analyse Sozialen Verhaltens: SASB. Ein Arbeitsbuch für Forschung, Praxis und Weiterbildung in der Psychotherapie (S. 231–239). Heidelberg: Asanger.

Tronick, E., Als, H., Adamson, L., Wise, S., Brazelton, T. (1978). The infant's response to entrapment between contradictory messages in face-to-face interaction. Journal of the American Academy of Child Psychiatry, 17 (1), 1–13.

Winnicott, D. W. (1953). Transitional objects and transitional phenomena. International Journal of Psychoanalysis, 34, 89–97.

Zajec, K. (2017). Gruppenpsychotherapie mit Kindern und Jugendlichen: stationäre und teilstationäre Therapie in heterogenen Gruppen. Wien: Facultas.

Zero to Three (2005). DC: 0–3R. Diagnostic classification of mental health and developmental disorders of infancy and early childhood. Washington: Zero To Three Press.

Zero to Three (2016). DC: 0–5. Diagnostic classification of mental health and developmental disorders of infancy and early childhood. Washington: Zero To Three Press.

Anhang A: INTREX-Fragebogen

INTREX-Fragebogen für Eltern

Dieser Fragebogen erkundigt sich nach Ihrem Erleben und Verhalten in der soeben erlebten Situation mit Ihrem Kind. Bitte antworten Sie so, wie Sie wirklich denken oder fühlen. Es gibt keine »guten« und »schlechten« Antworten.

Name: _____ Datum: _____

Bitte kreuzen Sie nun an, wie gut die jeweiligen Sätze aus Ihrer Sicht **die soeben erlebte Situation mit Ihrem Kind** beschreiben.

Benutzen Sie zur Beurteilung diese Skala:

| 0 | 1 | 2 | 3 | 4 |

stimmt gar nicht   stimmt voll und ganz

Bitte kreuzen Sie eine Zahl von 0 bis 4 an.

1	Er/sie lässt mich meinen eigenen Weg finden und bemüht sich, mich zu verstehen, auch wenn wir nicht einer Meinung sind.	0 1 2 3 4
2	Er/sie wendet sich von mir ab und reagiert kaum.	0 1 2 3 4
3	Er/sie erniedrigt, beschuldigt oder bestraft mich.	0 1 2 3 4
4	Gedankenlos übersieht und vernachlässigt er/sie mich.	0 1 2 3 4
5	Er/sie hört auf mich, verlässt sich auf mich und nimmt meine Angebote an.	0 1 2 3 4
6	Er/sie geht liebevoll auf mich ein und bietet mir an, ihr/ihm ganz nach meinen Wünschen nahe zu sein.	0 1 2 3 4
7	Beleidigt und verärgert kommt er/sie hastig meinem Willen nach.	0 1 2 3 4
8	Er/sie teilt mir offen und gelöst ihre/seine Gefühle und Gedanken mit.	0 1 2 3 4
9	Damit die Dinge ihre Ordnung haben, kümmert er/sie sich um alles selbst und ist darauf bedacht, dass ich mich an ihre/seine Regeln halte.	0 1 2 3 4

10	Er/sie denkt und handelt so, wie *ich* es gerade will.	0 1 2 3 4
11	Er/sie hat ihre/seine eigene Meinung und tut, was *er/sie* will, ganz unabhängig von mir.	0 1 2 3 4
12	Ohne einen Gedanken an die Folgen greift er/sie mich voller Hass und Zerstörungswut heftig an.	0 1 2 3 4
13	Er/sie gibt mir sehr freundlich Anleitung, Schutz und Fürsorge.	0 1 2 3 4
14	Sorglos lässt er/sie mich gehen und machen, was ich will.	0 1 2 3 4
15	Gelassen und freudig genießt er/sie meine Gegenwart so oft wie möglich.	0 1 2 3 4
16	Voller Angst und Hass schreckt er/sie vor mir zurück und meidet mich.	0 1 2 3 4

Bitte kreuzen Sie nun an, wie gut die jeweiligen Sätze beschreiben, **wie Sie mit sich in der soeben erlebten Situation umgegangen sind.**

1	Unbekümmert und wie selbstverständlich tue und lasse ich, wonach mir der Sinn steht.	0 1 2 3 4
2	Ohne einen Gedanken an die Folgen bin ich voller Ablehnung und Zerstörungswut *mir* gegenüber.	0 1 2 3 4
3	Ich mag mich und gehe liebevoll mit mir um.	0 1 2 3 4
4	Im Umgang mit mir selbst setze ich einiges daran, fürsorglich, achtsam und interessiert an meiner eigenen Entwicklung zu sein.	0 1 2 3 4
5	Ich bestrafe mich durch Selbstvorwürfe, Selbstzweifel und Selbsterniedrigung.	0 1 2 3 4
6	Ich nehme mich so, wie ich bin, mit all meinen Stärken und Schwächen.	0 1 2 3 4
7	Gedankenlos und rücksichtslos vernachlässige ich mich, manchmal so, als wäre ich ganz egal.	0 1 2 3 4
8	Ich achte darauf, dass ich alles richtig mache, und halte mich selbst unter genauer Beobachtung und Kontrolle.	0 1 2 3 4

INTREX-Fragebogen für Kinder/Jugendliche (Interaktion mit Mutter)

Dieser Fragebogen erkundigt sich nach deinem Erleben und Verhalten in der soeben erlebten Situation mit deiner Mutter. Bitte antworte so, wie du wirklich denkst oder fühlst. Es gibt keine »guten« und »schlechten« Antworten.

Name: _____   Datum: _____

Bitte kreuze nun an, wie gut die jeweiligen Sätze aus deiner Sicht **die soeben erlebte Situation mit deiner Mutter** beschreiben.

Benutze zur Beurteilung diese Skala:

| 0 | 1 | 2 | 3 | 4 |

stimmt gar nicht   stimmt voll und ganz

Bitte kreuze eine Zahl von 0 bis 4 an.

1	Sie lässt mich meinen eigenen Weg finden und bemüht sich, mich zu verstehen, auch wenn wir nicht einer Meinung sind.	0 1 2 3 4
2	Sie wendet sich von mir ab und reagiert kaum.	0 1 2 3 4
3	Sie erniedrigt, beschuldigt oder bestraft mich.	0 1 2 3 4
4	Gedankenlos übersieht und vernachlässigt sie mich.	0 1 2 3 4
5	Sie hört auf mich, verlässt sich auf mich und nimmt meine Angebote an.	0 1 2 3 4
6	Sie geht liebevoll auf mich ein und bietet mir an, ihr ganz nach meinen Wünschen nahe zu sein.	0 1 2 3 4
7	Beleidigt und verärgert kommt sie hastig meinem Willen nach.	0 1 2 3 4
8	Sie teilt mir offen und gelöst ihre Gefühle und Gedanken mit.	0 1 2 3 4
9	Damit die Dinge ihre Ordnung haben, kümmert sie sich um alles selbst und ist darauf bedacht, dass ich mich an ihre Regeln halte.	0 1 2 3 4
10	Sie denkt und handelt so, wie *ich* es gerade will.	0 1 2 3 4
11	Sie hat ihre eigene Meinung und tut, was *sie* will, ganz unabhängig von mir.	0 1 2 3 4
12	Ohne einen Gedanken an die Folgen greift sie mich voller Hass und Zerstörungswut heftig an.	0 1 2 3 4

13	Sie gibt mir sehr freundlich Anleitung, Schutz und Fürsorge.	0 1 2 3 4
14	Sorglos lässt sie mich gehen und machen, was ich will.	0 1 2 3 4
15	Gelassen und freudig genießt sie meine Gegenwart so oft wie möglich.	0 1 2 3 4
16	Voller Angst und Hass schreckt sie vor mir zurück und meidet mich.	0 1 2 3 4

Bitte kreuze nun an, wie gut die jeweiligen Sätze beschreiben, **wie du mit dir in der soeben erlebten Situation umgegangen bist.**

1	Unbekümmert und wie selbstverständlich tue und lasse ich, wonach mir der Sinn steht.	0 1 2 3 4
2	Ohne einen Gedanken an die Folgen bin ich voller Ablehnung und Zerstörungswut *mir* gegenüber.	0 1 2 3 4
3	Ich mag mich und gehe liebevoll mit mir um.	0 1 2 3 4
4	Im Umgang mit mir selbst setze ich einiges daran, fürsorglich, achtsam und interessiert an meiner eigenen Entwicklung zu sein.	0 1 2 3 4
5	Ich bestrafe mich durch Selbstvorwürfe, Selbstzweifel und Selbsterniedrigung.	0 1 2 3 4
6	Ich nehme mich so, wie ich bin, mit all meinen Stärken und Schwächen.	0 1 2 3 4
7	Gedankenlos und rücksichtslos vernachlässige ich mich, manchmal so, als wäre ich ganz egal.	0 1 2 3 4
8	Ich achte darauf, dass ich alles richtig mache, und halte mich selbst unter genauer Beobachtung und Kontrolle.	0 1 2 3 4

INTREX-Fragebogen für Kinder/Jugendliche (Interaktion mit Vater)

Dieser Fragebogen erkundigt sich nach deinem Erleben und Verhalten in der soeben erlebten Situation mit deinem Vater. Bitte antworte so, wie du wirklich denkst oder fühlst. Es gibt keine »guten« und »schlechten« Antworten.

Name: _____   Datum: _____

Bitte kreuze nun an, wie gut die jeweiligen Sätze aus deiner Sicht **die soeben erlebte Situation mit deinem Vater** beschreiben.

Benutze zur Beurteilung diese Skala:

0	1	2	3	4

stimmt gar nicht   stimmt voll und ganz

Bitte kreuze eine Zahl von 0 bis 4 an.

1	Er lässt mich meinen eigenen Weg finden und bemüht sich, mich zu verstehen, auch wenn wir nicht einer Meinung sind.	0 1 2 3 4
2	Er wendet sich von mir ab und reagiert kaum.	0 1 2 3 4
3	Er erniedrigt, beschuldigt oder bestraft mich.	0 1 2 3 4
4	Gedankenlos übersieht und vernachlässigt er mich.	0 1 2 3 4
5	Er hört auf mich, verlässt sich auf mich und nimmt meine Angebote an.	0 1 2 3 4
6	Er geht liebevoll auf mich ein und bietet mir an, ihm ganz nach meinen Wünschen nahe zu sein.	0 1 2 3 4
7	Beleidigt und verärgert kommt er hastig meinem Willen nach.	0 1 2 3 4
8	Er teilt mir offen und gelöst seine Gefühle und Gedanken mit.	0 1 2 3 4
9	Damit die Dinge ihre Ordnung haben, kümmert er sich um alles selbst und ist darauf bedacht, dass ich mich an seine Regeln halte.	0 1 2 3 4
10	Er denkt und handelt so, wie *ich* es gerade will.	0 1 2 3 4
11	Er hat seine eigene Meinung und tut, was *er* will, ganz unabhängig von mir.	0 1 2 3 4
12	Ohne einen Gedanken an die Folgen greift er mich voller Hass und Zerstörungswut heftig an.	0 1 2 3 4

13	Er gibt mir sehr freundlich Anleitung, Schutz und Fürsorge.	0 1 2 3 4
14	Sorglos lässt er mich gehen und machen, was ich will.	0 1 2 3 4
15	Gelassen und freudig genießt er meine Gegenwart so oft wie möglich.	0 1 2 3 4
16	Voller Angst und Hass schreckt er vor mir zurück und meidet mich.	0 1 2 3 4

Bitte kreuze nun an, wie gut die jeweiligen Sätze beschreiben, **wie du mit dir in der soeben erlebten Situation umgegangen bist.**

1	Unbekümmert und wie selbstverständlich tue und lasse ich, wonach mir der Sinn steht.	0 1 2 3 4
2	Ohne einen Gedanken an die Folgen bin ich voller Ablehnung und Zerstörungswut *mir* gegenüber.	0 1 2 3 4
3	Ich mag mich und gehe liebevoll mit mir um.	0 1 2 3 4
4	Im Umgang mit mir selbst setze ich einiges daran, fürsorglich, achtsam und interessiert an meiner eigenen Entwicklung zu sein.	0 1 2 3 4
5	Ich bestrafe mich durch Selbstvorwürfe, Selbstzweifel und Selbsterniedrigung.	0 1 2 3 4
6	Ich nehme mich so, wie ich bin, mit all meinen Stärken und Schwächen.	0 1 2 3 4
7	Gedankenlos und rücksichtslos vernachlässige ich mich, manchmal so, als wäre ich ganz egal.	0 1 2 3 4
8	Ich achte darauf, dass ich alles richtig mache, und halte mich selbst unter genauer Beobachtung und Kontrolle.	0 1 2 3 4

Anhang B: Fragebogen zur Beschreibung von Beziehungswünschen und -befürchtungen

Fragebogen zur Eltern-Kind-Beziehung, Elternversion

Bitte beantworten Sie nun folgende Fragen hinsichtlich der **Beziehung zwischen Ihnen und Ihrem Kind** in schriftlicher Form.

1	Wie stellen Sie sich die ideale Beziehung zwischen Ihnen und Ihrem Kind vor?
2	Wie sollte Ihr Kind sein und was soll damit für Sie möglich sein?
3	Was würde das für Sie und Ihr Kind ermöglichen?
4	Wie soll die Beziehung zwischen Ihnen und Ihrem Kind *gar nicht* sein?
5	Was wäre die furchtbarste Vorstellung?
6	Was würde das für Sie und Ihr Kind bedeuten?

Fragebogen zur Eltern-Kind-Beziehung, Kinder-/Jugendlichenversion (Mutter)

Bitte beantworte nun folgende Fragen hinsichtlich der **Beziehung zwischen dir und deiner Mutter** in schriftlicher Form.

1	Wie stellst du dir die ideale Beziehung zwischen dir und deiner Mutter vor?
2	Wie sollte deine Mutter sein und was soll damit für dich möglich sein?
3	Was würde das für dich und deine Mutter ermöglichen?
4	Wie soll die Beziehung zwischen dir und deiner Mutter *gar nicht* sein?
5	Was wäre die furchtbarste Vorstellung?
6	Was würde das für dich und deine Mutter bedeuten?

Fragebogen zur Eltern-Kind-Beziehung, Kinder-/Jugendlichenversion (Vater)

Bitte beantworte nun folgende Fragen hinsichtlich der **Beziehung zwischen dir und deinem Vater** in schriftlicher Form.

1	Wie stellst du dir die ideale Beziehung zwischen dir und deinem Vater vor?

2	Wie sollte dein Vater sein und was soll damit für dich möglich sein?

3	Was würde das für dich und deinen Vater ermöglichen?

4	Wie soll die Beziehung zwischen dir und deinem Vater *gar nicht* sein?

5	Was wäre die furchtbarste Vorstellung?

6	Was würde das für dich und deinen Vater bedeuten?

Die Autorinnen und Autoren

Bastian Claaßen, Dr. med., ist Oberarzt in der Klinik für Psychiatrie und Psychotherapie des Kindes- und Jugendalters des Asklepios Fachklinikums Tiefenbrunn. Er ist Facharzt für Psychiatrie und Psychotherapie, Kinder- und Jugendpsychiatrie und -psychotherapie und befindet sich in der Ausbildung zum Psychoanalytiker am Lou Andreas-Salomé Institut in Göttingen.
   Kontakt: b.claassen@asklepios.com

Carola Cropp, Dr. phil., Dipl.-Psych., ist tätig in der Klinik für Psychiatrie und Psychotherapie des Kindes- und Jugendalters des Asklepios Fachklinikums Tiefenbrunn. Sie befindet sich in Ausbildung zur analytischen und tiefenpsychologisch fundierten Kinder- und Jugendlichenpsychotherapeutin am Lou Andreas-Salomé Institut in Göttingen.
   Kontakt: c.cropp@asklepios.com

Rainer Fliedl, Dr. med., ist Facharzt für Psychiatrie und Psychotherapeutische Medizin, Facharzt für Kinder- und Jugendpsychiatrie und Psychotherapeutische Medizin, Psychoanalytiker (WAP/IPV), Gruppendynamiktrainer und Lehrtherapeut für dynamische Gruppenpsychotherapie. Er war Leiter der Abteilung für Kinder- und Jugendpsychiatrie und Psychotherapie des Landesklinikums Baden-Mödling, Standort Hinterbrühl (Österreich).
   Kontakt: Rainer.fliedl@hotmail.com

Florian Juen, Dr. rer. nat., Dipl.-Psych., ist als klinischer Psychologe, Psychotherapeut und Psychoanalytiker tätig in eigener Praxis in München. Er arbeitet als Lehrbeauftragter an Universitäten, Aus- und Weiterbildungsinstituten sowie anderen außeruniversitären Einrichtungen und ist Trainer und Supervisor im Rahmen der Operationalisierten Psychodynamischen Diagnostik des Kindes- und Jugendalters.
   Kontakt: praxis@f-juen.net

Jenny Kaiser, M.A. Psych., ist wissenschaftliche Mitarbeiterin an der IPU Berlin im Bereich Psychotherapieforschung, Emotionsforschung und psychoanalytische Entwicklungspsychologie und Diagnostik, Mitglied der Arbeitsgruppe OPD-KJ und befindet sich in Weiterbildung zur psychologischen Psychotherapeutin (Tiefenpsychologisch fundierte Psychotherapie und Psychoanalyse).
Kontakt: jenny.kaiser@ipu-berlin.de

Judith Noske, Dr. med., Fachärztin für Kinder- und Jugendpsychiatrie und Erwachsenenpsychiatrie, Lehranalytikerin und Supervisorin (ÖGAP), leitet die Abteilung für Kinder und Jugendpsychiatrie und Psychotherapie am Landesklinikum Baden-Mödling, Standort Hinterbrühl (Österreich) und arbeitet in eigener Praxis.
Kontakt: judith.noske@moedling.lknoe.at

Birgit Riediger, Fachärztin für Psychiatrie und Psychotherapie, Fachärztin für Kinder- und Jugendpsychiatrie und -psychotherapie, Psychoanalytikerin, ist Oberärztin und Leiterin der Vitos Kinder- und Jugendpsychiatrischen Ambulanz und Tagesklinik in Eschwege und in eigener kindertherapeutischer Praxis niedergelassen. Sie ist Dozentin sowie Supervisorin am Lou Andreas-Salomé Institut in Göttingen.
Kontakt: birgit.riediger@vitos-kurhessen.de

Verena Singer, M.Sc., Klinische Psychologin an der Abteilung für Kinder- und Jugendpsychiatrie und Psychotherapie des Landesklinikums Baden-Mödling, Standort Hinterbrühl (Österreich) in der dislozierten Ambulanz und Tagesklinik, Standort Wiener Neustadt.
Kontakt: verena.singer@moedling.lknoe.at

Karin Zajec, Mag., Klinische Psychologin, Gesundheitspsychologin und Dynamische Gruppenpsychotherapeutin, ist leitende Psychologin an der Abteilung für Kinder- und Jugendpsychiatrie und Psychotherapie des Landesklinikums Baden-Mödling, Standort Hinterbrühl (Österreich) sowie Leiterin der Weiterbildung für Einzel- und Gruppenpsychotherapie für Kinder und Jugendliche im ÖAGG und hat die Leitung des Karl-Landsteiner Instituts für psychosoziale Medizin, Psychotherapie und Kindheitsforschung inne.
Kontakt: karin.zajec@moedling.lknoe.at